진짜 나를 발견하고,
진짜 나의 삶을 살아가는 방법

나는 누구인가

|개정판|

Who
am
I

나는 누구인가

초판 1쇄   2014년 07월 07일
개정판 1쇄   2016년 09월 03일

지은이   최인호
발행인   김재홍
편집장   김옥경
디자인   박상아, 이슬기
마케팅   이연실

발행처   도서출판 지식공감
등록번호   제396-2012-000018호
주소   경기도 고양시 일산동구 견달산로225번길 112
전화   02-3141-2700
팩스   02-322-3089
홈페이지   www.bookdaum.com

가격   18,000원
ISBN   979-11-5622-233-0 03100

CIP제어번호   CIP2016020576
이 도서의 국립중앙도서관 출판도서목록(CIP)은 서지정보유통지원시스템 홈페이지
(http://seoji.nl.go.kr)와 국가자료공동목록시스템(http://www.nl.go.kr/kolisnet)에서
이용하실 수 있습니다.

진짜 나를 발견하고,
진짜 나의 삶을 살아가는 방법

나는 누구인가

최인호 지음 　　　　　|개정판|

Who
am
I

지식공감

CONTENTS

어느 날 오후 연구실에 앉아 있는데, 기백이 있어 보이는 한 사람이 예고도 없이 찾아왔다. 뜻은 날렵하고 기세가 등등했다. 이야기는 갑자기 사소한 신변의 소개로부터 우주의 영역으로 확대되어 버렸다. 이런 사람 만나는 일은 즐겁다. 다른 사상가나 학자들의 관점을 나열하기보다 자신의 이야기에 집중했다. 우주의 원리도 세계의 나아갈 방향도 모두 자신에게서 나왔다. 이미 있는 이론과 현실을 자신의 방식으로 이해하고 소화하는 일이 어지간한 근기로는 어렵다는 것을 나는 잘안다. 최인호 변호사에 대한 나의 첫인상이다. 매우 독립적이다. 하지만 이것은 전체와 격절된 고립적 독립성이 아니라, '순환'을 책임지는 주체이면서 동시에 전체로 확장할 수 있는 혹은 전체에 영향을 미칠 수 있는 힘을 가진 독립이다.

최인호 변호사는 '혁명'하는 '초인'을 꿈꾸는 사람으로 보인다. 이 '혁명'을 이야기하기 위해 많은 자연과학적 원리에 대한 해석을 근거로 사용하고 있다. 난 아직 최 변호사의 자연과학적 해석을 충분히 알아듣지는 못했지만, 그가 말하는 '혁명'하는 '초인'은 이해할 수 있다. 특히, 지금 중진국 한계에 갇혀 방향을 잃고 있는 대한민국은 혁명이 필요하다. 이것은 바로 선진국으로 비상하는 방향일 수밖에 없을 터인데, 이런 상황에서 시대를 책임질 인재는 정해진 이념이나 신념을 철저히 수행하는 능력을 발휘하는 자가 아니라, 집단을 가두는 정해진 기존의 틀을 뚫고 나설 수 있는 독립적 주체성으로 무장한 자이어야 한다. 이런 무장을 갖춘 자라야 이미 있는 길을 걸으면서도, 아직 나지 않은 길을 꿈꿀 수 있다. 아직 오지 않은 빛을 먼저 볼 수가 있다. 창조의 길은 집단적이고 고정된 '우리'가 하는 것이 아니라, 우리를 뚫고 나온 활발한 '내'가 하는 일이기 때문이다. 최 변호사는 바로 이런 독립적 주체로서의 '나'들이 이루는 '우리'를 이루자고 말하면서, 그런 방식으로 이루어지는 사회로 나아가는 길을 '혁명'이라 말하고 있는 것 같다.

책을 한 권 만난다는 것은 책을 쓴 그 사람을 만나는 일이다. 그 사람의 과거와 현재는 물론이고 미래까지도 만난다. 그 사람을 통째로 만나면서 우리가 해야 할 일은 우선 그를 받아들이는 일이다. 흔히 하는 방식으로 옳은지 그른지를 확인하려는 날카로운 눈매는 잠시 유보하자. 공고를 졸업하고 고시에 합격하고 변호사 생활을 하면서도 희망 대신 불안과 허망함을 안고 하늘을 쳐다보던 한 인격을 먼저 마주하자. 우선 "혁명적으로 깨어난 개개인들이 최상의 삶을 영위하는 신인류로의 진화를 유도하는 '나'"를 꿈꾸는 개혁적 실행가를 마주하자. 진위를 따지는 일보다 실천의 길을 함께 걸을 수 있도록 하자.

2014년 7월 1일
철학자 최진석

 인간은 자기가 누군지 잊어버리고 끝없이 찾고 묻고 있다. 서로가 서로에게 '나는 누구인가' 하고 묻고 있는 것이다. 인간의 고뇌를 깊이 들여다본다면, '나는 누구인가'라는 물음이 인간이 지닌 가장 근원적인 고뇌임을 알 수 있다.

 그것은 모든 것의 중심은 나이고, 내가 없다면 그 무엇도 아무런 의미가 없기 때문이다. 그것은 모든 것을 다 가졌다고 할지라도 나 자신을 잊었다면 아무런 의미도 없고, 나 자신조차도 알지 못하면서 기본, 바탕, 궁극을 이해하는 것은 불가능하기 때문이다.

 나 자신을 알게 되는 날 모든 것을 알게 된다. 나만이 아니라 나무와 새, 강물과 산, 별과 달도 알게 되고 우주의 모든 것을 이해하게 된다. 그것은 내 안에 우주의 모든 것이 담겨 있기 때문이다.

 따라서 알아야 할 가치가 있는 유일한 질문은 바로 이것, '나는 누구인가'다. 이 질문에 대한 대답을 찾는다면 모든 문제는 저절로 사라지게 된다. 그래서 소크라테스는 "너 자신을 알라"고 말하고 또 말했던 것이다.

 삶은 '나는 누구인가'라는 질문과 "이게 나다"라는 대답이 연속적으로 이어지는 과정이다. 그러므로 삶은 '나는 누구인가'를 알 수 있는 기회다. 하지만 탄생에 의해 기회를 부여받았을 뿐, 반드시 나 자신을 발견할 것이라는 필연성은 없다. 나는 나를 발견할 수도, 발견하지 못할 수도 있다. 그것은 내가 하기 나름이다.

 '나는 누구인가'를 알기 위해서는 먼저 삶에 도전해야 한다. 그리고 나에게 이르는 길을 발견해야만 한다. 나는 수많은 길 중에 '추론의 길', '체험의 길', '창조의 길', '순환의 길', '실현의 길'이라는 다섯 가지 관점으로 나에게 이르는 길을 찾아보았다. 어떤 구조와 어떤 작동 방식으로 우주의 축소판인 내가 존재하는지, 차원적인 승화를 거쳐 전 우주적인 존재로 확장된 나는 어떤 삶을 살아가게 될 것인지를 논리적이면서도 직관적으로 탐구한 것이다.

 이 탐구가 모든 사람들에게 '나는 누구인가'를 아는 데 도움이 되기를 바란다. 그리하여 우리 모두가 자유와 풍요를 만끽하는 가운데 자기 자신을 마음껏 표현하고 펼쳐나가는 삶을 살아가게 되기를 바란다.

정족산 끝자락에서
최인호

지금 세상은 불길에 휩싸여 있고, 사람들의 삶은 혼란에 빠져 있다. 그 원인은 인간 개개인이 자기 자신을 모르기 때문이다. '가짜 나'를 '진짜 나'로 여기고, 껍질로서의 나, 이미지로서의 나, 허상으로서의 나에게만 빠져 있기 때문이다. 그러나 그것은 죽음으로 가는 길이다.

진짜 나를 아는 것이 삶의 길이다. 진짜 나를 알게 되면, 언제나 기쁘고, 진리를 드러내며, 사랑이 넘쳐흐르는 삶을 살게 된다. 또한 우리 모두가 진짜 나를 알게 되면 폭력·범죄·빈곤·부패·식량·환경·물·에너지·종교·인종·이념 등 지구촌의 모든 문제들은 저절로 사라지게 된다.

이 책에서 '제1장 추론의 길'은 '우주와 나의 관계'를, '제2장 체험의 길'은 '영혼을 찾아 들어가는 길'을, '제3장 창조의 길'은 '영혼이 물질을 창조하는 원리'를, '제4장 순환의 길'은 '몸의 작동 원리'를, '제5장 실현의 길'은 '영혼이 드러난 삶'을 서술하는 방식으로 진짜 나를 탐구했다.

그런데 초판에서는 순환의 길이 체험의 길보다 앞서 있었기에 어딘지 모르게 불편했었다. 그래서 개정판에서는 체험의 길과 창조의 길을 순환의 길보다 앞서서 배치했다. 영혼과 영혼이 물질을 창조하는 원리를 물질보다 먼저 서술하는 방식을 채택한 것이다.

그 외에도 이번 개정판에서는 추론의 길에서는 우주의 차원들과 텅 빈 허공에 대한 내용을 간략하게 정리했고, 체험의 길에서는 마음에 대한 내용을 한 자리에 모으는 동시에 기도와 깨어 있음의 의미를 추가했으며, 순환의 길에서는 에너지 차원을 추가하는 것과 함께 바닷물이 깊은 지하를 순환하며 담수로 정화되는 원리를 초판과는 다른 방식으로 서술했고, 창조의 길과 실현의 길에서도 약간씩 내용을 추가하거나 변경하는 방식으로 그 의미를 명확하게 전달하고자 시도했다.

개정판을 통해 더 많은 사람들이 진짜 나를 쉽게 발견하고, 진짜 나의 삶을 살아가게 되기를 바란다.

2016년 7월 5일
최인호

제 **1** 장

추론의 길

"나는 우주의 일부분이다. 나는 우주 안에 있고, 내 안에 우주가 있다. 나는 우주에서 태어났고, 우주에서 살아가며, 어느 날엔가 다시 우주 속으로 사라진다. 온갖 노력을 다한다 해도 나는 우주를 벗어날 수 없다. 나는 우주 이외에 달리 갈 곳이 없고, 달리 될 것이 없기 때문이다. 그런 우주와 그 우주의 일부분인 나는 둘일 수는 없다.

그러므로 나는 누구인가를 알기 위해서는 나와 하나로 존재하는 우주를 먼저 알아야만 한다. 우주를 모르면서 나를 아는 것은 불가능하다. '나는 누구인가'에 대한 답을 찾기 위한 출발점은 우주일 수밖에 없는 것이다."

나에 대한 탐구는 장님 코끼리 만지기와 같다

코끼리에 대해서는 보지도 듣지도 못한 장님은 코끼리를 만져도 그것이 코끼리임을 알 수 없다. 그가 코를 만지면 굵은 뱀, 귀를 만지면 양탄자, 몸통을 만지면 돼지와 같은 물체로 그것을 인식할 수 있을 뿐 그는 결코 그것이 코끼리의 일부분이라는 것을 알 수 없다. 그는 코끼리를 모르기 때문에 코끼리를 만져도 그것이 코끼리임을 알 수 없는 것이다.

"나는 지구의 일부분이다." 이것은 부인할 수 없는 분명한 사실이다. 나는 모든 순간마다 지구를 호흡하고, 지구를 마시며, 지구를 먹는다. 지구와 나는 연결되어 있다. 지구와의 연결고리가 끊어지는 순간 이 세상에서 존재할 수 없는 것이 나라는 존재다. 그러므로 지구는 나이고, 나는 지구의 일부분이다.

지구는 태양계의 일부분이다. 태양 없는 지구는 더 이상 꽃을 피울 수도, 눈과 비를 내리게 할 수도, 아름다운 오로라도 만들 수 없는 죽은 별이 된다. 태양계와 지구는 연결되어 있다. 따라서 태양계는 지구이고, 지구는 태양계의 일부분이다. 마찬가지로 태양계는 은하계의 일부분이고, 은하계는 더 큰 은하계의 일부분이며, 더 큰 은하계는 더욱 더 큰 은하계의 일부분이고, 그 모든 것은 우주의 일부분이다. 그러므로 우주와 나는 연결되어 있다. 따라서 우주는 나이고, 나는 우주의 일부분이다. 이것은 너무도 분명한 사실이다.

나를 비롯한 모든 것이 합쳐져 우주를 형성하고, 모든 것은 우주의 일부분으로 존재한다. 그러므로 우주는 하나일 수밖에 없다. 모든 시간과 공간, 모든 존재와 비존재, 모든 객관적인 세계와 모든 주관적인 세계를 포함한 모든 것이 합쳐진 것이 우주이므로 우주는 하나일 수밖에 없는 것이다. 우주가 하나라는 것은 필연적으로 도출될 수밖에 없는 결론이다.

평행 우주parallel universe 또는 다중 우주multiverse라는 개념을 사용하여 또 하나의 똑같은 우주 또는 여러 개의 우주를 상상하는 사람들도 있다. 하지만 또 다른 우주가 있다면 그것은 어디에 존재하겠는가? 그 또한 무한하고 광대한 하나의 우주의 일부분으로 존재할 수밖에 없고, 그 어떤 것도 하나의 우주에서 벗어날 수 없다.

그러므로 오로지 단 하나의 우주가 존재할 뿐이다. 단 하나의 우주가 전체이고, 모든 것은 단 하나로 존재하는 전체 우주whole universe 의 일부분이다. 전체 우주는 단 하나이고, 나를 포함한 모든 것은 단 하나의 전체 우주의 일부분이라는 것은 부인할 수 없는 분명한 사실이다.

그러므로 우주의 일부분인 '나'를 알기 위해서는 먼저 단 하나로 존재하는 전체 우주부터 이해해야만 한다. 내가 속해 있는 우주라는 코끼리를 먼저 알아야만 그 일부분인 나를 이해할 수 있는 것이다.

그러나 나는 우주를 이해하지 못한 상태에서 나를 보고 듣고 냄새 맡고 만지고 느낀다. 나는 코끼리에 대해서는 보지도 듣지도 못한 장님처럼 우주의 일부분인 나를 더듬고 있는 것이다. 그래서 지금까지 '나는 누구인가'를 알 수 없었고, 그래서 '나'에 대한 대부분의 탐구는 오해로 종결될 수밖에 없었다.

그러므로 우주는 '나는 누구인가'에 대한 답을 알기 위한 출발점이고, '나는 누구인가'를 알기 위해서는 반드시 우주를 먼저 이해해야만 한다. 그런데 우주를 한눈에 담을 수는 없다. 끝없이 광대하고 무한한 우주에 비해, 나의 시야는 너무도 조악하고 협소하기 때문이다.

그래서 '나는 누구인가'를 본격적으로 탐구하기 이전에, 우주가 어떤 모양이고 어떤 방식으로 작동하는지 그리고 우주와 나는 어떻게 연결되어 있는지를 논리적으로 추론해 보았다.

우주는 코스모스다

가장 먼저 우주는 조화·질서·리듬 속에서 작동되는 코스모스 cosmos 라는 것을 추론할 수 있다. 왜냐하면 우주는 언제나 일관되고 합리적인 방식으로 작동하기 때문이다. 그러므로 우주는 혼돈·무질서의 카오스 chaos 가 아닌 코스모스인 것이 분명하다.

카오스인 우주는 존재할 수 없다. 만일 자연의 법칙이 날마다 바뀐다면, 예를 들어, 물이 어떤 날은 위에서 아래로 흐르고 다른 날은 아래에서 위로 흐른다면, 어떤 날은 0℃에서 얼고 다른 날은 500℃에서 언다면, 이런 식으로 모든 것들이 어떤 질서를 따르지 않고 변덕을 부린다면, 물질도 우주도 또한 그것을 연구하는 과학도 존재할 수 없다. 그러므로 우주는 코스모스일 수밖에 없다.

과학은 우주가 코스모스임을 인정하고 있는데 그 대표적인 것이 카오스이론이다. 브라질에서 시작된 나비의 날갯짓이 미국 텍사스에 토네이도를 발생시킬 수도 있는 것과 같이 복잡한 혼돈 속에도 어떤 숨

겨진 질서가 있는데, 그 질서를 논리적으로 밝히려는 것이 카오스이론이다. 그러므로 카오스이론은 우리의 협소한 시야와 한정된 이해가 우주를 혼돈과 무질서로 인식하더라도 그 속에는 우리가 이해하지 못하는 조화·질서·리듬이 있음을 인정하는 과학이론이다. 카오스이론뿐만 아니라 과학의 모든 이론들은 우주가 일관되고 합리적으로 움직이는 코스모스임을 전제로 한다. 그러므로 과학은 우주가 코스모스임을 인정한다.

종교도 우주가 코스모스임을 인정한다. 그것은 종교도 과학의 한 가지 형태로서 내면세계의 과학이기 때문이다. 물질세계의 '과학'은 '과학'이라는 이름으로 불리며 객관세계를 탐구하고, 의식세계의 과학은 '종교'라는 이름으로 불리며 주관세계를 탐구한다. 과학은 나에게 보이는 것을 탐구하지만, 종교는 보는 자 자체인 나를 탐구한다. 하지만 둘 다 단 하나로 존재하는 전체 우주의 일부분을 탐구한다. 고로 종교도 과학이다. 그리고 모든 과학은 코스모스 안에서만 존재하므로 모든 종교도 우주가 코스모스임을 인정한다.

그러므로 우주가 코스모스이고 모든 것은 코스모스 안에서 작동하고 있다는 것은 부인할 수 없는 분명한 진리다. 그래서 우주의 또 다른 이름이 코스모스이다.

우주근본법은 '하나의 법칙'이다

우주를 관찰하면 우주의 모든 것이 변한다는 사실을 쉽게 확인할 수 있다. 모든 것이 변하는 제행무상諸行無常의 우주에서 변하지 않는 단 하나의 유일한 진리가 있다면 그것은 우주의 모든 것이 변한다는 진리일 것이다. 그러므로 우주의 모든 것이 변한다는 것 또한 증명할 필요도 없는 분명한 사실이다. 그래서 고대 그리스의 철학자 헤라클레이토스Heracleitos, B.C. 540?~B.C. 480?는 "우주의 모든 것은 변화하며 같은 강물에 두 번 발을 담글 수 없다"라고 말한 것이다.

우주의 모든 변화는 조화·질서·리듬 속에서 진행된다. 왜냐하면 우주는 코스모스이기 때문이다. 코스모스인 우주는 조화·질서·리듬 속에서 끊임없이 변화하고 있는데 이 또한 분명한 진리이므로 더 이상의 증명을 필요로 하지 않는다.

우주의 모든 것이 조화·질서·리듬 속에서 변화하는 이유는 우주의 모든 것에 예외 없이 적용되는 우주근본법dhamma, logos이 존재하기 때문이다. 우주근본법은 눈에 보이지도 않고 손으로 만질 수도 없지만 분명히 존재한다. 이 광막하고 무한한 우주가 이토록 유연하고 조화롭게 운행된다는 사실 자체가 우주의 모든 것을 연결시키는 어떤 흐름이 있다는 것을 증명하는데, 그 흐름이 바로 우주근본법이다.

우주근본법은 우주를 코스모스로 작동하게 만드는 원동력임에 분명하다. 우주근본법은 모든 것을 통일시키고 다리를 놓음으로써 우주를 절대적인 조화·질서·리듬 속에서 움직이게 한다. 그것은 화환을 유지시키는 끈과 유사하다. 꽃은 보이지만 꽃들을 엮고 있는 끈은 보이지 않는다. 그 보이지 않는 끈이 우주근본법이다.

우주근본법을 '하나의 법칙'이라고 하자. 우주근본법에 의해 우주의 모든 것이 하나의 화환처럼 엮어져 하나로 존재하므로 하나의 법칙이라고 이름을 지었다. 전체는 하나이고, 오로지 하나만이 존재하고 둘일 수 없다는 것이 하나의 법칙이다. 오로지 하나만이 존재한다는 하나의 법칙을 붓다는 "천상천하 유아독존天上天下 唯我獨尊"이라고, 성경은 "나는 알파요 오메가"라고, 노자는 '도道'라고, 그리스도는 "하나님과 나는 하나다"라고 선언했다. 또한 한민족韓民族의 기본 경전인『천부경天符經』은 시작도 없고 끝도 없다는 '무시무종無始無終'으로, 삼일신고三一神誥: 대종교에서 단군이 한울·한얼·한울집·누리·참이치의 다섯 가지를 삼천단부에게 가르친 말씀는 존재하는 모든 것에 두루 꽉 차 있다는 '무소부재無所不在'로 표현했다.

하나의 법칙은 전체 우주를 하나로 묶어 유지시키는 궁극적인 법이다. 하나의 법칙은 광막하고 무한한 우주를 유연하고 조화롭게 운행시키는 흐름 그 자체다. 그 흐름은 모든 것을 통일시키고 다리를 놓는다. 하나의 법칙이 없다면 우주는 끈 떨어진 화환처럼 산산조각이 날 것이다. 하나의 법칙은 이원적으로 대립하는 모든 것을 용해시켜 하나로 만든다. 하나의 법칙 속에서 모든 것은 하나가 되는 것이다.

지금 이 순간에도 우주의 모든 것들은 하나의 법칙에 따라 하나로 존재하는 동시에 변화하고 있다. 완벽한 하나의 우주에서 다른 완벽한 하나의 우주로 그리고 또 다른 완벽한 하나의 우주로, 우주는 끊임없이 변화하며 존재하는데 여기에는 단 한 치의 오차도 있을 수 없다. 그러므로 하나의 법칙은 우주에서 단 하나의 유일한 진리인 변화를 주관하는 법칙이다.

우주의 모든 것은 서로 닮은꼴이다

이렇게 우주의 모든 것은 하나의 법칙에 따라 변화한다. 가장 장대한 우주에서 가장 미세한 원소 한 알에 이르기까지 우주의 모든 것은 하나의 법칙이라는 단 한 가지 원리에 의해 동일한 방식으로 변화하고 있다.

그러므로 우주의 모든 것은 서로 닮은꼴일 수밖에 없다. 왜냐하면 우주의 모든 것은 하나의 법칙이라는 똑같은 한 가지 원리로 변화하기 때문이다. 거대한 은하계이든 조그마한 모래 한 알이든, 우주의 모든 것은 동일한 한 가지 원리로 변화하고 있으므로 모든 것은 서로 닮은 형태일 수밖에 없는 것이다.

우주의 모든 것들이 서로 닮은꼴이라는 점에 대해서는 과학자들도 동의한다. 그들은 우주가 프랙털^{fractal} 구조, 즉 부분이 전체를 닮은 형태로 이루어진 것이 우주라는 것이다. 그들은 우주를 구성하는 모든 부분은 전체의 닮은꼴이므로 우주의 모든 것들은 서로 닮은꼴일 수밖에 없다고 말한다.

그렇다. 우주의 모든 것은 서로 닮은꼴이다. 가장 장대한 우주에서 가장 미세한 원소 한 알에 이르기까지 우주의 모든 것은 닮은꼴의 형태로 이루어져 있다. 가장 미세한 원소 하나에도 전체 우주의 청사진이 들어 있는 것이다.

그렇다면 우주의 모든 것들은 도대체 무엇이 닮았는가? 닮았다는 것은 서로 어떤 공통점을 지니고 있다는 의미인데, 우주의 모든 것들은 어떤 공통점을 지니고 있는가?

우주를 관찰하면 우주의 모든 것들은 중심을 축으로 하여 돌고 도

그림1 수많은 은하들은 우주의 중심축을 중심으로 회전하고 있다.

는 형태로 이루어져 있음을 쉽게 확인할 수 있다. 그렇다. 우주의 모든 것들은 중심과 그것을 축으로 끊임없이 돌고 도는 주변으로 이루어져 있다는 점에서 서로 닮은꼴이다.

지름이 수십만 광년에 달하고 수천억 개의 태양으로 이루어진 거대한 은하들은 모두 그 중심을 축으로 하여 엄청난 속도로 회전한다. 그림1처럼 수많은 은하들은 더 큰 은하를 중심으로 회전하며 은하단을 형성하고, 수많은 은하단들은 우주의 중심축을 중심으로 돌고 돈다. 아마 우주 그 자체도 무엇인가를 중심으로 회전하고 있을 것이다.

은하를 구성하는 별들도 회전한다. 달들은 지구와 같은 행성을 중심으로, 행성들은 태양과 같은 항성을 중심으로, 항성들은 더 큰 항성을 중심으로 회전^{공전}한다. 그리고 모든 별은 그 자체의 중심축을 중심으로 회전^{자전}한다.

물질의 기본 단위인 원소는 원자핵과 이를 중심으로 믿을 수 없을 정도의 빠른 속도로 회전하는 전자로 이루어진다. 원자핵과 전자를 구성하는 소립자들과 그보다 더 미세한 소립자들에 대해서는 아직 명확하게 밝혀진 것은 없다. 하지만 그런 소립자들도 무엇인가를 중심으로 회전하고 있음은 분명하다.

모든 생명도 돌고 도는 형태로 이루어진다. 그림2와 같이 소라, 조개껍질, 영양과 물소의 뿔, 아름다운 꽃 그리고 사람의 뒤통수 등등의 모든 생명은 중심을 축으로 빙글빙글 돌며 회전하는 형태로 자신을 드러낸다.

그림2 소라, 조개껍질, 영양과 물소의 뿔, 아름다운 꽃, 사람의 뒤통수 등등 모든 생명은 중심을 축으로 빙글빙글 돌며 회전하는 형태로 자신을 드러낸다.

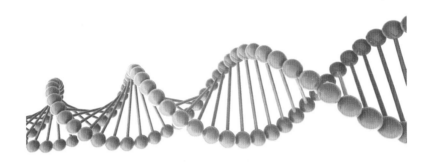

<u>그림3</u>　중심을 축으로 맞물려 돌아가는 DNA 분자구조.

　생명을 구성하는 단백질과 탄수화물 등의 분자구조도 중심을 축으
로 돌고 도는 나선 형태이고, 생명의 설계도인 DNA 분자도 중심을 축
으로 서로 맞물린 이중나선형으로 돌고 도는 구조다.

　DNA가 펼쳐지면서 탄생한 생명도 중심을 축으로 돌고 도는 형태이
고, 생명을 생명으로 작동하게 하는 만드는 것도 돌고 도는 원리다. 호
흡기와 소화기, 순환기 등 모든 생명의 작동 원리는 중심을 축으로 돌
고 도는 방식으로 작동된다.

　이렇게 우주의 모든 것들은 중심과 그것을 축으로 돌고 도는 형태로
이루어져 있다는 점에서 서로 닮은꼴이다. 그렇다면 우주 역시 중심과
그것을 축으로 돌고 도는 형태일 수밖에 없다. 왜냐하면 우주는 부분
이 전체를 닮은 프랙털 구조이므로 전체도 부분을 닮을 수밖에 없기
때문이다.

우주는 텅 빈 허공과 돌고 도는 물질로 이루어진다

그런데 우주에는 돌고 돌며 변화하지 않고 언제나 그대로인 것이 있다. 바로 '텅 빈 허공'이다. 텅 빈 허공은 변화하지 않는다. 텅 빈 허공 속으로 수많은 것들이 왔다가 사라지지만, 텅 빈 허공 그 자체는 언제나 그대로이고, 그 어떤 것도 텅 빈 허공을 물들일 수 없는데 이 또한 너무도 분명한 사실이다.

텅 빈 허공은 돌고 도는 우주의 모든 것들을 품고 있다. 중심을 축으로 돌고 도는 우주의 모든 것들은 텅 빈 허공 속에서 둥둥 떠 있는 형태로 존재한다. 이는 우리의 두 눈으로 하늘에 떠 있는 별들을 보아도 쉽게 확인할 수 있다. 그러므로 우주의 모든 것들이 텅 빈 허공 가운데에서 돌고 도는 방식으로 존재하고 있다는 것 또한 분명한 사실이다.

우주는 텅 빈 허공과 그 가운데에서 중심을 축으로 돌고 도는 방식으로 존재하는 닮은꼴의 수많은 물질들로 이루어져 있다. 수많은 별·달·행성들은 물론 분자·원소와 같은 소립자들 그리고 나 자신조차도 텅 빈 허공 한가운데에서 둥근 보석처럼 매달려 돌고 도는 형태로 존재하고 있는 것이다. 그러므로 텅 빈 허공은 우주의 바탕임에 분명하다. 왜냐하면 우주의 모든 것은 텅 빈 허공 속에서 텅 빈 허공을 배경으로 존재하기 때문이다.

2차원의 평면에 텅 빈 허공과 돌고 도는 물질들로 이루어진 우주를 그려 보았다. 텅 빈 허공을 바탕으로, 중심축을 중심으로 돌고 도는 우주의 모든 것들을 지도로 표현한 것이다. 다중 우주와 평행 우주, 수많은 은하계와 태양계는 물론 조그마한 분자와 원소 한 알까지 그

그림4 태풍 형태의 우주 지도.

속에 돌고 도는 한 점으로 그려 넣었다. 그랬더니 그 모양이 바다 위에
서 회전하고 있는 태풍 사진과 정말 비슷했다. 그래서 그림4의 아름다
운 태풍 사진을 우주 지도로 활용하기로 했다.

　우주 지도의 밑바탕인 바다는 우주의 근원이자 바탕인 텅 빈 허공
을, 그 위에 떠서 돌고 도는 태풍은 은하계·별·행성·달·분자·원소·소
립자 같은 물질들을 의미한다. 이렇게 우주 지도는 텅 빈 허공 속에서
돌고 도는 물질들이 둥둥 떠 있는 형태로 모든 것이 존재하고 있음을
표현한다.

　텅 빈 허공은 없음無이고, 물질은 있음有다. 그러므로 바다와 태풍

의 형태로 그려진 우주 지도는 없음無과 있음有으로 이루어진 우주의 모든 것을 표현한다.

있음有으로 이루어진 물질은 매 순간 돌고 도는 방식으로 변화한다. 물질은 생기고 변화하며 진화하다가 흩어지며 사라진다. 물질은 잠시도 멈추지 않고 순간순간마다 변화하는 방식으로 존재한다.

없음無으로 이루어진 텅 빈 허공은 영구적으로 변하지 않고 절대적으로 불멸한다. 텅 빈 허공은 항상 똑같은 상태로 머물러 있으면서 그 모든 것을 끝없이 지켜본다.

텅 빈 허공은 우주 지도의 모든 영역에 걸쳐 펼쳐져 있지만, 태풍의 날개가 돌고 있는 부분에서는 드러나지 않는다. 그 이유는 그 부분의 태풍의 날개를 구성하는 물질이 매우 짙은 상태라서 텅 빈 허공이 드러나지 못하도록 가리고 있기 때문이다. 따라서 태풍이 잠잠해지면 우주의 모든 곳에서 텅 빈 허공이 드러나게 된다.

돌고 도는 태풍 역시 우주 지도의 모든 영역에 걸쳐 펼쳐져 있지만, 우주 지도의 외곽에서는 그 흔적을 찾기가 쉽지 않다. 그 이유는 그 부분의 태풍의 날개를 구성하는 물질이 매우 미세하고 옅은 상태라서 그것을 통해 텅 빈 허공이 그대로 드러나기 때문이다. 따라서 태풍의 활동이 왕성해지면 우주의 모든 부분은 짙은 물질로 뒤덮이게 된다.

태풍의 중심에 뚜렷이 형성된 태풍의 눈은 우주의 중심축을 의미한다. 우주는 태풍의 눈을 중심으로 돌고 돈다. 그런데 태풍의 눈은 텅 빈 허공이다. 태풍의 눈에서는 텅 빈 허공이 그대로 드러난다. 그것은 텅 빈 허공이 우주의 중심이라는 것을 의미한다. 우주는 텅 빈 허공을 중심으로 돌고 돈다. 이 같은 이치는 수레바퀴의 중심축을 보아도 알 수 있다. 수레바퀴가 돌아도 그 중심축은 그대로 정지해 있다. 마찬가지로 우주가 돌고 돌아도 그 중심축인 텅 빈 허공은 고요하고 잠잠함을 그대로 유지한다.

태풍의 중심과 주변은 밀접하게 연결되어 있다. 태풍의 중심이 있기에 태풍의 주변이 돌고 돌 수 있고, 태풍의 주변이 돌고 돌기에 태풍의 중심이 존재한다. 그러므로 물질과 텅 빈 허공은 밀접하게 연결되어 있다. 텅 빈 허공이 있기에 물질이 존재하고, 물질이 존재하기에 텅 빈 허공이 있는 것이다.

태풍의 중심은 태풍의 주변보다 더 중요하고 더 근본적이며 더 고차원적이다. 왜냐하면 태풍의 중심이 텅 비면 빌수록 태풍의 주변은 더욱더 빠르게 회전하고, 중심의 텅 빔이 사라지면 태풍의 주변은 그 힘을 잃고 흩어지기 때문이다. 태풍의 주변은 태풍의 중심을 따르고 있는 것이다. 따라서 텅 빈 허공은 물질보다 더 중요하고 더 근본적이며 더 고차원적이고, 돌고 도는 물질은 텅 빈 허공을 따르게 된다.

태풍을 구성하는 하나하나의 점들은 모두 전체 우주와 마찬가지로 태풍 형태이고, 그 점들을 구성하는 더욱더 미세하고도 미세한 점들도 태풍 형태이며, 그런 방식으로 태풍 형태의 닮은꼴의 우주는 미세한 세계로 끝없이 이어지며 존재한다. 그것은 우주의 모든 것들은 하나의 법칙이라는 한 가지 원리에 따라 존재하기 때문이다.

이렇게 우주 지도는 텅 빈 허공과 돌고 도는 물질 그리고 그것들을 포함한 모든 것이 중첩되어 하나로 엮여진 형태로 존재하는 우주를 2차원의 평면에 한 장의 그림으로 표현한다.

우주는 다중 차원이다

여기서 이런 의문이 떠오른다. 하나의 법칙에 따르면 모든 것은 하나이고, 우주의 모든 것은 하나로 귀결된다. 그런데 고요하고 잠잠한 텅 빈 허공無과 돌고 도는 물질有은 서로 다르지 않은가? 텅 빈 허공과 물질이 서로 다른 것이라면, 텅 빈 허공 속에서 둥둥 떠 있는 형태로 존재하는 별들은 모두 제각각 동떨어져 있는 것이고, 우주는 별들의 수만큼, 아니 수많은 원소들의 수만큼이나 많이 존재하는 것이 된다. 그렇다면 우주가 하나이고 단 하나의 우주만이 존재한다는 것은 거짓이 아닌가? 라는 의문이 드는 것이다.

결론은 우주는 단 하나라는 것이다. 왜냐하면 우주는 텅 빈 허공과 물질로 나누어진 것이 아닌 한 덩어리이기 때문이다. 텅 빈 허공과 물질은 손을 맞잡고 있다. 텅 빈 허공은 물질을 포괄하고, 물질은 텅 빈 허공을 포함하고 있다. 텅 빈 허공과 물질은 서로 다르고 대립적인 것처럼 보이지만 그것들은 하나이고 상호보완적으로 작용한다. 상호보완적인 텅 빈 허공과 물질은 서로 겹쳐지며 하나의 우주로 존재한다. 그러므로 우주는 하나이고 오로지 단 하나의 우주만이 존재할 뿐이다.

텅 빈 허공과 물질이 하나라는 진리는 우주의 근원을 탐구하면 저절로 이해하게 된다. 우주의 근원을 추론하여 들어가면 텅 빈 허공과 물질이 하나임을 논리적으로 이해하게 되는 것이다. 그래서 우주의 차원적인 구조를 추론하는 방식으로 우주의 근원을 탐구해 보았다.

우주는 수많은 차원으로 이루어진다. 가장 장대한 차원으로부터 가장 미세한 차원에 이르기까지 수많은 차원들이 중첩되며 존재하는 것이 우주다. 작은 차원들이 합쳐져 큰 차원을 형성하고, 큰 차원은 작은 차원들을 포괄한다. 작은 차원의 관점으로 들어갈수록 우주의 더 많은 부분은 텅 빈 허공임을 알게 되고, 큰 차원의 관점으로 나올수록 우주의 더 많은 부분은 물질로 여겨지게 된다. 우주의 모든 차원들은 하나의 법칙으로 형성되고, 하나의 법칙으로 작동한다. 따라서 모든 차원의 각각의 우주는 돌고 도는 물질과 텅 빈 허공으로 이루어진 태풍 형태이고, 서로 닮은꼴로서 완벽하게 작동하는 하나의 완벽한 시스템이다. 완벽한 시스템으로 존재하는 하나하나의 우주는 자기 자신을 '나'로 인식하고, 동일한 차원에서 동일한 방식으로 존재하는 다른 우주를 '너'로 여기게 된다.

가장 장대한 차원은 전체 우주 차원이다. 오로지 단 하나의 전체 우주만이 존재한다. 전체 우주는 존재하는 모든 것과 존재하지 않는 모든 것이고, 모든 차원을 포괄하므로 조그마한 빈틈도 없이 우주를 가득 채우고 존재한다.

전체 우주 차원보다 한 단계 더 미세한 차원은 지금의 과학 수준으로는 초은하단 차원인 것으로 가정할 수밖에 없고, 수많은 초은하단들이 모여 하나의 전체 우주를 구성한다.

초은하단 차원보다 한 단계 더 미세한 차원은 은하단 차원이고, 수많은 은하단들이 모여 하나의 초은하단을 구성한다.

은하단 차원보다 한 단계 더 미세한 차원은 은하계 차원이고, 수천만 개 이상의 은하계들이 모여 하나의 은하단을 구성한다.

은하계 차원보다 한 단계 더 미세한 차원은 태양계 차원이고, 수천억 개 이상의 태양계들이 모여 하나의 은하계를 구성한다.

태양계 차원보다 한 단계 더 미세한 차원은 원소 차원이고, 수많은 원소들로 모여 하나의 태양계를 구성한다.

원소 차원보다 한 단계 더 미세한 차원은 쿼크 차원이고, 수많은 쿼크들이 모여 하나의 원소를 구성한다.

우주의 근원은 텅 빈 허공이다

이전에 과학은 분자가 가장 미세한 물질이라고 했었고, 다음에는 원소가 가장 미세한 것이라고 주장했었다. 그리고 지금은 쿼크 quark: 양성자, 중성자와 같은 소립자를 구성하고 있다고 생각되는 기본적인 입자가 가장 미세하다고 한다. 그렇다고 쿼크가 가장 미세한 차원은 아닐 것이다. 그렇다면 쿼크보다 더 미세한 차원은 무엇일까? 쿼크를 쪼개면 무엇이 남게 될까?

우리는 아무것도 발견할 수 없을 것이다. 우리는 쿼크가 쪼개진 자리에서 그 어떤 것도 찾을 수 없다. 왜냐하면 우리에게는 쿼크가 쪼개진 것을 볼 수 있는 능력이 없기 때문이다. 그러므로 우리는 쿼크가 쪼개진 자리에서 오로지 텅 빈 허공만을 발견하게 된다.

만일 과학이 발전해서 쿼크가 쪼개진 어떤 것을 측정할 수 있는 방법을 찾아낸다고 하더라도 다시 그 어떤 것이 쪼개진 것을 과학은 볼 수 없으므로 우리는 그것을 텅 빈 허공으로 인식할 수밖에 없고 그런 과정은 끝없이 계속된다. 따라서 텅 빈 허공 차원은 충충이 쌓여 있는 수많은 텅 빈 허공 차원들로 이루어지고, 우리는 그것들을 단 하나의 텅 빈 허공으로 인식하게 된다.

그러므로 가장 미세한 차원은 텅 빈 허공 차원이다. 왜냐하면 텅 빈 허공 차원에서는 아무리 더 깊이 들어가도 계속해서 텅 빈 허공만이 존재할 뿐 더 이상 텅 빈 허공을 쪼개면서 더 깊은 차원으로 들어갈 수는 없기 때문이다. 그러므로 텅 빈 허공 차원은 가장 깊숙이, 마지막으로 존재하는 우주의 근원적인 차원이다.

텅 빈 허공 차원에서의 모든 것은 텅 빈 허공이다. 텅 빈 허공 차원에서의 우주는 텅 빈 허공이라고 불리는 물로 가득 찬 끝없이 무한한 바다이고, 은하계는 텅 빈 허공으로 구성되어 텅 빈 허공의 바다에서 헤엄치는 한 마리 물고기이며, 나 또한 텅 빈 허공에서 비롯된 텅 빈 허공이다.

텅 빈 허공은 '있음有, being, 존재'이다. 왜냐하면 텅 빈 허공은 쿼크가 쪼개진 것有들 또는 그것보다 더 미세한 어떤 것들로 가득 찬 곳이기 때문이다. 그러므로 텅 빈 허공은 부정적인 것이 아니다. 그것은 긍정적인 현상이고, 충만함이자, 넘쳐흐름이다. 그것은 한껏 가득 찬 충만이고, 꽉 찬 충만이어서 텅 빈 허공이라고 부른다. 우주를 지탱하는 힘이 우주공간으로 전달되고, 빛이 우주공간을 가로질러 날아갈 수 있는 것도 있음有인 텅 빈 허공이 어디에나 가득하기에 가능한 일이다.

또한 텅 빈 허공은 '없음無, non-being, 비존재'이다. 왜냐하면 가장 미세하다는 것은 무엇인가가 있다는 것인데, 텅 빈 허공은 가장 미세한 무엇인가도 사라진 곳이기 때문이다. 텅 빈 허공은 떨림의 주체는 사라지고 떨림만이 남아 있고, 흐름의 주체는 존재하지 않는데 흐름만이 존재하는 없음이다. 없음인 텅 빈 허공의 흐름떨림, 진동, 회전, 순환이 에너지다. 그러므로 텅 빈 허공은 없음으로 이루어진 가장 순수한 형태의 에너지다.

이렇게 텅 빈 허공은 관점에 따라 보이는 것의 부재無로 나타나거나, 보이지 않는 것의 현존有으로 드러난다. 그러므로 텅 빈 허공은 있음 有이자 없음無이고, 어떤 것something의 부재인 동시에 어떤 무한한 것 no-thing의 현존이다. 텅 빈 허공은 있음有과 없음無의 접점이고, 유有 와 무無가 하나로 합쳐지는 지점인 것이다. 이런 이치를 꿰뚫어 본 붓 다는 색즉시공 공즉시색色卽是空 空卽是色 물질이 텅 빈 허공이고 텅 빈 허공이 물질이라고 했고, 아인슈타인은 $E=MC^2$이라고 표현했다.

텅 빈 허공은 우주의 모든 것을 생성하는 씨앗이자 뿌리이고, 목적 지이자 꽃이며, 알파이자 오메가이다. 텅 빈 허공에서 시작된 모든 것 은 결국 텅 빈 허공으로 되돌아간다. 모든 것이 태어나는 곳이자, 태어 난 모든 것이 어느 날 다시 사라지는 곳이 바로 이 창조적인 공간인 텅 빈 허공이다. 그러므로 모든 것은 텅 빈 허공에서 하나로 통합된다. 물 질, 이성, 감성, 지식, 감각 등등 모든 것은 텅 빈 허공에서 하나가 된 다. 따라서 텅 빈 허공을 알면 모든 것을 알게 되고, 텅 빈 허공을 잊 은 다른 모든 지식은 쓸데없고 무의미한 것에 불과하게 된다.

텅 빈 허공은 하나다. 텅 빈 허공은 여러 개가 있을 수 없고, 이곳의 텅 빈 허공과 저곳의 텅 빈 허공은 구분할 수 없는 단 하나의 텅 빈 허 공이다. 그러므로 텅 빈 허공에서는 더 이상 이원성二元性이 존재하지 않고, 관찰자와 관찰의 대상은 하나가 된다. 따라서 텅 빈 허공에서는 아무것도 발견할 수 없고 아무것도 발견되지 않는다. '나' 자신조차 발 견되지 않는다. 무아無我인 것이다. 마침내 나는 텅 빈 허공에서 자유 롭다. 이 말은 내가 자유롭다는 말이 아니다. 내가 나 자신에게서 자 유롭다는 뜻이다. 지금까지 나라고 여기던 모든 것들은 텅 빈 허공에서는 존재하지 않기 때문에 자유로운 것이다. 그 대신 나는 전체다. 텅 빈 허공에서 나는 죽고 너도 존재하지 않으며, 모든 것은 하나의 텅 빈 허공으로 재탄생한다. 그러므로 텅 빈 허공의 관점에서는 나와 너를 구별하지 않고 모든 것을 하나로 여기게 된다.

텅 빈 허공과 돌고 도는 물질은 하나다

이렇게 우주는 수많은 차원들이 중첩된 형태로 존재한다. 물론 이곳에 우주에 존재하는 모든 차원들이 소개된 것은 아니다. 예를 들면, 태양계 차원과 원소 차원 사이에는 행성 차원·'인간' 차원·세포 차원·미생물 차원·분자 차원 등으로 분류할 수 있는 수많은 차원들이 존재하고, 그 이외의 모든 차원과 차원들 사이에도 수많은 차원들이 존재한다. 그리고 그 모든 차원들은 동시에 동일한 공간에서 한꺼번에 중첩되어진 형태로 존재한다. 전체 우주 차원으로부터 텅 빈 허공 차원에 이르기까지 모든 차원들은 하나로 겹쳐지며 하나의 우주를 구성하고 있는 것이다.

그리고 모든 차원들 사이에는 간격이 없고, 서로 어떤 연결고리로 연결되어 있다. 소립자들이 어떤 힘에 의해 결합하여 원소를 형성하고, 원소들이 전자를 매개로 결합하여 분자를 구성하듯이 모든 차원들은 하나로 딱 들어맞게 연결되어져 있다. 텅 빈 허공에서 전체 우주에 이르기까지 모든 차원은 서로 동떨어져 존재하는 것이 아니라, 밀접하게 연결되어 하나로 존재하는 것이다. 그러므로 물질은 텅 빈 허공의 가장 바깥쪽에 존재하는 껍질이고, 텅 빈 허공은 물질의 가장 깊은 곳에 있는 알맹이다. 그리고 그 사이에 존재하는 모든 차원들도 물질이자 텅 빈 허공이고, 그것들은 모두 하나로 연결되어져 있는 하나다. 따라서 우주는 하나다.

　하나로 연결된 차원의 경로를 따라 깊이깊이 미세한 차원으로 들어가면 우주의 바탕인 텅 빈 허공에 이르게 된다. 나로부터 시작하여 세포, 분자, 원소, 소립자, 쿼크를 넘어 더욱더 미세한 차원으로 뚫고 들어가면 우주의 근원인 텅 빈 허공에 도달하는 것이다. 그런데 텅 빈 허공의 관점에서는 모든 것은 하나이고 전체다. 왜냐하면 이원성二元性이 존재하지 않는 텅 빈 허공의 관점에서는 개별적인 나는 사라지고, 단 하나의 전체만이 홀로 존재하기 때문이다. 그러므로 텅 빈 허공은 존재하지 않는 것이자, 존재하는 모든 것이다. 부재not-being는 곧 존재being인 것이다. 따라서 텅 빈 허공은 곧 전체 우주다. 그러므로 미세한 차원으로 끝없이 들어가면 전체 우주에 이르게 된다. 가장 미세한 차원으로 들어가는 길은 가장 장대한 차원인 전체 우주로 연결되는 통로인 것이다.

　반대로 하나로 연결된 차원의 경로를 따라 끝없이 광대한 차원으로 나아가도 결국 전체 우주에 이르게 된다. 나로부터 출발하여 태양계, 은하계, 은하단, 초은하단을 넘어 더욱더 광대한 차원으로 확장되며 나아가면 결국 모든 것을 포괄하는 전체 우주에 이르게 된다. 그런데 전체 우주의 관점에서는 모든 것은 텅 빈 허공이다. 왜냐하면 오로지 자기 자신만이 유일하게 홀로 존재하는 전체 우주의 관점에서는 아무것도 볼 수 없고, 따라서 자기 자신의 존재 여부도 알 수 없기 때문이다. 다른 것이 전혀 없이 홀로 하나만 존재하면 그 하나 역시 존재하지 않게 되는 것이다. 그러므로 전체 우주는 존재하는 모든 것이자, 존재하지 않는 것이다. 존재being는 곧 부재not-being인 것이다. 따라서 전체 우주는 곧 텅 빈 허공이다. 그러므로 광대한 차원의 우주로 끝없이 나아가면 우주의 근원이자 중심인 텅 빈 허공에 이르게 된다. 광대한 차원으로 나아가는 길은 텅 빈 허공으로 연결되는 통로인 것이다.

그러므로 어느 쪽으로 나아가더라도 우주의 근원인 텅 빈 허공과 만나게 된다. 이쪽으로 가도 텅 빈 허공, 저쪽으로 가도 텅 빈 허공이다. 모든 것은 텅 빈 허공의 한가운데에 있고, 그야말로 텅 빈 허공에서 벗어날 방도는 없는 것이다. 또는 어느 쪽으로 나아가더라도 단 하나의 전체 우주와 만나게 된다. 이쪽으로 가도 전체 우주, 저쪽으로 가도 전체 우주다. 모든 것은 전체 우주 한가운데에 있고, 그야말로 전체 우주에서 벗어날 방도는 없는 것이다. 그것은 텅 빈 허공이 모든 것의 알파이자 오메가이고, 시작이자 끝이기 때문이다. 그것은 단 하나의 텅 빈 허공 사이에 텅 빈 허공으로 이루어진 모든 것들이 둥둥 떠 있기 때문이다. 그래서 무한히 커지거나 무한히 작아지는 과정이 무한히 계속되더라도 무한 속에서 무한과 무한이 서로 만날 수밖에 없는 것이다.

그러므로 우주는 그림5와 같은 우로보로스Ouroboros의 뱀과 같은 형상으로 맞물려 돌아가고 있다. 머리에서 출발하여 몸통을 지나 꼬리에 이르고, 마침내 그 꼬리가 끝나는 지점인 텅 빈 허공에 이르렀는데 그곳이 바로 다시 전체인 머리가 시작하는 곳인 것이다.

그림5 우로보로스의 뱀. 우주는 우로보로스의 뱀과 같은 형상으로 맞물려 돌아가고 있다.

이렇게 돌고 도는 물질과 텅 빈 허공은 서로 긴밀하게 연결되어진 하나다. 그러므로 우주의 모든 것은 하나이고, 단 하나의 우주만이 존재한다. 따라서 우주가 '물질有과 허공無'으로 이루어져 있다는 것은 잘못된 표현이다. '물질有·허공無'이라고 표현하는 것도 무엇인가 부족하다. '물질허공有無', 그렇다. 우주는 하나의 '물질허공'이다. 우주는 모든 순간마다 끊임없이 변화하는 물질이자 영원히 변화하지 않는 텅 빈 허공이다.

처음에 과학은 물질이 실제로 존재한다고 주장했었다. 그러나 과학은 물질을 더욱더 가까이서 관찰하면서 물질이란 존재하지 않는다는 것을 확인하게 되었고 지금은 물질이 사라진 그 자리에는 에너지의 빠른 회전만이 남는다고 말한다. 마침내 과학도 물질이 사라진 미세한 차원의 세계에 이른 것이다. 또한 과학은 아무것도 없는 텅 빈 공간이라고 알고 있던 우주공간에 전파·적외선·가시광선·자외선·X선·

감마선 등과 같은 어떠한 전자기파로도 관측되지 않는 암흑물질暗黑物
質, dark matter: 우주를 구성하는 총 물질의 23퍼센트 이상을 차지하고 있고, 전파·적외선·가시광
선·자외선·X선·감마선 등과 같은 전자기파로도 관측되지 않고 오로지 중력을 통해서만 존재를 인식
할 수 있는 물질과 암흑 에너지가 존재함을 짐작하고 있다. 그들은 우주 질
량의 대부분을 암흑물질과 암흑 에너지가 차지할 것이라고 추측한다.
그러나 암흑물질과 암흑 에너지가 관측되지 않는 가장 미세한 것은 아
닐 것이다. 이제 과학은 텅 빈 허공이 무엇인가로 가득 차 있다는 것을
확인하는 수준으로 올라서고 있다. 과학은 진공이 실제로 텅 빈 것이
아니라 아주 약한 에너지로 가득 채워져 있음을 측정하기에 이른 것이
다. 만일 과학이 더욱더 발전한다면 어디에나 가득한 텅 빈 허공이 바
로 순수에너지 그 자체이고, 모든 것은 순수에너지에서 비롯되고 있으
며, 따라서 우주의 모든 것은 하나의 텅 빈 허공으로 이루어진 하나임
을 입증하게 될 것이다.

하지만 장대한 차원으로 나아가 우주가 텅 빈 허공임을 확인하는
과학의 도전은 이제 막 시작단계에 접어들고 있다. 언젠가 과학은 빛
또는 그 이상의 속도로 우주를 여행하는 방법을 찾아내고 단 하나의
우주의 관점에서 모든 것을 조망하는 수준으로 올라설 것이다. 그러면
가장 장대한 차원의 우주 또한 가장 미세한 차원의 우주와 마찬가지
로 텅 빈 허공이고, 따라서 우주는 하나라는 진리를 확인하게 될 것이
다. 아니 과학은 우주가 텅 빈 허공으로 이루어진 텅 빈 허공임을 먼저
이해한 이후에야 모든 차원들을 넘나드는 방법을 발견하게 될 것이다.

영혼과 몸은 하나다

지금까지 하나로 존재하는 우주의 기본적인 구조와 작동방식을 추론해 보았다. 그러므로 이제 그 추론에 근거하여 우주의 일부분인 '나'를 추론하는 것도 가능해졌다. 전체로서의 코끼리를 알게 되었으므로 코끼리의 닮은꼴이자 코끼리의 일부분인 나를 이해하는 것도 가능해진 것이다.

우주가 한 마리의 코끼리라면 코끼리의 머리·몸통·다리 같은 부분들은 초은하단 차원의 우주이고, 코끼리의 코·귀·입과 같은 부분들은 은하단 차원의 우주이다. 그리고 코끼리를 구성하는 하나하나의 세포들은 은하계 차원의 우주이고, 세포를 구성하는 하나하나의 원소들은 태양계 차원의 우주이다. 그러므로 코끼리를 구성하는 하나하나의 원소의 중심에 자리 잡고 있는 원자핵들은 태양과 같은 빛나는 항성들이고, 그 주위를 돌고 있는 전자들은 지구와 같은 행성들이다.

그러므로 우주가 코끼리라면 나는 코끼리를 구성하는 하나의 미세한 원소의 원자핵 주위를 돌고 있는 전자 위에서 살아가는 존재에 해당한다. 나는 그 전자^{지구}가 원자핵^{태양} 주위를 100여 회 회전하는 동안의 삶을 영위한다. 전자는 원자핵 주위를 초당 수백조회 이상을 회전한다. 그야말로 나는 수조 분의 1초라는 찰나^{刹那}의 삶을 살고 있는 것이다. 우주가 코끼리라면 조그마한 티끌 하나에도 미치지 못할 정도로 작고 미약하며 순간적이고 제한적인 존재가 나인 것이다.

하지만 나는 전체 우주를 그대로 빼닮은 하나의 완전한 우주다. 아니 우주의 모든 것에 상응하는 모든 것을 동일하게 구비하고, 동일한 방식으로 작동하는 완전히 똑같은 우주가 나다. 나는 우주의 일부분으로서 우주를 구성하는 미세한 우주인 동시에, 미세하고도 미세한 닮은꼴의 완벽한 수많은 우주를 품고 있는 또 하나의 장대한 우주로서, 전체 우주의 창조물이다. 그래서 『성경』은 '하나님이 자신의 형상에 따라 인간을 창조했다'라고 적은 것이다.

이렇게 나는 우주를 빼닮은 하나의 완전한 우주다. 그러므로 나는 우주와 마찬가지로 우주근본법칙인 하나의 법칙에 따라 조화·질서·리듬 속에서 변화하는 코스모스이고, 완벽한 하나에서 다른 완벽한 하나로 끊임없이 변화하는 존재다.

그러므로 하나의 법칙에 따라 존재하는 나의 모든 것을 2차원 평면에 한 장의 도형으로 표현하면 우주 지도와 마찬가지로 태풍 형태로 그려질 수밖에 없는데, 그것이 인간 지도다. 인간 지도는 우주 지도와 똑같은 태풍형태다. 우주 지도가 인간 지도이고, 인간 지도가 우주 지도인 것이다. 나와 우주는 하나의 법칙이라는 한 가지 원리로 변화하며 존재하므로 서로 닮은꼴의 형태로 존재할 수밖에 없는 것이다.

인간 지도는 텅 빈 허공과 돌고 도는 물질로 나를 표현한다. 그것은 나도 우주와 마찬가지로 텅 빈 허공 속에서 돌고 도는 물질이 둥둥 떠 있는 형태로 존재하고 있음을 의미한다.

돌고 도는 물질은 인과법칙에 따라 필연적으로 변화하며, 상대적·제한적으로, 시간의 세계에서 일시적으로 존재한다. 그러므로 내가 물질로 존재한다는 것은 나에게도 매 순간 필연적으로 변화하며 상대적·제한적·일시적으로 존재하는 물질적인 요소가 있다는 의미인데, 그것이 나의 몸이다. 나의 몸은 잠시도 멈추지 않고 모든 순간마다 인과법칙에 따라 돌고 도는 방식으로 변화하며 존재한다. 나의 몸은 아주 작은 공간에서 상대적·제한적으로 매우 짧은 순간 동안만 존재하는 것이다.

텅 빈 허공은 불변하고, 그 어느 것에도 구애받지 않으며, 자유롭게 절대적으로, 무한의 세계에서 영원히 존재한다. 그러므로 내가 텅 빈 허공으로 존재한다는 것은 나에게도 자유롭게 절대적으로, 무한의 세계에서 영원히 존재하는 요소가 있다는 의미인데, 그것이 나의 영혼이다. 나는 어린아이였었고, 그다음 나는 청년이었으며, 그다음 나는 노인이 됐다. 유년기는 오고 가고, 젊음도 오고 가며, 늙음도 그러하다. 그러나 변하지 않고 항상 똑같은 상태로 머물러 있으면서 그 모든 것을 끝없이 지켜보는 존재가 있으니, 그것이 바로 나의 영혼이다. 나의 영혼은 변하지 않고 항상 똑같은 상태로, 그 어느 것에도 구속받지 않고 자유롭게, 무한의 세계에서 영원히 절대적으로 존재한다.

그런데 텅 빈 허공과 돌고 도는 물질은 하나이므로, 나의 몸과 나의 영혼은 분리할 수 없는 하나다. 나의 몸은 나의 영혼의 가장 바깥쪽에 존재하는 영혼의 껍질이고, 나의 영혼은 나의 몸의 가장 깊은 곳에 있는 몸의 알맹이다. 나의 몸의 의식적인 부분이 나의 영혼이고, 나의 영혼의 물질적인 부분이 나의 몸인 것이다. 그러므로 나는 '영원'이자 '순간'이고, '영원'이 '시간의 세상'으로 뚫고 들어온 존재다.

그러므로 나를 '몸과 영혼'이라고 하는 것은 잘못된 표현이다. '몸·영혼'이라고 표현하는 것도 무엇인가 부족하다. '몸영혼', 그렇다. 나는 '몸영혼'이다. 나는 모든 순간마다 변화하는 존재이자 영원히 변화하지 않는 존재이고, 태어나고 늙고 병들고 죽는 일시적인 존재이자 태어난 적도 없고 늙은 적도 없으며 병든 적도 없고 죽은 적도 없는 영원한 존재이고, 제한적 상대적인 존재이자 무한히 자유롭고 절대적으로 불멸의 존재다.

우주와 나

나의 물질적인 요소는 나의 몸이고 나의 텅 빈 허공적인 요소는 나의 영혼이므로, 우주의 물질적인 요소는 우주의 몸이고 우주의 텅 빈 허공적인 요소는 우주의 영혼이다. 왜냐하면 나와 우주는 모든 것을 동일하게 구비하고 동일한 방식으로 작동하는 닮은꼴의 우주이기 때문이다.

모든 텅 빈 허공은 하나다. 텅 빈 허공에서는 구별이 있을 수 없다. 나의 텅 빈 허공과 너의 텅 빈 허공 그리고 우주의 텅 빈 허공은 서로 구별되지 않는 단 하나의 텅 빈 허공이다. 그러므로 영혼 차원에서는 구별이 있을 수 없다. 모든 영혼은 하나이고, 모든 것은 단 하나의 영혼을 공유한다. 하나의 영혼이 우주의 영혼인 동시에 나의 영혼이고 너의 영혼이며 지구의 영혼이다.

그러나 우리의 몸은 서로 떨어져 아무런 상관도 없이 존재하는 것처럼 여겨진다. 그것은 태양계 차원·지구 차원보다는 더 미세하고 분자 차원·원소 차원보다는 더 광대한 '인간 차원'의 관점에서 우주를 보면, 우주는 '나'와 '너'라고 하는 서로 다른 수많은 우주인간들이 서로 분리된 상태로 존재하는 것으로 인식하기 때문이다.

또한 나와 너 그리고 다른 모든 것들은 똑같은 것은 단 하나도 없이 저마다 서로 다른 독특한 개성을 지닌 채 존재한다. 그것은 우주는 복사본이 아닌 유일한 원본만을 창조하기 때문이다. 그래서 하나의 뿌리에서 나온 나뭇잎들이라도 똑같은 나뭇잎은 단 하나도 있을 수 없고, 그래서 똑 같은 눈송이를 단 하나도 찾아볼 수 없는 것이다. 그래서 세상 만물은 똑같은 것은 단 하나도 없이 서로 다른 방식으로 제각각 독특한 개성을 지닌 채 유일하게 독창적으로 존재하는 것이다.

그럼에도 불구하고 모든 것은 하나의 영혼으로 존재하는 하나이고, 하나의 몸으로 존재하는 하나이다. 하나의 뿌리에서 나온 가지들이 다른 나무일 수는 없듯이, 하나의 영혼을 공유한 모든 것들이 둘일 수는 없는 것이다. 그러므로 나의 영혼을 확인하면, 그것이 우주의 영혼인 동시에 모든 것들의 영혼임을 이해하게 되고, 따라서 모든 것은 하나임을 저절로 알게 되는데, 인간 지도에는 나의 영혼을 확인하는 방법이 표현되어져 있다. 태풍의 눈이 바로 그것이다.

태풍의 눈은 인간 지도의 중심에 텅 빈 허공으로 표현되어진 나의 영혼이다. 따라서 나의 영혼을 확인하려면 나의 중심에 자리 잡고 있는 텅 빈 허공을 찾아내면 되고, 텅 빈 허공을 찾으려면 나의 중심으로 깊이깊이 들어가면 된다.

그런데 태풍의 눈은 태풍이 독자적이고 독립적이며 독창적일수록 강력하고 뚜렷하게 드러난다. 그러므로 내가 나의 중심에 굳게 뿌리를 내리고 독자적이고 독립적이며 독창적으로 존재하면 할수록 나의 영혼은 강력하고 뚜렷하게 드러나게 되고, 나는 쉽게 나의 영혼을 발견할 수 있게 된다. 그리고 나의 영혼을 발견하면, 나와 우주는 둘이 아닌 하나임을 저절로 이해하게 된다.

이렇게 모든 것은 하나다. 모든 추론의 결론은 '물질有허공無'이 합쳐져 하나로 존재하는 우주와, '몸영혼'이 합쳐져 하나로 존재하는 나는 하나라는 것이다. 우주와 나는 하나라는 것이다.

그렇다. 우주와 나는 '하나'다. 나는 우주이고, 우주는 나다. 나와 우주는 동격이고, 나는 우주만큼 무한한 존재다. 내가 존재하지 않으면 우주도 존재할 수 없고, 우주가 사라지지 않는 한 나 또한 사라지지 않는다. 그러므로 처음부터 있었고, 지금도 있으며, 앞으로도 반드시 있어야만 하는 존재가 바로 '나'다. 당연히 나는 이 세상에 우연히 던져졌다가 덧없이 사라지는 이방인이나 아웃사이더가 아니다. 나는 '하나'와 하나로 존재하는 하나이고, 이 세상의 주인공이다. 그래서 그리스도는 '하나님과 나는 하나'라고 선언한 것이다. 그렇다. 그리스도는 하나님과 하나이다. 그리고 나 또한 하나와 하나이고, 너 또한 하나와 하나이다.

또한 그리스도는 "나는 하나님의 유일한 독생자이다"라고 선언했다. 맞는 말씀이다. 그리스도는 하나님의 유일한 독생자이다. 그리고 나도 하나(님)의 유일한 독생자이다. 왜냐하면 하나는 나를 독자적이고 독립적이며 독창적인 유일한 원본으로 창조했기 때문이다. 나와 똑같은 사람은 지금껏 그 어디에도 존재한 적이 없었고, 지금 이 순간에도 존재하지 않으며, 앞으로도 존재하지 않을 것이다. 나는 어느 누구로도 대치되지 않는다. 나는 나 자신일 뿐이다. 그러므로 내가 하나(님)의 유일한 독생자라는 것은 부인할 수 없는 분명한 진리다. 그리고 너 또한 하나(님)와 하나이고 하나(님)의 유일한 독생자이고, 이 세상의 모든 생명과 모든 것들 또한 하나(님)와 하나이고 하나(님)의 유일한 독생자들이다.

제 **2**장

체험의 길

"나는 영혼이다. 나의 영혼과 우주의 영혼은 구별되지 않는다. 나와 우주는 하나의 영혼으로 존재하는 하나다. 그러므로 영혼 차원에서의 모든 것은 하나다.

나는 마음이다. 마음은 이원적인 세계에서 끊임없이 변화하며 존재하는 환상이다. 따라서 마음 차원에서의 모든 것은 분리된다.

그러므로 마음을 통해 영혼을 보고 제험하는 것은 불가능하고, 영혼을 체험하려면 마음을 초월해야만 한다. 마음을 초월하는 방법이 명상과 기도이고, 마음을 초월하여 영혼의 세계에서 존재하는 것이 깨어 있음이다. 그러므로 깨어 있으면 모든 것이 하나임을 알게 되고, 그 하나인 영혼을 체험하게 된다."

'하나'는 유일한 실체다

하나는 우주의 존재 방식이다. 우주의 모든 것은 하나로 창조되어, 하나로 존재하다가, 하나 속으로 사라진다.

그러므로 하나는 있다. 하나는 있음 그 자체다. 하나는 오지도 않고 가지도 않으며 항상 머물고 있다. 하나는 시작에도 있고, 중간에도 있으며, 끝에도 있다. 그러나 하나에는 시작도 없고, 중간도 없으며, 끝도 없다. 깊이 살펴보면 하나 안에 시작이 있고, 하나 안에 중간이 있으며, 하나 안에 끝이 있다.

하나는 모든 곳에 스며 있고, 모두의 안에 골고루 깃들어 있다. 오직 하나만이 있기 때문이다. 하나는 무수한 형상으로 표현된 똑같은 바탕이다. 형상은 다르지만, 알맹이는 본질은 똑같다. 형상은 파도와 같고 본질은 대양과 같다. 하나는 모든 특성을 가질 수 있다.

하나는 한계가 없으며 일시적이지 않다. 하나 위에 있는 것도 없고, 하나 너머에 있는 것도 없다. 하나 안에서 시간과 공간은 물결치는 파도로 존재한다. 하나가 시간 속에 존재하는 것이 아니고, 하나가 공간 속에 존재하는 것이 아니다. 하나 안에 시간과 공간이 있고, 시간과 공간도 하나의 다양한 형태 가운데 한 가지이다.

하나를 있게 하는 원인은 없다. 하나는 원래부터 그냥 있는 것이다. 하나는 그 스스로 존재하고 다른 모든 것들은 하나를 바탕으로 존재한다. 하나는 스스로 명백하다. 하나 외에 스스로 명백한 것은 없다. 하나는 존재의 근원이며, 존재의 궁극적인 토대이다.

하나는 홀로 있음이다. 하나는 그 외에 다른 것은 전혀 없이 오로지 홀로 alone 존재한다. 그러므로 하나에는 관계가 존재하지 않는다. "모두^{all}가 하나^{one}로 합쳐져 홀로^{alone}' 존재하는 것이 하나이고, 하나의 홀로^{alone} 있음 가운데에서 우주 삼라만상은 하나가 된다.

하나는 계속적으로 변화한다. 그러므로 하나는 미완성의 상태로 존재하고, 영원토록 생생하게 살아 있다. 하나는 결코 완성에 도달하는 일이 없고, 미완성이 곧 하나의 완성이다.

하나는 평등하다. 하나 가운데에는 시시한 것도 없고 소중한 것도 없다. 하나 속에서 큰 별과 작은 꽃잎은 평등하게 존재한다. 작은 꽃잎 하나를 짓밟는 것도 거대한 별을 증발시키는 것과 마찬가지로 엄청난 가치를 지닌 무엇인가를 파괴하는 것이다.

하나는 공정하다. 하나 가운데에서 일어나는 일은 항상 옳다. 잘못된 일은 결코 일어나지 않는다. 잘못된 일이 일어나는 것처럼 보이는 것은 어떤 것이 옳다는 고정관념을 갖고 있기 때문이다. 따라서 아무 편견도 없이 전체를 보면 그릇된 일이란 있을 수 없다. 태어남도 옳고 죽음도 옳다. 아름다운 것도 옳고 추한 것도 옳다. 하나의 관점에서 전체적인 안목으로 본다면 모든 것은 마땅히 있어야 할 곳에 정확히 존재한다.

오로지 하나만이 존재한다. 무^無와 유^有, 비존재와 존재, 죽음과 삶, 선과 악, 사랑과 미움, 행복과 불행, 빛과 어둠, 여름과 겨울, 여기와 저기, 과거와 미래, 남자와 여자와 같이 대립하는 모든 것은 같은 현상이 양극으로 드러난 것으로 그 본질은 하나다.

모든 것은 하나이고 오로지 하나만이 존재할 뿐이다. 그러므로 하나를 만나는데 사원이나 제3자는 필요하지 않다. 인간은 누구나 1:1로 하나와 직접적으로 만날 수 있다. 하나를 만나는데 중간 경유지는 있을 수 없는 것이다. 하나는 모든 것을 감싸고 있기에 다른 곳을 경유하여 하나를 만나는 것은 불가능하다.

모든 것은 하나와 하나로 존재하는 하나이고, 둘twoness은 우리의 상상일 뿐이다. 그리고 그 하나의 본성은 사랑이다. 사랑은 하나의 알맹이이고 핵심이다. 그래서 그리스도는 "하나님은 사랑이다"라고 말했다. '하나=사랑'이라는 것이다. 그러므로 참사랑을 아는 것은 하나를 아는 것이다.

그 하나가 바로 나이고, 그 참사랑이 바로 나이다. 그런데 나는 나 자신이 전체와 따로 분리되어 존재하는 것처럼 상상해 왔고, 나 자신이 참사랑임을 잊었다. 그리고 이제 나는 하나와 분리되어 있다는 느낌을 떨쳐버리고 싶어 하고, 나 자신이 참사랑임을 확인하고 싶어 한다. 그것이 내가 평생 동안 사랑을 갈구하는 이유다.

나는 사랑하고 사랑받고 싶어 한다. 그것은 전체와 하나가 되는 것은 어려워 보이지만 적어도 한 사람과는 하나로 연결되는 것이 가능해 보이기 때문이다. 그러므로 한 사람에 대한 사랑의 열망은, 하나만 존재하는 곳에 내가 허구적인 둘을 만들어 놓았다는 징표 외에 다른 것이 아니다.

그러나 누군가를 아무리 깊고 강렬하게 사랑해도 무엇인가 빠진 것 같이 불충분하다. 누구도 사랑하지 않는 사람은 사랑을 갈구하고, 누군가를 사랑하는 사람은 무엇인가 더 필요하다는 것을 느끼지만, 누군가와 열렬히 사랑하는 사람도 깊은 절망을 맛보기는 마찬가지다. 그것은 사랑을 통해 누군가와 하나로 되며 자신이 사라지는 것 같은 지점에 도달하지만 언제나 다시 분리된 상태로 되돌아오기 때문이다.

그래서 사랑 이후에는 명상과 기도에 대한 갈망이 솟아나게 된다. 명상과 기도에 대한 갈망은 "나는 사랑이 주는 하나됨의 일별을 체험했지만, 그 일별로 인해 더 심한 갈증을 느낀다"라는 것에서 솟아난다. 열렬한 사랑은 사랑만으로 충분치 않다는 것을 가르쳐주고, 필연적으로 명상과 기도를 향해 나아가도록 되어 있는 것이다.

이처럼 사랑이 갈증을 채워주지 못할 때 비로소 명상과 기도가 시작된다. 그러나 사랑·명상·기도는 모두 내가 실제로는 하나와 분리되어 있지 않으면서 따로 분리되어 있는 것처럼 생각한다는 것에서 비롯된다. 그래서 어떻게 하면 하나와 하나가 될 수 있을까 하는 욕망에서 비롯된 것이 사랑·명상·기도이다. 그러므로 하나됨의 갈망은 나의 내면에 깊이 심어져 있는 영적인 욕망이자 핵심적인 본성이다.

하나는 관념이 아니다. 하나는 이미 존재하는 유일한 실체다. 하나는 이미 여기에 있으며 항상 여기에 있다. 이미 존재하는 실체는 체험될 수 있을 뿐, 논리의 대상이 될 수는 없다. 그러므로 하나됨의 갈망은 하나를 논리적으로 추론하는 것만으로는 충족되지 않는다.

하나됨의 갈망은 오로지 내가 전체와 하나일 때 비로소 해소된다. 하나됨의 갈망은 전체가 하나이고, 나는 그 하나와 분리될 수 없는 하나라는 점을 직접 체험해야만 해소된다. 다만 있는 그대로의 하나를 확인해야만 하나됨의 갈망은 충족되는 것이다.

바다와 이슬방울

전체가 하나이고, 그 하나가 참된 나 자신임을 체험하는 방법이 있다. 그냥 전체와 하나로 존재하는 것이다. 그냥 전체로 녹아들어 전체와 하나로 존재하면서 나 자신이 하나임을 체험하면 된다. 그 외에 하나를 체험할 수 있는 다른 방법은 없다.

인도의 사상가 카비르Kabir, 1440~1518는 부분이 전체로 녹아들어 부분과 전체 사이의 이원성이 사라지며 하나로 존재하는 과정을, 하나의 이슬방울이 나뭇잎에서 미끄러져 바다로 들어가는 것으로 또는 그 반대로 바다가 이슬방울 속으로 흘러들어 거대한 이슬방울이 되는 것으로 비유했다.

이슬방울이 나뭇잎 위에 있을 때는 시간과 공간이 있었다. 이슬방울은 한정되어 있었으며 자신의 개별성ego을 지니고 있었다. 그러나 일단 바다 안으로 떨어져 내리면 어디에서도 이슬방울을 찾을 수 없게 된다. 이슬방울이 사라졌기 때문이 아니다. 이제 이슬방울은 어디에나 존재무소부재 無所不在하기 때문에 찾을 수 없는 것이다. 이제 이슬방울은 바다와 떨어져 개별적으로 존재하지 않는다. 이제 이슬방울은 자신은 없어지고 바다만이 존재하는 것으로 느낀다. 바다도 마찬가지다. 바다는 자신은 사라지고 이슬방울만이 존재하는 것으로 느낀다. 이슬방울은 바다로 존재하며 바다를 체험하고, 바다는 이슬방울로 존재하며 이슬방울을 체험한다. 이를 중도中道의 관점에서 바라보면, 바다도 이슬방울도 사라졌다는 것을 깨닫게 된다. 이제 바다도 이슬방울도 이전의 존재들이 아니다. 둘 다 사라져 버렸다. 이제 오직 하나만이 존재한다. 이슬방울과 바다는 하나가 되었다.

비슷한 방식으로 나는 전체로 떨어져 내려 전체와 하나가 된다. 그렇다고 내가 사라지는 것은 아니다. 이제 더 이상 나라고 하는 개별성^{ego}은 존재하지 않지만, 나는 어디에나 존재한다. 전체와 나는 하나가 되었기 때문이다. 나는 전체로 존재하며 전체를 체험하고, 전체는 나로 존재하며 나를 통해 흘러나온다.

하나는 존재이며 실체이다. 하나는 이미 여기에 있으며, 항상 여기에 있다. 오로지 하나만이 존재하고, 나는 하나 안에서 하나와 하나로 존재하고 있다. 거대한 바닷속에서 하나의 물방울로 존재하고 있는 것이다.

그 물방울은 바다에서 태어났고, 바다에서 살아가며, 바다가 그 물방울 안에 있고, 어느 날엔가 다시 바닷속으로 사라진다. 물방울이 온갖 노력을 다한다 해도 바다를 떠나는 것은 불가능하다. 물방울은 바다 이외에 달리 갈 곳이 없고, 달리 될 것이 없기 때문이다. 그런 바다와 그 바다를 구성하는 하나의 물방울이 둘일 수는 없다.

나는 하나의 바닷속에서 하나의 물방울로 존재한다. 나의 주변은 온통 하나다. 그러므로 그것을 보기를 염원할 필요도 없고, 그것에 대해 생각할 필요도 없다. 그저 보는 것만으로, 나의 눈을 뜨는 것만으로, 모든 곳에 하나가 있다는 것을 알 수 있다. 그러므로 하나를 달성하는 것은 너무도 당연하지만, 하나를 놓치는 것은 정말 기적적인 일이다.

그런데 왜 나는 하나를 발견하지 못하는 것일까? 어떻게 나는 그저 눈앞에 있는 하나를 계속 놓치는 기적을 일으킬 수 있는가? 그것은 물방울에 환상의 껍질이 씌어 있기 때문이다. 그 환상의 껍질에 의해 거대한 바다와 물방울이 분리되고, 물방울과 다른 물방울들이 분리되며, 하나의 물방울이 내부에서 분열되기 때문에 하나를 발견하지 못하는 것이다.

나라고 하는 물방울에 씌워진 환상의 껍질이 바로 '마음'이다. 마음은 나와 하나 사이를 가로막는 장애물이다. 그 장애물은 나를 어두운 감옥에 가둔다. 빛 한 점 없는 그 감옥은 조금의 즐거움도 뚫고 들어오지 못한다. 나는 불행하게 산다. 왜냐하면 나는 그토록 작은 공간 속에 갇혀서 살아가도록 되어 있지 않기 때문이다. 나의 존재는 바다가 되기를 염원하고, 하나의 근원에 닿을 때까지 팽창되기를 원한다. 그런데 나는 물방울로만 존재한다. 그러니 어떻게 내가 행복할 수 있겠는가? 나의 불행은 마음의 감옥에 갇혀있기 때문이다. 그러므로 하나를 체험하기 위해서는 나를 가두고 있는 마음을 먼저 이해해야만 한다.

'마음'은 생각들의 집합이다

마음은 환상이다. 마음은 실제로 존재하는 것이 아니다. 마음은 있는 것 같지만 없는 것이고, 있어도 다음 순간에 사라진다. 왜냐하면 마음은 생각들의 집합이기 때문이다. 마음은 생각들의 과정이며 흐름이다. 마음은 생각이 빠르게 돌고 돌면서 지나가기 때문에 있는 것처럼 보이는 것이다.

과학적인 실험결과 사람들은 보통 하루에 6만여 개의 생각을 하는 것으로 밝혀졌다. 사람의 두뇌 속에서는 수많은 생각들이 꼬리에 꼬리를 물고 빠르게 회전하고 있다. 빠르게 지나가는 생각들의 행렬은 마치 어떤 실재가 있는 것 같은 환상을 주는데 그것이 마음이다.

마음은 군중과 비슷하다. 수많은 사람들이 떼를 지어 서 있는 것이 군중이다. 그러나 그곳에 군중이라는 실체는 없다. 다만 수많은 개인들이 있을 뿐이다. 수많은 개인들이 집단으로 서 있을 뿐 군중은 실제로 존재하지 않는다. 마찬가지로 수많은 생각들이 떼를 지어 지나갈 뿐 마음은 실제로 존재하지 않는다.

그러므로 내면을 샅샅이 뒤지면 수많은 생각들은 발견하겠지만, 마음은 어디에서도 찾을 수 없다. 단지 빠르게 지나가는 여러 가지 생각들을 볼 수 있을 뿐이다. 그리고 더 자세히 들여다보면 생각들 사이에 존재하는 틈도 발견하게 된다. 생각들이 서로 떨어져 있는 것이다. 따로따로 떨어져 돌고 있는 생각들이 하나의 마음일 수는 없다.

마음은 그저 생각들의 집합일 뿐 실제로는 존재하지 않는 환상이다. 그러므로 생각이 멈추면 마음은 저절로 사라지게 된다. 실체가 사라지면 실체의 그림자도 사라지는 것이다.

생각은 과거 또는 미래에서 온다. 생각이 과거 또는 미래에서 오는 이유는 욕망 때문이다. 욕망은 있는 그대로에 만족하지 못하고 뭔가 다른 것을 원하는 상태다. 지금 여기에서 도망치는 방법이 욕망이고, 실제로부터 환상의 세계로 도망치는 것이 욕망이다. 그러므로 욕망에 빠진 사람은 가짜 삶을 산다. 그는 진정으로 사는 것이 아니다. 다만 사는 체할 뿐이다. 그는 살기를 욕망하고 희망할 뿐, 실제로는 환상 속에서 헤맬 뿐이다.

욕망은 지금 있는 그대로의 나에게 만족하지 못하고, 욕망에 맞게 나를 바꾸기를 원하는데 이때 생각이 작동하기 시작한다. 생각은 욕망의 부산물이고, 욕망을 돕는 보조수단이며, 욕망이 자신을 성취시키려고 이용하는 도구다. 그러므로 생각은 욕망에서 비롯된다. 욕망에서 비롯된 생각은 지금 이 순간 여기에 존재하지 않고, 아직 존재하지 않는 미래의 어디인가로 달려간다.

그런데 내 안에는 하나가 아니라 수많은 욕망들이 아우성치고 있다. 욕망들은 아우성치고 충돌하며 서로 나의 관심을 끌기 위해 싸우고 있다. 수많은 욕망들은 저마다 자기만을 주장하며, 나를 자기 쪽으로 끌어당기는 생각들을 창조한다. 나는 어느 정도 통일을 이루고 있지만, 겉모습만 그럴 뿐이다. 내가 갈기갈기 찢어지지 않은 것만도 기적이다. 나의 내면에는 아우성치는 군중들이 우글거리고, 수많은 생각들은 서로 싸우며 자기의 요구를 들어달라고 나에게 매달린다. 그러므로 생각들로 이루어진 마음은 소음이고 혼란 그 자체다.

그러므로 욕망을 없애면 마음은 저절로 사라지게 된다. 그것은 등불과 등불의 연료와의 관계와 유사하다. 연료가 떨어지면 등불은 저절로 꺼진다. 마찬가지로 연료인 욕망이 사라지면 마음이라는 등불은 저절로 꺼진다. 그래서 붓다는 마음을 등불로, 욕망을 마음의 연료처럼 여기라고 가르쳤다.

마음은 '에고ego, 我相, 자아'를 창조한다. 에고는 환상이고 마음의 다른 이름이다. 왜냐하면 에고는 생각들의 집합이기 때문이다. 에고는 생각들이 날조한 관념일 뿐 그에 해당하는 실체는 존재하지 않는다. 에고는 마음의 그림자이고, "나는 분리되어 존재한다"라는 관념이며, 혼란만을 초래하는 '가짜 나'이다.

에고는 과거의 기억으로 이루어진다. 에고는 컴퓨터와 같은 기계장치에 저장된 기록에 불과하다. 기억은 때로는 나를 아름답고 사랑스러운 사람이라고 하고, 때로는 추하다고 한다. 때로는 나를 지혜로운 사람이라고 하고 때로는 바보 같다고 한다. 왜냐하면 다양한 상황 속에서 나에 대해 말해진 수많은 내용을 한데 모아둔 것이 기억이기 때문이다. 그러므로 에고는 다수多數이고, 항상 모순적이며 분열되어져 있다.

에고는 미래의 욕망이다. "저것이 되어야 한다, 저것을 가져야 한다, 저기에 도달해야 한다"라는 욕망으로부터 에고는 만들어진다. 에고는 언제나 굶주려 있는 욕망인데 그것이 나일 수는 없다.

에고는 상처를 통해서 존재한다. 에고는 불행과 고통에 의존한다. 에고는 항상 상처 입게 되기를 추구한다. 에고는 마음에 새겨진 상처 또는 마음의 드라마로서 수많은 생을 통해 긁어모은 환상 덩어리에 불과하다.

그런 에고를 찾기 위해 자신의 내면을 들여다보는 방법이 명상이다. 그리고 들여다본 사람치고 에고를 발견한 사람은 아무도 없다. 에고는 처음부터 존재하지 않는 환상이기 때문이다.

나와 하나와의 거리는 나의 에고 길이에 비례한다. 나의 에고가 수천 리라면 나와 하나와의 거리도 수천 리이고, 나의 에고가 한 치라면 나와 하나와의 거리도 한 치에 불과하게 되며, 나의 에고가 사라지고 없다면 나와 하나는 정확하게 일치하게 된다.

그러므로 에고를 통해 실체인 하나를 보고 체험하는 것은 불가능하다. 하나를 체험하기 위해서는 에고에서 벗어나야만 한다. 그래서 붓다는 아상我相, 나라는 생각에서 벗어나라고 가르쳤고, 그래서 그리스도는

"사람이 거듭나지 아니하면 하나님의 나라를 볼 수 없느니라"라고 니고 데모에게 말했다. 그들은 에고를 죽이고 진정한 나로 거듭나라고 말한 것이고, 인격체로서의 나, 과거로서의 나, 욕망으로서의 나, 마음으로서의 나는 죽어야만 진짜 나로 태어나게 된다는 것을 가르친 것이다.

마음은 분열이다. 마음은 육체와 영혼이 만나서 생긴 수많은 생각들로 이루어진다. 그래서 마음에는 약간의 육체적인 요소도 있고, 약간의 영혼적인 요소도 있다. 마음의 일부분은 육체이고, 다른 일부분은 영혼이다. 그래서 마음은 전체적으로 존재하지 못한다. 마음은 항상 육체 아니면 영혼으로 분열되어 있다.

분열된 마음은 깨진 거울처럼 하나의 상을 일그러지고 분리된 형상으로 비춘다. 마음은 모든 것을 분리된 것으로 나에게 비춰주는 것이다. 자연히 마음을 통해 보는 모든 것은 분열된다. 내면은 분열되고, 나는 전체에서 떨어져 존재하는 것으로 인식하며, 모든 것들은 서로 분리된 것으로 여기게 된다. 마음을 통해 보는 하나는 일그러지고 수많은 조각으로 분리된 것처럼 나의 현실에 투영되고, 나는 분열이 하나의 실재라고 여기며 체험하게 된다.

마음은 하나로 존재하는 모든 것을 분열시킨다. 전체에서 부분을, 모든 것에서 나를 분리시키고, 나 자신마저도 갈기갈기 찢어 버린다. 특히, 나 자신을 조각조각으로 나누는 것이 마음이다. 분열된 나에게는 중심이 없다. 분열된 나는 어떤 때는 이것으로 다른 때는 저것으로 존재한다. 나 자신조차도 어느 것이 진짜 나인지를 알 수 없다. 당연히 분열된 나는 하나를 발견할 수 없고, 하나가 될 수 없으며, 하나를 체험할 수도 없다.

계속해서 마음은 말, 지식, 시간, 구분과 선택을 통해 분열에 분열을 거듭한다.

'말'은 상대적으로만 존재한다

마음은 말을 사용하여 하나를 분열시킨다. 언어는 마음의 창조물이다. 분열된 마음은 분열된 언어를 창조하고, 분열된 언어는 하나로 존재하는 모든 것을 분열시킨다. 『성경』의 바벨탑 이야기는 말하는 순간 모든 것은 분리된다는 말의 본질을 신화의 형태로 나타낸 것이다.

모든 것은 그것이 다른 것들과의 사이에 상대적으로 존재하기 때문에 언어로 정의된다. "마음이란 무엇인가"라고 물으면 "물질이 아닌 것이다"라는 답이 돌아오고, "물질이란 무엇인가"라고 물으면 "마음이 아닌 것이다"라는 답이 나온다. 마음은 물질에 의해 정의되고, 물질은 마음에 의해 정의되는 식으로 말은 존재한다. 말이 존재하기 위해서는 적어도 그곳에 '둘'이 있어야만 하는 것이다. 이 세상의 말은 이원성의 언어이고, 우리는 이원성의 언어 이외에는 알지 못한다.

그러나 하나에는 경계가 없다. 하나는 전체의 합이어서 하나에서 다른 어떤 것이 시작되는 경계는 존재할 수 없다. 따라서 부분만을 말하는 언어로 하나를 정의할 수는 없다. 하나는 보이고 경험될 수 있을 뿐, 이원적인 언어로 표현하는 것은 불가능한 것이다. 그러므로 하나의 세계에서 모든 언어는 완전히 우스꽝스러운 것으로 되어 버린다. 하나에 대한 어떤 말이라도 엉뚱하게 해석되고 오해를 불러일으킨다. 그래서 노자는 '도道를 도道라고 하면 이미 도道가 아니고, 사물에 이름을 붙이면 그 사물은 이미 그 사물이 아니다"라고 한 것이다.

마음은 이원적인 말을 사용해 내가 실재인 하나를 보지 못하도록 방해한다. 꽃이 있으면 나는 그 '꽃에 대해서' 말하기 시작한다. 그러면 꽃은 이미 그곳에는 없고 사고는 그 말에 의해 옆으로 빗나간다. 나의 주변에는 엷은 막이 내려오고 그에 따라 모든 사물이 흐릿하게 보이면서 마구 뒤섞여 실재인 꽃보다 말이 더 중요하게 된다.

나는 마음 너머에 있고, 하나는 언어 너머에 있다. 나는 이미 하나와 하나로 존재하고 있지만, 사물을 단어로, 존재를 언어로 바꾸는 이 끊임없는 마음의 작업은 내가 하나와 하나로 존재하는 것을 가로막는다. 그것은 언어가 있을 때 나는 마음속에 있기 때문이다.

언어는 사회생활을 위해 존재한다. 언어는 다른 사람과의 의사소통 수단이다. 그러므로 사회 속에서 소통이 필요할 때에는 언어라는 기계장치를 사용하고, 그렇지 않을 때에는 그 기계장치를 사용하지 않아야 한다. 이것은 사회와 대립하라는 말이 아니고, 사회를 초월하라는 의미다. 사회가 나에게 주는 것은 좋지만, 그 안에 갇혀서는 안 된다는 의미다. 그렇지 않으면 사회와 언어는 내가 하나로 들어가는 데 족쇄로 작용하게 된다.

언어는 일종의 도구이지 주인이 아니다. 언어는 기능이나 기구로써 사용되어야만 한다. 언어가 하루 24시간 동안의 습관이 될 필요는 없다. 말로 표현함이 없는 순간, 의식적으로 그냥 존재하는 순간이 반드시 있어야만 한다.

그러나 나는 이미 언어에 중독되어 있다. 말에 취한 것이다. 말이 실재보다 더 중요하게 된 것이다. 하지만 말은 나의 본질이 아니다. 나는 언어 없이 태어났고, 언어는 나중에 훈련에 의해 주어진 것이다.

언어 없이 사물들이 존재하게 하고, 언어 없이 사람들이 존재하게 하며, 언어 없이 상황들이 존재하게 해야 한다. 그것들을 보기만 하고 말로 표현하지 말고, 그것들의 현존을 의식하고 단어로 바꾸지 않으면 된다. 그냥 아무런 말없이 있으면 되는 것이다.

언어가 없을 때 나는 있는 그대로 존재하게 된다. 언어가 없을 때 본래의 나 자신으로 돌아가는 것이다. 그러면 갑자기 거기에 하나가 있다. 하나는 늘 그곳에 있었다. 왜냐하면 하나만 있을 수 있고, 하나만이 존재하기 때문이다. 별안간 시야가 탁 트이며 명석함을 달성하게 되고, 그 순간 나는 모든 것에서 하나에서 발하는 빛을 보게 된다.

지식은 분리를 초래한다

마음은 지식을 사용하여 하나를 분열시킨다. 지식은 과거에 실재했던 사건을 해석하여 표현한 이론이 마음에 저장된 정보이지 실재가 아니다. 그러므로 지식과 실재하는 하나와의 사이에는 메워질 수 없는 간격이 존재하고, 그런 지식에 빠지면 하나는 분리될 수밖에 없다. 지식은 나와 너, 주체와 객체, 아는 자와 알려지는 것, 관찰자와 관찰되는 것이라는 분리를 만들어 내므로 분열과 단절을 초래하게 된다.

그렇다고 지식이 유해하거나 무용하다는 건 아니다. 지식은 아무런 문제도 없고, 때로는 대단히 유용하게 쓰인다. 다만 지식에 빠지면 분리되고 단절되어 하나로 존재하지 못하기 때문에 위험하다는 것이다.

여기 한 송이 야생화가 있다. 나는 이 꽃에 대해 아무것도 모른다. 나는 야생화를 눈여겨보고 관찰하지만 아무런 지식도 어떠한 이론도 떠오르지 않는다. 당연히 마음은 그 꽃에 대해 아무 말도 하지 못하고 침묵을 지킨다. 한 송이 꽃이 여기에 있고 나 또한 여기에 있다. 이때 야생화와 나는 분리되지 않는다. 나와 꽃은 하나로 된다. 이렇게 내가 아무것도 모르는 순간 속에 있다면 나와 꽃은 하나로 존재한다.

그러나 이 꽃을 들국화나 장미, 또는 다른 어떤 꽃이라고 분별하는 지식이 개입되는 순간, 지식은 나와 꽃을 단절시킨다. 이미 나는 지식에 빠진 것이다. 꽃은 저기에 있고 나는 여기에 있다. 그 사이에는 아무런 연결고리도 없다. 이미 이 꽃을 알고 있다는 지식이 간격을 만들어 낸 것이다. 그러므로 아는 것이 많을수록 간격이 벌어지고, 아는 것이 적을수록 간격은 줄어든다.

마음은 하나를 실존적으로 체험하는 것보다, 하나에 대한 지식의 수집에만 열을 올린다. 마음은 지혜보다는 지식에, 변형보다는 정보에 더 관심이 있기 때문이다. 그러나 나를 자유롭게 하는 것은 하나에 대한 실존적인 체험이지, 그에 대한 지식이나 이론이 아니다.

하나에 대한 체험은 지식을 필요로 하지 않는다. 하나는 나의 외부에 있는 것이 아니기 때문이다. 하나는 나의 핵심이고, 나는 이미 하나를 가지고 있다. 그러므로 하나가 나를 통해 흐르도록 허용하기만 하면 하나에 대한 체험은 저절로 일어나게 되어 있다. 그러나 지식은 하나가 나를 통해 흐르는 것을 방해한다.

그러므로 유식한 사람일수록 하나를 향해 나아갈 가능성이 적어진다. 『성경』은 아담과 이브가 지식의 열매를 따먹었기 때문에 낙원에서 추방되었다고 적고 있다. 그것은 지식은 하나로부터 나를 분리시킨다는 것을 신화의 형식으로 기술한 것이다. 그리스도는 "오직 어린아이들만이 나의 왕국에 들어갈 지어다"라고 말했다. 그것은 어린아이는 지식이 개입되지 않은 순진무구함을 갖고 있기에 하나를 향해 움직일 수 있다는 의미이다.

하나를 체험하기 위해서 지식은 부정되어져야 한다. 그렇다고 하나의 지식을 부정하기 위해 다른 지식을 끌어들여서는 안 된다. 다른 지식 또한 단절과 분열을 가져오기 때문이다.

지식을 부정하기 위해서는 통찰이 필요하다. 통찰 안에서 핵심을 보기 때문이다. 통찰은 강렬하고 총체적인 지켜봄이다. 그저 지식이 분리를 초래한다는 사실을 알고 깊이 들여다보는 것이 통찰이다. 지식이 분리를 가져온다는 사실을 강렬하고 총체적으로 지켜보는 것만으로 지식은 저절로 사라지고 다른 지식으로 대체되지 않는다. 그것은 통찰은 불이고, 지식은 뿌연 안개이기 때문이다. 통찰의 불은 지식을 태워버리고 그 자리에 텅 빈 허공을 가져온다.

지식이 사라진 자리에는 텅 빈 허공만이 남고, 텅 빈 허공 속에서 있는 그대로의 하나가 드러나게 된다. 그리고 그 하나 안에서 완벽한 안전과 안정성을 발견하게 된다. 이때 모든 두려움은 사라진다. 텅 빈 허공 속에서 나는 불사不死의 존재, 불멸의 존재임을 자각하기 때문이다. 내 안에 하나가 들어왔으므로 나는 이제 더 이상 안전을 추구할 필요가 없는 것이다.

시간은 마음의 발명품이다

마음은 과거와 미래를 발명함으로써 하나를 분열시킨다. 시간은 마음의 발명품이다. 마음은 결코 지금 이 순간으로 존재하지 못한다. 마음은 과거의 아름다운 추억을 회상하거나, 환상적인 미래를 꿈꿀 수 있을 뿐, 지금 이 순간을 전혀 의식하지 못한다. 마음에 관한 한 지금 이 순간은 존재하지도 않는 것이다. 그러나 하나는 항상 지금 이 순간이다. 만물은 항상 지금 이 순간 존재한다. 하나에는 오로지 지금 이 순간만이 있을 뿐, 과거와 미래는 존재하지 않는다.

이렇게 하나에는 지금 이 순간만이 유일하게 존재하지만, 마음에는 지금 이 순간만이 유일하게 존재하지 않는다. 마음이 지금 이 순간으로만 존재하는 하나를 분열시킨 것이다. 그러므로 마음을 벗어나면 과거도 없고 미래도 없으며 현재도 존재하지 않는다. 시간이 사라진 것이다. 그리고 시간을 초월하게 된다.

시간은 없다. 시간이 없으면 그곳에는 영원한 순간만이 존재한다. 영원이란 끝없는 시간이 아닌 '시간 없음'이다. 시간이 없으면 영원 속으로, 하나 속으로 들어가게 된다. 그래서 그리스도는 "하나님의 왕국에는 더 이상 시간이 흐르지 않을 것이다"라고 말한 것이다.

그러나 마음은 꿈을 꾸고, 꿈은 지금 이 순간을 벗어난다. 꿈꾸는 것은 자기 주위에 시간의 울타리를 쌓는 일이다. 눈에는 보이지 않지만 미묘하고 단단한 것이 꿈으로 만들어진 시간의 울타리다.

그러므로 근본적인 문제는 어떻게 하나를 찾아내느냐가 아니다. 나의 꿈꾸는 마음으로는 하나를 찾아내지 못하기 때문이다. 무엇인가가

다가와도 꿈은 그것을 억눌러 버린다. 그리고 나의 꿈이 그 위에 투영된다. 나는 그것을 내식으로 해석해 버리고, 그 본연의 모습을 보지 못한다. 나의 꿈에 맞추어서 모든 것을 보고 왜곡하는 것이다.

하나는 언제나 그곳에 있다. 왜냐하면 존재할 수 있는 모든 것은 하나이고 하나가 아닌 것은 존재할 수 없기 때문이다. 그러나 울타리가 쳐진 꿈꾸는 마음으로는 하나로 들어갈 수 없다.

꿈은 마음 그 자체다. 그러므로 마음은 결코 지혜로울 수 없다. 왜냐하면 지혜란 꿈꾸는 것이 사라지고 나서야 비로소 가능하기 때문이다. 꿈을 꾸는 게 마음의 기본적 현실인 이상 마음은 결코 지혜로울 수 없는 것이다.

붓다는 지혜롭다. 그에게는 이미 마음이 없기 때문이다. 그리스도는 지혜롭다. 그는 꿈에서 깨어났기 때문이다. 그들은 영원의 세계에서 하나로 존재하고 있는 것이다. 그러나 우리는 지금까지도 꿈을 꾸고 있다. 그래서 그리스도는 계속해서 "깨어 있으라"고 말했고, 붓다도 매일 "깨어 있으라"고 가르친 것이다. 붓다와 그리스도의 모든 가르침은 "깨어 있으라"는 한 문장으로 집약되고 있다.

어디로도 가서는 안 된다. 과거의 기억 속으로 가면 꿈을 꾸는 것이다. 미래의 상상 속으로 들어가도 역시 꿈을 꾸는 것이다. 지금 이 순간에 있을 때, 비로소 꿈을 꾸지 않고 깨어 있는 것이다.

지금 이 순간에 꿈은 없다. 지금 이 순간에 마음은 없다. 지금 이 순간에 내가 있고 하나가 있다. 그리고 나와 하나 사이에 어떤 틈도 없다. 왜냐하면 양쪽이 참됨이고 그곳에는 경계가 없기 때문이다. 그러므로 지금 이 순간에 있을 때, 나는 하나 속으로 녹아들어 가고, 하나는 나에게 녹아든다. 서서히 하늘이 열리고 나는 하늘을 있는 그대로 보게 된다. 나는 난생처음으로 바람과 비와 태양을 즉흥적인 상태 그대로 느낀다. 그때 삶은 공허한 단어가 아니라 손으로 만질 수 있는 실체이고, 그때 사랑은 공허한 단어가 아니라 넘쳐흐르는 에너지이다. 그때 더 이상 지복은 욕망이나 희망이 아니고, 나는 지복을 느끼고 지복을 갖고 지복으로 존재하게 된다.

마음은 전체를 보지 못하고 한 극단만 바라본다

마음은 구분하고 판단하고 선택하고 집착함으로써 하나를 분열시킨다. 마음은 이중성二重性의 세계에서 산다. 마음은 양극단 사이에서 오고 간다. 마음은 행복하거나 불행하거나, 기분이 좋거나 나쁘거나, 승리에 도취하거나 패배로 낙담하거나 항상 둘 중 하나다. 마음은 낮과 밤은 전혀 별개의 것이고, 사랑과 증오는 전혀 다른 것이라고 믿는다. 마음은 전체를 보지 못하고, 한 극단밖에 볼 수 없는 것이다. 또한 마음은 양극단 중 자신이 보고 있는 부분만을 선택하여 집착하고, 어둠은 빛의 반대라는 이유만으로 항상 어둠을 자신의 적으로 간주한다.

전체는 양극단을 포함한다. 또한 한 극단에는 다른 한쪽 극단이 감추어져 있다. 음양도陰陽圖는 이를 잘 표현하고 있다. 그림6과 같이 음양도는 하나의 둥근 원이다. 반쪽은 하양색이고 나머지 반쪽은 검은색의 양극이 만난다. 그런데 그 하양 부분 가운데에 검은 점이 있고,

그림6 음양도. 전체는 양극단을 포함하고 있는 데, 한 극단에 다른 한쪽 극단이 감추어져 있음을 '음양도'는 잘 표현한다.

검은 부분 가운데에 하얀 점이 있다. 하얀색은 검정 속으로 돌진하고 검정은 하얀색을 향하고 있다. 이것이 삶이고, 우주이며, 하나다. 하나의 닮은꼴인 모든 것들은 양극단을 포함하고, 양극단은 서로를 향해 돌진하고 있다. 그래서 헤라클레이토스는 "신은 낮과 밤이요, 여름과 겨울이고, 전쟁과 평화요, 만족과 불만족이다"라고 말한 것이다.

그러나 마음은 그것을 꿰뚫어 보지 못한다. 마음은 한쪽 극단에만 존재하기 때문이다. 하지만 양극을 동시에 보지 않는 한 결코 사물을 있는 그대로 볼 수 없다. 무엇을 보고 있든 그것은 거짓이 된다. 왜냐하면 그것은 절반이기 때문이다.

진리는 전체다. 진리는 전체로만 존재할 수 있다. 전체가 아닌 진리는 있을 수 없다. 만일 그것이 절반이라면 그것은 거짓보다 더 위험하다. 반쪽 진리는 진리가 아니면서도 진리처럼 느껴지기에 우리는 그것에 쉽게 속기 때문이다. 그런데 전체의 일부밖에 보지 못하는 마음은 일부를 전체로 삼으려고 애를 쓴다. 좋고 나쁨을 선택함으로써 진리를 믿음이라는 감옥에 가두려고 하는 것이다. 나를 속이려고 시도하는 것이다.

진리는 전체이고, 전체는 하나다. 고로 진리는 하나다. 그러므로 진리를 깨친다는 것은 하나를 체험하는 것이고, 하나를 체험하는 것은 모든 것에서 진리를, 하나를 보는 것이다.

사랑은 미움 없이는 존재하지 못한다. 누군가를 사랑하고 있을 때 나는 같은 사람을 미워하고 있는 것이다. 하지만 마음에게는 그 한쪽밖에 보이지 않는다. 사랑을 보고 있을 때 마음은 미움에 대한 관찰을 포기해 버리기 때문이다. 죽음은 삶의 절정이고, 삶의 최고봉이다. 그러므로 삶만 보고 있다면 죽음도 놓치고 삶도 놓치게 된다. 삶이 이르는 곳에 죽음은 숨어있다. 만일 삶 속에 숨어 있는 죽음을 볼 수 있다면 그 반대인 죽음 속에 감춰진 삶도 보게 된다. 평화를 누리고 싶다면 전쟁도 불사해야 한다. 전쟁은 배제하고 평화만을 누릴 수 있는 방법은 없다. 전쟁과 평화는 하나의 양극단, 동전의 양면이기 때문이다. 그러므로 전쟁과 평화 가운데 어느 한쪽만을 선택한다면 어느 것도 얻지 못하게 된다.

그러므로 마음을 초월하려면 하나의 양쪽을 함께 보면 된다. 그 양극을, 그 양쪽 극단 모두를 보아야 한다. 만약 마음이 양쪽 극단을 동시에 명확하게 볼 수 있다면 양극은 사라지고, 그와 함께 마음도 사라지게 된다. 마음은 부분적으로만 있을 수 있고, 결코 전체로는 존재할 수 없기 때문이다.

양극단을 동시에 본다면 선택은 불가능하게 된다. 사랑 속에 숨어 있는 미움이 보이거나, 미움 속에 감춰진 사랑이 보인다면 자신이 사랑을 택하는 순간 그와 동시에 자신이 미움을 택하는 것이 보이기 때문이다. 사랑하는 자가 미움을 선택할 수는 없기 때문에 선택할 수 없는 것이다.

사랑을 선택하는 것은 미움을 확실하게 보지 못하기 때문이다. 우리는 사랑을 선택한 뒤 우연히 미움이 일어나는 것이라고 생각한다. 하지만 사랑을 선택하는 순간 동시에 우리는 미움도 선택한 것이다. 삶에 매달리는 순간 죽음에 매달리고 있는 것이다.

그러므로 양극단 가운데 하나만을 선택하지 않아야 한다. 그래서 그리스도는 "심판하지 말라! 너희가 심판하지 말라"고 말했다. 이는 아무것도 구별하고 선택하지 말라, 이것은 좋고 저것은 나쁘다고 말하지 말라는 뜻이다. 양극단의 한쪽 끝만 선택하면 마음의 차원으로 떨어진다는 뜻이다.

선과 악 가운데 하나를 선택한다면 마음의 차원으로 떨어지게 된다. 선과 악은 따로따로 있는 것이 아닌, 하나이기 때문이다. 하나가 선으로 또는 악으로 찾아오는 것이다. 선에서 악으로 악에서 선으로, 음에서 양으로 양에서 음으로, 전체는 그렇게 움직이며 변화하고 있다.

바깥 또는 안을 선택한다면 분리라는 마음의 함정에 빠지게 된다. 바깥과 안은 둘이 아니다. 바깥과 안의 분리는 마음의 구별이다. 바깥이란 안이 확장된 것이고, 안이란 침투해 온 바깥이다. 전체는 바깥도 안도 포함해야만 한다.

좋고 싫음을 선택한다면 둘이라는 마음의 덫에 걸리게 된다. 선택이라는 것은 늘 무엇인가는 찬성하고 또 다른 무엇인가는 반대하는 일이므로 결코 하나일 수 없다. 그러나 전체는 하나다.

의견을 가지고 움직인다면 마음에서 벗어날 도리가 없게 된다. 자신의 철학, 이론, 교리, 이념, 경전, 지식을 모두 버려야 한다. 알몸으로 진리에 대해서 어떤 의견도 갖지 않고 움직여야 한다. 기대와 소망도 불러들여서는 안 된다. 잡동사니는 모두 내버려야 한다. 오로지 있는 그대로만 보려는 눈으로 묵묵히 행할 때 선택은 사라지게 된다.

선택하지 않으면 마음은 서서히 사라지게 된다. 어느 것도 선택하지 않는 상황에서는 더 이상 마음이 존재할 이유가 없기 때문이다.

선택하지 않으려면 양극단의 중간에서 하나의 평형을 찾아내면 된다. 모든 양극단 사이에는 그 양쪽이 존재하지 않는 어떤 지점이 있다. 그곳은 이것도 아니고 저것도 아닌, 그런 중간점이다.

양극단의 중간에 선다는 것은 마음으로부터 떨어져 나와 마음 밖에 선다는 의미이다. 양극단의 중간에서는 "나는 사랑한다"고 말하지 않고, "나는 미워한다"고 말하지 않는다. 그곳에서는 불행이 오면 오는 대로 보고, 행복이 오면 오는 대로 놔둔다. 오는 행복을 붙잡지 않고, 불행이 나쁘다고 판단하지 않는다. 그곳에서는 그저 아무 말도 하지 않는다. 누구한테도 동화되지 않고, 오로지 한가운데에 있을 뿐이다.

한가운데의 균형점은 양극단 모두를 포용한다. 균형점의 활짝 편 날개는 양극단까지 닿아 있다. 그러므로 균형은 전체를 포괄한다. 균형의 아름다움은 전체성에 있는 것이다.

이 균형을 붓다는 중도中道, 공자는 중용中庸이라고 불렀다. 균형·중도·중용에서 어떤 초월이 일어난다. 그 초월이 바로 하나이다. 균형·중도·중용은 하나이고, 극단은 분열이다.

한가운데에 있을 때 '둘'은 그냥 존재하기를 그만둔다. 왜냐하면 사랑은 미움이고, 선은 악이며, 삶은 죽음이고, 행복은 불행이며, 빛은 어둠이고, 여기는 저기이며, 남자는 여자이기 때문이다. 그러므로 '둘'은 저절로 사라지고 나는 그것들을 초월하게 된다.

그렇게 된다면 '하나' 역시 사라진다. '둘'이 존재하지 않는데 '하나'라고 말하는 것은 어떤 의미도 없기 때문이다. '둘'이 하나라는 깨우침과 동시에 '하나' 역시 사라지며 존재하지 않게 되는 것이다. 존재 being 는 곧 부재 not-being 인 것이다.

그렇게 되면 아무것도 남지 않는다. 법칙도 법칙 아님도, 설說하는 자도 그것을 듣는 자도, 나도 너도 그 어떤 것도 남지 않고 오로지 텅 빈 허공만이 남는다. 모든 것이 텅 빈 허공이라고 깨달았을 때의, 이 텅 빈 허공이야말로 깨달음의 궁극적 정점이자 핵심이다. 진리에 눈 뜬 모든 선각자先覺者들이 진리는 하나도 아니고 둘도 아닌 공空이라고 강조한 것은 그 때문이다.

이 텅 빈 허공 속에서 나는 무엇을 달성하겠다는 것인가? 목적지는 어디인가? 그리고 여행자는 누구이며 또 여행의 대상은 어디인가? 도달해야만 하는 목적지 같은 것은 없다. 그 누구도 달성자가 될 수 없다. 이렇게 해서 모든 노력은 그치고, 모든 소동은 잠잠해진다.

바로 이것이 붓다의 평안이고, 무아無我, anatta이며, 열반涅槃, nirvāna이다. 무아, 이제 개인으로 분리되어 구별되고 한정된 나는 없다. 하지만 나는 전체이자 하나로 존재한다. 더 이상 달성해야만 하는 그 무엇도 없고 달성을 꾀하는 자도 없다. 가야 할 곳도 없고 가려고 애쓰는 자도 없다. 모든 게 텅 빈 허공이고 하나다. 갑자기 모든 노력이 사라진다. 나는 어디로도 향하지 않는다. 나는 웃기 시작한다. 나는 이 공허를 즐기기 시작한다. 즐거움을 방해하는 어떤 것도 없다. 그리고 더할 수 없는 지복이 밀어닥친다. 이제 아무도 나의 지복을 어지럽히지 못한다. 그것을 어지럽히는 자는 존재하지 않기 때문이다. 그것은 나였다. 나의 이원성, 나의 마음이 혼란의 원인이었다.

무심은 '주의 깊음'으로 가득한 의식이다

그렇다. 마음은 욕망으로부터 비롯된 환상이고, 혼란이자 에고이며 분열이다. 그러므로 마음을 통해 하나를 체험하는 것은 불가능하다. 그래서 붓다는 마음을 한순간만 존재하는 이슬방울처럼, 순식간에 사라지는 번갯불처럼, 끝내 좌절만을 가져오는 물거품처럼, 상상에 불과한 꿈처럼, 변화하며 흘러가는 구름처럼, 캄캄한 방에만 보이는 별처럼, 실재하지 않는 사물이 존재하는 것으로 보는 삐뚤어지고 병든 눈처럼, 아무런 실체도 없는 것들을 만들어 내는 마술사처럼 보라고 가르쳤다. 마음의 환상으로부터 벗어나라고 가르친 것이다.

마음에서 완전히 벗어난 상태가 무심無心이다. 무심은 텅 빈 마음이다. 그렇다고 무심이 생각이 없는 것은 아니다. 생각을 하되 더 이상 생각에 휘말려들지 않는 것이 무심이다. 생각과 나를 동일시하지 않는 것이 무심의 핵심이다. 그러므로 무심은 얼빠진 듯 흐리멍덩한 상태가 아니다. 무심은 의식적인 상태이다. 무심은 '주의 깊음alertness으로 가득한 의식'이다.

무심은 모든 것을 있는 그대로 본다. 환상은 환상으로 보고 실재는 있는 그대로 보는 것이 무심이다. 무심은 무엇이 환상이고 무엇이 실재인지를 안다. 그러므로 무심의 공간에서 궁극의 실체인 하나를 체험하게 된다.

마음은 무심을 양파껍질처럼 감싸고 있다. 그러므로 마음의 환상에서 벗어나 하나를 체험하려면 마음의 양파껍질을 벗겨내고 무심에 이르러야 한다. 양파껍질을 벗기면 계속해서 새로운 껍질이 나오고 또 다른 새 껍질이 나오고, 이것을 더욱더 계속하면 갑자기 양파 전체가 사라지고 손안에는 텅 빈 허공만이 남게 된다. 마찬가지로 마음의 껍질을 벗기면 계속해서 새로운 마음이 나오고 또다시 새로운 마음이 나오고, 이것을 더욱더 계속하면 갑자기 마음은 사라지고 텅 빈 허공만이 남게 되는데, 그것이 무심이다.

무심에 도달하려면 자기 자신의 내면으로 들어가면 된다. 왜냐하면 인간 지도의 중심에 있는 태풍의 눈이 텅 빈 허공이고 무심이기 때문이다. 모든 인간의 내면에는 텅 빈 허공으로 존재하는 무심이 존재한다. 알파고 AlphaGo: 구글 딥마인드 Google DeepMind가 개발한 인공지능 컴퓨터 바둑 프로그램와 같은 인공지능에는 없지만, 인간이라면 누구나 텅 빈 허공을 지니고 있고, 누구에게나 무심으로 통하는 길이 있는 것이다.

그래서 그리스도는 "나는 길이요 진리요 생명이니 나로 말미암지 않고는 아버지께로 올 자가 없느니라"라고 말한 것이다. 이 말은 결코 그리스도 자신만이 길이고 진리이며 생명이며 그리스도 자신을 통하지 않고는 하나님께로 올 수 없다는 뜻이 아니다. 그것은 요셉과 마리아의 아들인 예수에 대해 말하는 것이 아니라 '자성 自性: I-amness'에 대해 말하는 것이다. 그것은 "나는 ~이다"라고 말할 수 있는 사람은 누구든지 길이고 진리이며 생명이고, 누구나 그 자신의 내면에는 무심에 이르는 길이 있고, 그 길을 통하지 않고는 하나에 이를 수 없다는 뜻이다.

그러므로 나 자신의 고유한 존재, 나의 자성을 느낄 수 있다면 무심에 이르는 길을 발견하게 된다. 누구나 자신의 내면으로 깊이 들어가면 무심에 이르게 된다. 누구나 자신의 내면으로 들어가면 그곳에서 솟아나는 『코란』의 소리를 들을 수 있고, 그곳에서 피어오르는 『성경』의 향기를 맡을 수 있다. 마호메트 Mahomet 가 그 소리를 들었듯이 나도 들을 수 있고, 그리스도가 그 향기를 맡았듯이 나도 맡을 수 있는 것이다.

무심으로 들어가기 위해서는 무위無爲를 이해해야 한다. 왜냐하면 무심은 노력과 긴장, 갈등에서 나오는 것이 아니라, 침묵과 휴식에서 나오는 것이기 때문이다. 무위는 나에게 침묵과 휴식을 가져다준다. 그러므로 무위는 무심의 세계로 들어가는 열쇠다.

무위란 말 그대로 '하지 않음'이다. 그러나 여기서의 하지 않음이 아무런 움직임도 없이 가만히 있는 것을 의미하지는 않는다. 무위의 행위는 '함 없는 함'으로서 가장 큰 행위이고, 무위의 노력은 '노력 없는 노력'으로서 가장 큰 노력이다. 무위의 행위는 에고인 나로서의 행위는 '하지 않음'이지만, 하나인 나로서의 행위는 '함'인 것이다.

무위에는 어떤 행동도 필요 없다. 무위는 미묘한 것이든 거친 것이든 어떤 행동도 하지 않는 것이다. 말하는 것은 매우 거친 행동이고, 생각하는 것은 지극히 거친 행동이며, 느끼는 것은 미묘한 행동이다. 말과 생각과 느낌이라는 모든 형태의 행동이 사라진 상태가 무위이다.

무위에는 어떤 능력도 필요 없다. 무위는 어떻게 해서 그것을 불러들이느냐의 문제가 아니라 어떻게 그것을 허용하느냐의 문제이기 때문이다. 무위는 마치 잠과 같이 유유자적하면서 수동적일 때 저절로 일어나는 어떤 것이다.

무위는 마음을 쉬게 한다. 아무것도 하지 않을 때 마음은 시원한 그늘에서 잠시 눈을 붙인다. 그때 마음의 막은 걷히고 울타리는 철거되면서 무심의 세계가 드러나고, 무심 속에서 어떤 명료성이 나타난다. 모든 문이 열리고, 모든 질문과 대답이 사라진다. 갑자기 나는 사라지고, 우주도 사라진다. 그리고 하나인 것이 나타난다. 나와 전체는 하나가 된 것이다. 지금까지의 나는 죽고, 나는 오로지 하나가 된 것이다. 그것이 바로 진리다. 나 자신이 진리일 때, 진리를 꿰뚫어보게 된다. 그 진리는 전체는 하나이고, 나는 그 하나와 하나라는 것이다. 나의 내면에 전 우주를 지니고 있으며, 존재하는 것 모두가 나의 내면에 존재하고 있다는 것이다. 이런 깨달음은 나를 자유롭게 한다. 그래서 그리스도는 "진리를 알지니 진리가 너희를 자유롭게 하리라"고 말한 것이다.

내면에는 무심에 이르는 두 개의 큰 길[道]이 있다. 하나는 '명상의 길'이고 다른 하나는 '기도의 길'이다. 명상과 기도는 무심에서 만난다. 명상은 나를 무심으로 인도하고, 기도 또한 나를 무심으로 안내한다. 무심은 명상의 길과 기도의 길이 만나는 가장 높은 봉우리다. 그러므로 어느 쪽 길을 가든 무심에 도달한다. 기도의 궁극적 지점인 동시에, 명상의 궁극적 지점이 무심이기 때문이다. 무심에서 붓다와 예수가 만나고, 무심의 바다에서 세상의 모든 종교는 하나가 된다. 종교가 강이라면 무심은 바다다. 그러므로 어떤 방향에서 시작하든, 어떤 길을 따르든 내면으로 깊이깊이 들어가면 무심에 이르게 되고, 하나에 도달하게 된다.

명상은 생각을 멈추고 지켜보는 것이다

명상은 마음을 다루고 마음을 죽이고, 무심으로 다시 태어나는 내면의 길이다. 그러므로 명상은 죽음인 동시에 환생이고, 십자가인 동시에 부활이다. 명상을 통해 나는 새로 태어난다. 나는 기존의 동일시 identity 를 완전히 잃고 삶에 대해 새로운 비전 vision 을 획득한다. 나는 마음이 개입되지 않은 의식, 사념 없는 의식, 물결 하나 없이 고요한 무심으로 다시 태어난다.

명상은 불이다. 명상의 불꽃은 나의 사념과 욕망, 기억을 태운다. 나의 과거와 미래를 태우고 마음과 에고를 태운다. 명상은 내가 나라고 생각하는 모든 것을 빼앗아간다.

명상은 마음을 멈추게 한다. 명상은 마음의 껍질을 벗기고 '하나'를 향해 나아간다. 명상은 생각을 떨쳐 버림으로써 시작된다. 생각의 흐름을 자각하면 그 자각의 열기에 의해 생각이 증발하기 시작하고, 생각이 약화된다. 그리고 생각이 약화되면 무심을 향해 에너지가 방출되고, 마침내 완벽한 홀로 있음 안에 존재하게 되는데, 이것이 명상이다.

명상은 자기 자신으로 존재하는 것이고, 자신이 홀로 있을 때의 아름다움을 즐기는 것이며, 자신을 축하하며 즐기는 것이다. 이 세상에서 가장 위대한 기적은 나 자신이 존재한다는 사실이다. 명상은 이러한 기적으로 향하는 문을 열어준다.

명상의 본질은 지켜봄관조, 주시이다. 명상은 그저 지켜봄으로써 마음의 껍질을 벗긴다. 명상은 자기 자신을 지켜본다. 다른 사람은 전혀 필요 없고, 오로지 자기 자신을 지켜보는 것만으로도 충분하다.

자기 자신을 지켜보려면 먼저 자기 자신을 사랑해야만 한다. 왜냐하면 사랑하는 사람만이 서로 눈을 맞출 수 있기 때문이다. 자신을 사랑하지 않는다면 눈과 눈을 마주치며 자신의 실체를 대면할 수 없다. 그러므로 자기 자신을 사랑하는 사람만이 명상할 수 있다.

사랑이라는 말은 있는 그대로를 허용하고 억압하지 않는다는 의미이다. 자신의 몸과 영혼을 있는 그대로 사랑하고, 자신의 모든 생리적 기능과 황홀경을 있는 그대로 받아들이고 억압하지 않아야 명상할수 있게 된다. 따라서 억압과 단식, 고행, 자신이 육체를 고문하는 것은 명상에 아무런 도움도 되지 않는다. 그래서 붓다는 "자신을 사랑하라"라고 말한다. 그리고 지켜보라고 덧붙인다. 지켜봄은 붓다의 이름으로 행하는 명상이다. 그러나 먼저 자신을 사랑해야 하고, 그다음 지켜보아야 한다. 자신을 사랑하지 않은 상태에서 지켜보는 것은 불가능하다. 먼저 자신을 사랑하고, 그다음에 지켜보는 것이 순서다.

두 가지 방식으로 지켜볼 수 있다. 환상을 지켜보면서 그것과의 동일시에서 벗어나는 것이 첫 번째 방법이고, 실재를 지켜보면서 그것과 동일시되는 것이 두 번째 방법이다. 둘 중 한 가지 방법을 선택해 그저 지켜보기만 하면 결국 하나를 보고 듣고 만지고 냄새 맡고 느끼게 된다.

먼저 환상을 지켜보는 방법이다. 이 방법은 실재가 아닌 것과의 동일시에서 벗어남으로써 무심에 이르는 길이다. 이 방법은 환상을 모두 제거함으로써 최후에 남게 되는 실재를 찾아낸다.

실재가 아닌 환상이란 바로 마음을 의미한다. 마음은 생각으로 만들어진다. 그러므로 마음을 만들어내는 생각들을 하나씩 제거하면 결국 마음을 넘어 무심에 이르게 되고, 하나를 만나게 된다.

생각을 제거하기 위해서는 생각을 지켜보기만 하면 된다. 마치 생각이 나와 아무런 상관이 없는 것처럼, 그냥 나에게 일어난 일이 아닌 것처럼 지켜보면 된다. 길가에 서서 자동차 한 대가 지나가고, 개 한 마리가 지나가고, 어떤 사람이 지나가는 것을 지켜보듯이 그저 아무것도 하지 않고 생각이 지나가는 것을 지켜보기만 하면 된다.

여기서 중요한 것은 생각에 휘말리지 않고 초연해야 한다는 것이다. 나와는 아무 상관도 없는 일처럼 생각으로부터 멀리 떨어져 있어야 한다. 그러기 위해서는 판단해서는 안 된다. 판단하는 순간 생각에 말려들고, 생각에 말려들면 생각과 동일시되면서 생각에서 떨어져 생각을 지켜볼 수 없게 된다. 그러므로 판단하는 순간 지켜보는 것은 불가능해진다. 마치 하늘을 지나가는 구름을 바라보듯 아무런 판단도 없이 무관심하게 지켜보는 것이 지켜봄의 핵심이다.

판단하지 않고 생각을 지켜보면 놀라운 일이 벌어진다. 지켜봄이 확고해짐에 따라 생각은 점점 줄어든다. 지켜봄과 생각의 흐름이 반비례하는 것이다. 50퍼센트의 의식이 지켜봄으로 흘러가면 정확히 50퍼센트의 생각이 사라지고, 60퍼센트의 의식이 지켜봄으로 흘러가면 40퍼센트의 생각만 남게 된다. 그만큼 생각은 사라지고 마음의 껍질은 벗겨진 것이다. 그리고 어떠한 판단도 없이 100퍼센트 순수하게 지켜보기만 하면 모든 생각은 사라지게 된다.

생각이 사라졌을 때, "나는 누구인가?"에 대한 질문에 아무런 대답도 떠오르지 않는다. "나는 기독교인이다. 나는 불교도이다. 나는 이슬람교도이다"라는 식으로 대답할 수 없다. 『성경』도 사라지고, 불경도 사라지며, 『코란』도 존재하지 않는다. 조국이 어디인지, 어느 인종에 속하는지 이름이 무엇인지도 말할 수 없다. 완벽한 텅 빈 허공만이 남을 뿐이다.

그래서 붓다는 무아無我라는 단어를 사용하곤 했다. 그는 생각이 멈출 때 자아ego는 남지 않는다고 한 것이다. 그 대신 나는 순수한 공간, 어떤 것에도 오염되지 않은 텅 빈 허공이 된다. 물방울의 껍질을 벗어나 바다가 되는 것이다. 자아의 경계선을 넘어 하나가 되는 것이다.

그러니 지켜보면 된다. 생각의 근원인 욕망이 일어날 때에도 아무 말도 하지 않고 그저 지켜보면 된다. 욕망을 표현하지도 억누르지도 말고, 비난하거나 평가하지도 말고 다만 주의 깊게 지켜보기만 하면 된다. 지나가는 구름을 지켜보듯이 찬성이나 반대의 편견 없이 그저 지켜보는 것이 중요하다. 욕망에 대해 아무 말도 하지 말고 다만 지켜보기만 하면 욕망은 서서히 제풀에 지쳐 죽어간다.

행복과 슬픔이 온다. 행복이 온다고 지나치게 흥분하지 말고, 슬픔이 온다고 지나치게 침울해 하지 않으면 된다. 동일시되지 않는 것이 중요하다. 행복과 슬픔은 나와 분리되어 있다. 행복과 슬픔은 '저기'에 있고, 나는 '여기'에 있다. 나는 그저 구경꾼에 지나지 않는다. 나는 그저 지켜보고, 그 지켜봄 안으로 더 깊이 들어간다. 무슨 일이 일어나든 내면의 눈으로 볼 뿐, 흔들리거나 집착하지 않으면 된다.

이것이 '위파사나vipassana'라고 불리는 붓다의 통찰이다. 육체가 죽을 때 붓다는 죽어가는 자신의 육체를 지켜본다. 그는 마지막 순간까지 지켜봄을 유지한다. 그는 자신을 지켜보며 죽는다. 육체가 죽으면 그는 죽은 자신의 육체를 지켜본다. 그의 육체는 먼지가 되어 사라진다. 그러나 그의 지켜봄은 영원히 남는다. 그의 지켜봄은 우주의 일부, 우주의식의 일부가 된다. 오로지 지켜봄으로써 고타마 싯다르타Gautama Siddhārtha는 죽음을 넘어 텅 빈 허공으로 존재하는 붓다가 되었다.

이것이 부활의 진정한 의미다. 이것이 소크라테스가 자청해서 독배를 마신 이유이고, 이것이 그리스도가 십자가에서 다시 살아날 수 있었던 비결이다. 그들은 마지막 순간까지 자신의 죽음을 지켜봄으로써 하나로 부활할 수 있었다.

부활하기 위해서 반드시 육체적인 죽음이 동반될 필요는 없다. 육체가 살아있는 동안에도 명상 속에서 그저 지켜보는 것만으로 에고는 죽고, 하나로 부활하기 때문이다. 지켜봄은 나를 죽이면서도 살아남을 수 있는 기술인 것이다.

지켜봄을 통해 에고가 사라지고 경계도 사라지면서, 나는 다른 모든 것으로 녹아들어 우주와 하나가 된다. 이제 나는 바다이고 구름이며, 태양이고 달이며 별이다. 나는 다차원적으로 존재하기 시작하고, 모든 삶은 나의 삶으로 된다. 나는 푸름이 되어 나무 안에 살고, 빨강이 되어 장미 안에 산다. 나는 날아오르는 새이고 사자의 포효이며 바다의 물결로 존재한다. 나는 삼라만상 모두가 되고 모든 것을 사랑하게 된다. 이렇게 나는 생사生死를 초월한 존재가 된다.

다음은 실재를 지켜보는 방법이다. 이 방법은 마음 너머에 있는 하나와 나를 동일시함으로써 무심에 이르는 길이다. 이 방법은 마음의 환상 따위는 거들떠보지도 않고 곧장 실재인 하나를 찾아 들어간다.

그러나 이 방법은 접근하기가 쉽지 않다. 나는 아직 하나를 확인하지 못했기 때문이다. 하나를 확인하지 못한 나는 하나가 무엇인지 모른다. 그런데 어떻게 알지도 못하는 하나와 나를 동일시한다는 말인가?

모든 것은 변화한다. 모든 것은 왔다가 간다. 나도 변화한다. 겉모습은 물론 신념, 생각, 느낌, 체험 등 변하지 않는 것은 아무것도 없다. 그런데도 나의 동일성을 유지하게 하는 어떤 것은 존재한다. 그것은 기억이 아니다. 모든 기억을 잃어도 나의 동일성을 유지하게 하는 그것은 존재하기 때문이다.

언제나 나의 동일성을 유지하게 하는 그것, 그것은 아무런 형상도 내용도 없는 주체성으로 현존한다. 그것은 내가 존재한다는 자각이고, 의식 그 자체다. 그것은 나의 내면에서 내가 존재한다는 것을 자각하게 하는 어떤 것, 모든 것의 배후에 있는 주체로서 언제나 존재하는 주체성이다. 그것은 영속적 에너지, 영원한 에너지, 원인 없는 에너지다. 그것은 언제나 깨어 있고, 늘 그곳에 존재하며, 언제까지나 지켜보고 있는 빛이다. 그것은 결코 잠들지 않고, 결코 의식을 잃지 않으며, 늘 방심하지 않고 깨어 있는 한 점이다. 그것이 바로 진정한 나이고, 나의 중심이며, 태풍의 눈이다.

그 중심을 찾아내면 된다. 그 중심을 찾기 위해서는 내면으로 들어가야 한다. 그렇다면 몸 안으로 들어가면 내면이고 몸 바깥으로 나가면 외면인가? 일반적으로 몸을 기준으로 안과 밖을 구분하기 쉽다. 오감五感으로 느껴지는 몸 바깥의 감각적 대상은 외면이고, 몸 안에서 일어나는 생각과 느낌은 내면이라고 이해하는 것이다.

그러나 여기서는 몸 바깥의 감각적 대상들뿐만 아니라 몸 안에서 일어나는 생각과 느낌까지도 외면이다. 의식의 대상으로 나타나는 것들은 모두 외면이다. 내가 주시할 수 있는 것들은 모두 바깥이라는 말이다. 그러므로 생각과 느낌을 주시하는 것은 여기서 말하는 내면으로 들어가는 것은 아니다.

여기서 "내면으로 들어가라"는 말은 대상을 따라가는 의식의 초점을 의식하는 그것, 즉 지켜보는 자에게로 돌리라는 말이다. 대상으로 향하는 의식의 초점을 의식 그 자체로 방향을 돌리라는 것이다. 회광

반조 回光返照하라는 뜻이다. 생각이 일어날 때 생각의 내용을 따라가지 말고, 생각이 일어나는 바탕^{지켜보는 자} 쪽으로 의식의 초점을 되돌리라는 것이다. 한 생각이 일어날 때 "생각하는 이것은 무엇이지?" 하고 방향을 되돌려서 그 근원을 추구하라는 것이다.

그러나 생각은 밖으로 뛰쳐나가기를 좋아한다. 이런 생각을 내면으로 돌리는 정말 좋은 방법이 있다. 바로 "나는 누구인가?" 하고 묻는 것이다. 어떤 대상을 따라 생각이 일어나면 그 생각을 계속 따라가지 말고 "이 생각이 누구에게 일어나고 있는가?"라고 물으면 '나에게'라는 대답이 나오게 된다. 그때 다시 "나는 누구인가?"라고 묻고 그것에 초점을 맞추면 생각은 생각이 일어나는 근원으로 돌려지면서, 이미 일어났던 다른 생각들은 가라앉고, 저절로 내면으로 향하면서 결국 중심에서 발하는 빛을 찾아내게 된다.

그 빛을 찾아낸다면 하나로 들어가는 문을 찾아낸 것이다. 그 빛을 따라가면 중심에 도달하게 되고, 하나를 발견하게 된다. 하나가 하나 자신에게 내면 체험을 통해 드러나게 되는 것이다.

하나를 발견했다면 그 하나와 나를 동일시하면 된다. 한층 더 하나의 깨어 있음으로 존재하고, 모든 에너지가 그 깨어 있음 속으로 흘러 들어 가도록 허용하면 된다.

자연히 환상은 사라지고 점점 꿈을 꾸지 않게 된다. 그리고 갑자기 모든 생각이 사라지면서 나 자신이 바로 그 하나가 되는 순간이 찾아든다. 나 자신이 목격자로 되는 것이다. 나는 오로지 한 목격자로 있을 뿐이다.

그러므로 하나를 찾고 싶으면 이 목격하고 있는 한 점을 찾으면 된다. 걸으면서도 지켜보고, 먹으면서도 지켜보고, 잠 속으로 들어가려는 순간에도 지켜보고, 잠 속으로 들어갔을 때에도 무슨 일이 일어나는지를

그림7 〈별이 빛나는 밤(The Starry Night)〉. 빈센트 반 고흐, 73.7x92.1cm, 캔버스에 유채(Oil on canvas), 1889년 제작. 뉴욕 현대미술관 소장.

지켜보면 된다. 조만간 몸은 잠 속으로 조금씩 들어가지만, 나 자신은 여전히 지켜보고 있는 것을 깨닫게 된다. 그때 마음의 꿈이 벗겨지고 떨어져서 사라져 가는 것을 느끼게 된다. 그래도 나는 지켜보고 있다. 그러면 갑자기 나에게 불이 켜진다. 나는 목격하고 있는 자가 된 것이다.

목격과 함께 꿈은 사라지고, 꿈과 함께 모든 환상도 사라지면서 그 모든 것이 하나에 속함을 알게 된다. 나무와 산의 형체는 다르지만 그 속에 있는 무형의 존재는 하나다. 산은 나무와 하나이고, 나무는 별과 하나이며, 별은 달과 하나다. 별과 하늘은 어디에서도 만나지 못한다. 만나려면 적어도 둘이 필요한데 그들은 둘이 아닌 하나이기 때문이다. 별은 물질화된 하늘의 공간이고, 하늘의 대양 위에 떠 있는 파도일 뿐이다. 모든 것이 하나로 짜 맞춰져 있다. 그런 광경을 목격한 화가 빈센트 반 고흐 Vincent van Gogh 는 그것을 그림7의 〈별이 빛나는 밤 The Starry Night〉을 비롯한 수많은 그림들로 표현했다.

그러나 지금의 나에게는 형상밖에 보이지 않는다. 왜냐하면 마음에는 형상밖에 보이지 않기 때문이다. 하지만 무심에 의해 무형의 존재가 보이기 시작하고, 무형의 실체가 보이게 되면 전 우주는 마치 하나의 바다와 같고 모든 형태는 그 파도에 지나지 않는다는 것을 알게 된다. 그리고 모든 파도 속에 바다가 넘실거리고 있는 것을 보게 된다. 그 하나인 것이……

기도는 '하나'를 사랑하는 것이다

다음은 기도의 길이다. 기도는 마음의 껍질은 무시하고 직접 무심으로 향하는 내면의 길이다. 기도의 길은 마음을 염두에 두지 않는다. 기도는 마음을 옆으로 밀어 놓고 전혀 마음을 다루지 않는다. 그 대신 기도는 '느낌'을 다룬다. '느낌'은 침묵이며 비언어적이다. 기도에서는 느낌이 강화되고, 모든 에너지를 느낌에 쏟아붓는다. 마침내 느낌이 더 많은 힘을 얻게 되면 마음은 저절로 사라지기 시작한다.

기도의 길은 처음 시작할 때부터 에고를 버리고 출발한다. 에고는 독이다. 따라서 에고가 손을 대는 것마다 모두 오염된다. 그것은 감로수를 더러운 그릇에 담으면 감로수도 독이 되는 것과 같은 이치다. 그래서 기도의 길은 처음부터 에고를 버린다. 그러나 명상의 길에서는 에고가 마지막까지 남는다. 명상에서는 "나는 명상한다"라는 관념이 마지막까지 남기 때문에 어마어마하게 깨어 있어야만 한다. 명상가는 마지막 순간에 가서야 에고를 놓는데, 이것이 붓다가 말하는 공이다. 에고가 완전히 사라졌을 때 거기에 공이 있다. 그러므로 명상의 경지에 오르는 것만으로 충분하지 않다. 그 이후에 에고를 완전히 버려야만 한다. 왜냐하면 명상의 경지에 오르더라도 에고는 에고로서 거기에 있기 때문이다. 그것은 안이 들여다보일 정도로 고운 껍질이다. 하지만 그것을 걷어내야만 한다. 그렇지 않으면 그 껍질은 유리 장벽처럼 계속 거기에 존재하고, 나는 유리 장벽을 통해 하나를 볼 수는 있지만 하나를 만날 수는 없게 된다. 그러므로 명상의 끝이 기도의 시작이다. 명상은 에고가 있어도 할 수 있지만, 기도는 에고가 있으면 시작할 수조차 없다. 기도할 수 있을 만큼 성장하면 더 이상 명상은 필요하지 않게 된다.

기도는 나의 진짜 문제를 풀기 위해서는 그냥 하나에게 나의 문제를 풀어 달라고 말하면 된다는 이해로부터 시작한다. "하나는 내가 나온 근원이요, 본성이고, 오직 하나만이 존재하고, 그 외에 다른 어떤 것도 존재하지 않는다"라는 사실을 완전히 확신하게 되었을 때 기도할 수 있게 된다. 나의 진짜 문제는 나의 뿌리가 하나로부터 뽑혔다는 것이다. 그래서 나는 목말라 하고 있다. 그러므로 하나 앞에 나의 문제를 드러내 놓는 그 자체로 나의 문제는 해결된다. 항상 해답은 올바른 질문에 감추어져 있기에 하나 앞에 나의 문제를 드러내 놓으면 모든 문제는 저절로 사라지게 된다.

하나는 항상 여기에 있고 지금도 여기에 있다. 따라서 하나는 찾고 말고 할 것이 없다. 그런데 문제는 하나를 알아볼 수 있는 눈이 없다는 것이다. 하나를 알아볼 수 있는 눈이 필요하다. 사랑이 그 눈이다. 사랑을 통해서만 하나를 알아보고 체험할 수 있다. 왜냐하면 하나는 그저 맥박으로, 전율로, 온몸으로 느껴야 하는 어떤 것이고, 사랑은 모든 감각을 생생하게 열어 주기 때문이다. 사랑을 통해서 더러운 모든 것들이 씻겨 나가고 모든 문들이 활짝 열리게 된다. 그러므로 온 세상이 자기 것으로 느껴질 때, 자신을 찾아오는 모든 이들을 더없이 소중한 이들로 환대할 때, 눈에 띄는 누구나가 친구로 보일 때 사랑을 체험하게 된다. 사랑을 체험하면 하나를 향한 문의 열쇠를 찾은 것이다.

사랑은 하나의 핵심이고, 인간 혼의 알맹이이자 본성이다. 사랑보다 위대한 것은 없다. 하나도 사랑보다 위대하지 않다. 하나가 현존한다고 해서 사랑이 언제나 현존하는 것은 아니지만, 사랑이 현존할 때는 언제나 하나의 현존을 체험하기 때문이다. 사랑은 목적이요, 궁극이다. 명상은 준비과정이고, 사랑이 그 열매다. 그래서 붓다는 크나큰 자비가 내면으로부터 우러나오지 않으면 어떠한 지혜를 얻었든 그 지혜가 완성된 것으로 생각하지 말라고 한 것이다.

사랑은 모든 것을 태우는 불이다. 사랑의 불에 모든 것이 타 없어지면 하나만이 남는다. 하나는 태워서 없애버릴 수 없는 유일한 존재다. 사랑의 불에 죽으면 "내가 있다"라는 생각_{에고}이 사라지고 '나 없음^空'이 내면에 싹트기 시작한다. 그리고 공이 나를 감싸면 나 자신을 찾으려고 애를 써도 찾을 수 없게 된다. 왜냐하면 나는 없어지고 하나가 나타나기 때문이다. 그 세계는 지식의 세계도 아니고 체험의 세계도 아니다. 그것은 존재의 세계다. 사랑하는 두 사람이 처음 만났을 때는 두 사람이 존재했지만, 사랑의 불에 타버리면 두 사람은 사라지고 사랑만이 존재하게 된다.

사랑을 얻는 단 한 가지 방법이 있으니, 사랑을 원하는 자는 자신의 머리를 내주어야만 한다. 자신을 내주고 자신을 희생해야만 한다. 자신의 겉치레와 가면을, 나라는 생각^{에고}을 버려야만 한다. 에고는 사랑의 유일한 장애물이다. 에고는 거대한 댐처럼 우뚝 서 사랑을 가로막고 사랑이라는 샘물이 계속 흘러나오지 못하게 막는다. 그러므로 나라는 에고가 완전히 없어져야만 사랑은 그 싹을 틔우고 꽃을 피운다. 사랑하는 자가 계속 존재하는 한 진정한 사랑은 있을 수 없는 것이다.

자신의 머리를 잘라버리는 기술, 에고의 뿌리를 뽑는 기술이 기도다. 기도는 사랑의 가장 심오한 형태다. 기도는 사랑으로 곧장 떨어져 내려 사랑이 되는 길이다. 그러므로 기도의 길은 사랑하는 사람, 자신을 포기할 수 있는 사람, 존재하기를 그만둘 수 있는 사람, 증발해 버릴 준비가 된 사람들의 길이다.

기도는 어떤 개체가 아닌 전체에 대한 사랑, 하나에 대한 사랑이다. 기도는 깊은 감사함 속에서 하나를 사랑하고 하나에게 모든 것을 맡겨 버린다. 사랑은 신뢰이고, 받아들임이다. 그러므로 기도는 하나를 신뢰하고 받아들이는 길이다. 그러나 99퍼센트만의 신뢰로는 안 된다. 99.9퍼센트도 부족하다. 완벽하게 100퍼센트 하나를 신뢰해야만 하나를 받아들이고 하나를 체험하게 된다. 하나에 대한 신뢰가 기도의 핵심이다.

신뢰하기 위해서는 두려움을 제거해야 한다. 왜냐하면 두려움 속에서는 진실한 신뢰는 있을 수 없기 때문이다. 두려움에 가득 찬 사람은 항상 자신을 보호하고 방어하므로 신뢰할 수 없다. 그러므로 신뢰하기 위해서는 위험을 감수하는 배짱이 필요하다. 과감하게 위험 속으로 뛰어드는 용기가 있어야만 신뢰할 수 있게 된다.

그러므로 기도는 용기 속에서 하나를 신뢰하고 하나에게 내맡기는 것이다. "오직 당신만이 무엇인가 할 수 있고, 나 스스로는 아무것도 할 수 없습니다"라고 기도하며 완벽하게 하나에 모든 것을 내맡기는 것이 기도의 전부다. 십자가 위의 그리스도는 "아버지, 제 영을 아버지 손에 맡깁니다"라며 자신의 모든 것을 하나님에게 내맡겼다. 이렇게 그는 하나를 신뢰하고, 하나에게 자신의 모든 것을 내맡김으로써 나사렛 예수에서 그리스도로 부활할 수 있었다.

내맡김보다 위대한 기도는 없다. 그러므로 기도에는 어떤 노력도 필요 없다. 완벽하게 하나에 나를 내맡기는 것이 전부이기 때문이다. 이 내맡김, 안에 초월이 일어난다. 내맡김이 원인으로 작용하고 그 결과로써 초월이 일어나는 게 아니다. 나를 내맡기는 순간 동시적으로 초월이 일어난다. 내맡김과 하나됨이 같은 순간에 일어나는 것이다. 시간적인 간격은 없다.

그러므로 기도는 행해질 수 있는 게 아니다. 기도는 생각될 수 있는 것도 아니다. 기도는 고요한 상태, 전적인 침묵 상태로 그저 존재하는 것이다. 그저 존재할 때 나는 기도로 있게 된다. 따라서 만일 기도를 행한다면 핵심에서 완전히 빗나가게 된다. 행위는 표면에만 머무르고 나의 중심으로 뚫고 들어갈 수 없다.

마찬가지로 언어로 기도한다면 그 또한 완벽하게 빗나간 것이다. 말로 기도하는 순간, 하나와 나는 동떨어져 있다는 전제를 받아들인 것이고, 하나를 대상으로 끌어내린다. 말로 기도할 때 나는 하나와 분리되어 있는 것으로 여기고 그 하나와 관계를 맺는다. 그러나 하나와 나는 분리되어 있지 않다. 하나는 나의 주체성이고, 나의 중심 그 자체이다. 기도할 때 나는 곧 하나이므로 '나와 하나' 사이의 대화의 가능성은 없다.

기도는 존재하는 모든 것에 대한 깊은 사랑이 순수한 감사함으로 자연스레 흘러넘치는 것이다. 기도는 내가 뿌리박고 있는, 나를 둘러싼 하나를 향한 의식의 확장이다. 기도는 하나 앞에 나의 가슴을 완전히 열어 놓고 내맡기는 것이고, 하나에 뿌리를 내리고 하나와 하나가 되는 것이며, 그러한 느낌의 상태다. 그곳에서 나의 삶은 춤이 되어 나오고, 그 영원성 그 무한함 속으로 녹아 들어가 사라지는 것이 기도다.

기도는 지고한 사랑이다. 지고한 사랑에서 사랑받는 이는 정해져 있지 않다. 지고한 사랑은 나의 내면에서 모든 방향으로 방사되는 것이다. 그 사랑은 들판에 피어 있는 한 송이 장미꽃과 같다. 아무도 장미꽃의 아름다움과 향기를 모를 수도 있지만, 장미꽃은 그런 것에 상관하지 않고 자신의 아름다움에 취해 흐르는 바람결에 자신의 향기를 실어 보낸다. 그러므로 웃음이야말로 진정한 기도이다. 웃을 때 나는 아무것도 필요치 않다. 웃을 때 뻐꾸기가 아름다운 노래를 선사하는 것처럼 나는 하나에 뭔가를 주고 있다. 웃음은 선물로서의 가치가 충분하다. 한번만 웃음의 기도를 하고 나면 더 이상 나의 눈물은 절망의 눈물이 아니다. 그것은 기쁨의 눈물이며 풍성함에서 흘러넘치는 눈물이다.

기도는 어떤 것을 주는 것이지 구하는 것이 아니다. 기도는 구걸이 아니다. 필요할 때에만 찾는 기도는 거지의 동냥 그릇에 불과하다. 빌거나 요구할 것은 아무것도 없다. 나는 하나에서 태어났고, 하나는 나를 알고 있다. 나는 이 땅의 자식이며 산과 태양과 달, 별들의 아들딸이다. 내가 욕망을 가지기 전에 땅과 하늘은 나보다 먼저 알고 있다. 왜냐하면 나는 하나에 깊이 뿌리내리고 있기 때문이다. 꽃이 알기 전에 뿌리가 먼저 알고, 뿌리가 알기 전에 대지가 먼저 알기에, 이 깊은 전체 속에서 나는 그저 편히 쉴 수 있는 것이다. 그래서 십자가 위의 그리스도는 마지막으로 "다 이루어졌다"라고 기도한 것이다. 그렇다. 나의 뜻은 다 이루어질 것이다. 아니 이미 다 이루어졌다, 아멘!

기도는 특정한 신에 대한 것이 아니라 살아 숨 쉬는 하나를 향한 것이다. 모든 것에 편재하는 하나를 보면 그때부터는 직접 하나와 느낌으로 의사소통을 하게 되고 기도할 수 있게 된다. 삼라만상이 생명으로 고동치고, 기쁨으로 약동한다. 나무와 꽃, 푸른 초원과 산, 별과 바다와 대지는 모두 기도 속에 잠겨 있다. 바람에 나뭇가지가 춤을 추는 것이 기도이고, 햇빛과 비가 쏟아지는 것이 기도다. 거기에 부족한 것은 아무것도 없고, 모든 것은 감사로 충만 되어 있다.

내가 하나이고 하나가 나다. 그러므로 궁극적인 기도는 전적인 침묵의 상태에 존재하는 것이다. 침묵은 인간이 깨어 있는 공간이다. 그 침묵의 공간 안에 감사의 느낌이 넘쳐흐른다. 그 침묵은 사랑으로 가득차 있다. 그러나 이 느낌은 언어화되지 않는다. 느낌이 물밀듯 솟아오르지만, 이 느낌은 말로 표현되지 않는다. 거기에 엄청난 사랑이 일어나지만, 이 사랑은 그저 순수하게 현존할 뿐이다. 나의 내면에서 뿜어져 나오는 그 느낌의 빛이, 온 사방으로 흘러넘치는 그 느낌의 향기가 기도다. 나에게 가까이 다가오는 사람은 그 빛을 보고 그 향기를 느낄 수 있다. 아무 말도 하지 않아도 모든 것을 들을 수 있고 이해할 수 있다.

하나는 침묵의 언어를 이해할 수 있다. 사실 하나는 침묵의 언어만을 이해할 수 있다. 왜냐하면 하나는 내가 말하지 않을 때 나를 통해 말하고, 내가 침묵할 때 나의 입술을 통해서 말하며 오직 그 말만 듣기 때문이다. 그러므로 유일한 기도는 "나는 당신에게 아무것도 요구할 수 없습니다. 내 안에 욕구가 생기기 전에 당신은 이미 알고 계시기에", "당신이야말로 내가 구하는 바입니다", "당신 자신을 나에게 더욱 허락하심으로써 당신은 나에게 모든 것을 주시는 것입니다", "나의 욕망은 내 안에 있는 당신의 욕망입니다", "당신의 것인 나의 밤을, 역시 당신의 것인 낮으로 변하게 하는 것도 내 안에 있는 당신의 강렬한 충동입니다", "나는 당신을 맞을 준비가 되어 있으며 당신은 나의 손님이 될 것입니다"라며 깊은 침묵 속에서 하나를 부르는 것일 수밖에 없다.

그러므로 고요히 눈을 감고 침묵 속으로 깊이깊이 들어가면 된다. 피상적인 것들에만 머무는 들떠 있는 마음은 내려놓고 내면의 평화 속으로 뛰어들면 된다. 내가 가지고 있는 모든 것을 내걸었을 때, 더 이상 아무것도 남지 않았을 때 도약이 일어난다. 도약이 일어나면 나는 주변에서 중심태풍의 눈으로 돌진해 들어간다. 그렇게 되면 난생처음으로 나는 결정화된다. 바위처럼 견고해진다. 이제 그 누구도 나를 좌지우지할 수 없다. 어떤 탐욕과 혼란도 나를 함락할 수 없고, 나는 난생처음으로 통합된 개체가 된다. 마침내 나는 진정한 나 자신으로 홀로 존재하게 된다.

실제로 존재하는 것에는 두 가지가 있다. 개인으로 존재하는 나와 전체성과 무한성으로 존재하는 하나가 그것이다. 이 둘의 사이에 놓여 있는 모든 것은 관념이요, 허상이다. 내면에서 깨어나면 오직 두 개의 강둑, 나와 하나만이 남는다. 그리고 기도는 그 둘 사이를 흐르는 강물이다. 그러므로 내가 홀로 존재할 준비가 되었을 때만 참된 기도는 가슴으로부터 흘러나온다. 왜냐하면 오직 홀로 존재할 때에만 하나를 알아볼 수 있기 때문이다. 그리고 기도가 점점 더 깊어지면 마지막에는 차안 此岸: 나고 죽고 하는 고통이 있는 이 세상 도 사라지고 피안 彼岸: 사바세계 저쪽에 있는 깨달음의 세계 도 사라지고 강물만이 남는다. 나도 사라지고 하나도 사라지고 오직 기도의 향기만 남는 것이다. 이제 나도 하나도 사라져 버렸다.

마지막 궁극의 경지에 도달했을 때 나는 하나가 된다. 사랑하는 자와 사랑받는 자가 하나가 되고, 기도하는 자와 하나는 하나가 된다. 나의 의식은 하나의 의식으로 빨려 들어가고 둘의 구분은 사라진다. 그때 삶의 노래가 흘러나오기 시작하고, 그때 참으로 환희에 넘쳐 기뻐하게 된다. 그것은 행복이 아니다. 아주 커다란 행복도 아니다. 그 속에는 행복도 불행도 없다. 왜냐하면 그것은 합해서 하나가 된 합일이기 때문이고, 둘이 사라진 경계이기 때문이다. 그 속에는 잔잔한 마음도 들떠 있는 마음도 존재하지 않는다. 그 속에서는 모든 이중성이 사라지고 오직 하나만이 남는다. 이제 알려지는 모든 것은, 모든 체험은 나보다 작게 된다. 모든 지각과 지각 대상, 보이는 모든 것은 별 의미가 없어진다. 하나에 대한 체험조차도 존재하지 않는다. 이제 나는 각성 속에서 춤을 추게 된다. 아니 사실은 각성 자체가 춤이 되고, 그 춤 속에서 나는 크리슈나 힌두교 신화에 나오는 영웅신 가 되고 붓다가 되고 마하비라 Mahāvīra, 자이나교를 일으킨 24명 가운데 마지막 인물 가 되고 그리스도가 되고 달마가 되고 마호메트가 되고 사라하가 되고 카비르가 된다. 내 안에서 그 모두가 만나 함께 춤추며 하나로 존재하게 된다.

하나 체험은 영혼의 음식이다

이렇게 명상과 기도는 무심으로 나를 안내한다. 무심은 텅 빈 허공으로 존재하는 태풍의 눈이고 나의 중심이다. 명상과 기도로 나의 중심이 깨어나면 주변은 저절로 빛으로 가득 차게 된다. 그 반대는 아니다. 중심은 결코 주변을 따를 수 없다. 왜냐하면 중심은 더 중요하고 근본적이기 때문이다. 그래서 중심인 것이다. 중심은 주변을 따르지 않지만, 주변은 항상 중심을 따른다. 그러므로 먼저 중심을 변화시키면 되고, 주변에 대해서는 염려할 필요가 없다. 그래서 그리스도는 "먼저 신의 왕국을 구하라. 그러면 그 밖의 모든 것은 저절로 얻을 것이니"라고 말했다. 그는 무심을 신의 왕국이라고 표현한 것이다.

무심은 향기를 발산한다. 무심에서 발산되는 향기를 덕德, virtue이라고 한다. 무심이라는 꽃의 향기가 덕德이다. 그러므로 덕德은 자유롭다. 덕德은 세상 끝까지 간다. 왜냐하면 무심의 향기는 아무 제한도 없이 시간과 공간을 초월하여 존재하기 때문이다. 실제로 붓다와 그리스도의 육체가 사라진 뒤에도 그들의 향기는 그대로 남아 계속 퍼져 나간다. 투명한 인식과 민감한 감수성을 지닌 사람은 붓다와 그리스도가 죽고 오랜 세월이 흐른 뒤에도 그 향기를 맡을 수 있다. 그러므로 지금도 그들과 동시대에 사는 것이 가능하다. 지금도 그들과 교류할 수 있고 그들의 이웃이 될 수 있다. 그것은 시간과 공간을 초월함에 의해 가능하다. 명상 속에서, 기도 속에서 시간과 공간을 초월하여 그저 존재하는 순간 붓다는 나의 바로 옆에 있게 되고, 그리스도는 나와 친구가 된다. 돌연 나는 지금까지 존재했던 모든 붓다들, 모든 그리스도들에 둘러싸인다. 나는 붓다의 손을 잡고, 그리스도와 함께 노래하고, 마호메트와 함께 춤춘다. 나는 난생처음으로 가치 있는 삶, 의미 있는 삶을 살게 된다.

　무심에서 하나를 체험하게 된다. 이러한 하나 체험은 영혼의 음식이다. 영혼의 음식은 아주 미묘하다. 음악, 시, 춤, 노래, 명상, 기도로 하나와 하나가 될 때 영혼은 자양분을 얻는다. 장미꽃을 볼 때 그저 장미의 아름다움에 흠뻑 빠져들어 장미의 아름다움으로 존재하면 장미의 자양분이 흘러들어옴을 느끼게 된다. 그때 영혼은 장미꽃이 아닌 장미를 둘러싸고 있는 그 어떤 미묘한 것, 눈에 보이지 않는 장미의 오라aura, 바람에 흔들리는 장미의 춤, 장미의 향기를 자양분으로 섭취한다. 별이 총총한 밤하늘이나 붉게 물든 석양을 보면서 또는 멀리서 들려오는 뻐꾸기의 노랫소리를 들으면서 미지의 그 무엇이 나를 가득 채우는 느낌은 하나와 하나로 존재하는 것이고, 하나 체험이며, 영혼의 음식을 먹을 때의 느낌이다.
　영혼의 음식은 아무리 먹어도 질리지 않고, 더 많이 먹을수록 더 신성해진다. 그러나 영혼의 음식을 먹지 못하면 영혼이 피폐해지는 것은 물론이고 육체도 영향을 받게 된다. 왜냐하면 육체는 영혼의 그림자이기 때문이다. 그래서 영혼이 공허한 불행한 사람일수록 폭식을 하게 된다. 그런 사람은 아무리 먹어도 포만감을 느끼지 못한다. 반면에 행복한 사람일수록 적게 먹어도 포만감을 느낀다. 그러므로 하나 체험을 영혼의 음식으로 삼고 그것으로 영양을 보충하면 된다. 그래서 붓다는 "참된 법을 음식으로 여기라"고 했고, 그래서 그리스도는 "나를 먹고 마셔라! 나를 흡수하여 소화하라!"고 말했다. 그들은 하나 체험을 영혼의 음식으로 삼으라고 한 것이다.

  일상에서 언제나 하나 체험을 할 수 있는 좋은 방안이 있다. 그냥 "둘이 아니다"라고 말하는 것이다. 하나만이 존재한다는 것에 의심이 생기거나, 자신이 따로 떨어져 있다고 느끼거나, 이원성이 들어와 있다고 여겨지면 마음속으로 "둘이 아니다"라고 말하는 것이다. 단, 의식을 가지고 말해야지, 단순히 기계적으로 복창해서는 곤란하다. 사랑이 일어나는 것을 느낀다면 언제든 "둘이 아니다"라고 말하면 하나 체험을 하게 된다. 그렇지 않으면 사랑과 함께 미움이 들어오면서 하나로부터 멀어지게 된다. 물론 미움이 피어오르는 것을 느끼면 "둘이 아니다"라고 말하면 하나로 돌아가 하나 체험을 하게 된다. 삶에 대한 집착을 느끼게 되면 언제든 "둘이 아니다"라고 말하고, 죽음에 대한 두려움을 느낀다면 언제든지 "둘이 아니다"라고 말하면 하나의 장대함으로 돌아와 하나 체험을 하게 된다. 곤혹스러울 때는 언제나, 의심과 분열과 갈등에 직면했을 때는 언제나, 무언가를 선택하려고 할 때에는 언제나 "둘이 아니다"라고 마음속으로 말하면 하나로 돌아와 하나 체험을 하게 된다. 단, 한순간도 하나를 놓치지 않으면 된다. 더러는 넘어지고 더러는 깨지겠지만 "둘이 아니다"라고 하면서 하나를 붙들면 틀림없이 하나를 체험하게 된다.

  "둘이 아니다"라고 말할 때, 좋고 싫음은 사라지고, 좋고 싫음이 없다면 선택할 것도 없게 된다. 그러면 그것으로 모두 좋다. 어떤 일이라도 신뢰할 수 있게 된다. 신뢰는 의심과 믿음 둘 다를 넘어선 것이다. 믿음은 항상 특정한 관념을 지니지만, 신뢰는 아무런 관념도 없이 있는 그대로를 보는 것이다. 신뢰는 하나 그 자체를 믿는 것이다. 그런데

'둘'이 존재한다면 이런 신뢰는 처음부터 불가능하다. 진정한 신뢰는 자신과 전체가 하나일 때에만 가능한 것이다. 하나를 신뢰할 때, 삶을 축복하게 되고, 삶이 이끄는 곳이라면 어디라도 춤추며 가게 된다.

'깨어 있음'은 하나 차원에서 존재하는 것이다

모든 것은 둘이 아닌 하나다. 그래서 그리스도는 틈만 나면 제자들에게 하나를 가르쳤다. 그는 "만일 그대의 눈이 하나로 된다면 그때에는 그대의 온 존재가 빛으로 가득 찰 것이다", "그대가 둘을 하나로 만들 때, 안을 밖으로 만들고 바깥을 안으로 만들 때, 위를 아래로 만들 때, 남자와 여자를 하나로 만들 때, 그래서 남자가 더 이상 남자가 아니고 여자가 더 이상 여자가 아닐 때, 그때에 그대는 신의 왕국에 들어가리라", "한꺼번에 두 마리 말을 타는 것, 두 개의 활을 동시에 잡아당기는 것은 불가능하다, 종이 동시에 주 주인을 섬기는 것은 불가능하다, 만일 두 주인을 섬긴다면 그는 한 주인을 중요시하고 다른 주인을 소홀히 대할 것이다"라고 말하곤 했다. 그는 분열되지 않고 하나로 존재하는 것이 깨어 있는 것이라고 거듭해서 강조한 것이다.

그렇다. 하나로 존재하는 것, 텅 빈 허공으로 존재하는 것, 영혼으로 존재하는 것, 중심에서 진짜 나로 존재하는 것이 깨어 있음이다. 깨어 있음이 목적이고, 깨어 있음이 모든 선각자들의 가르침이다. 붓다, 자라투스트라Zarathustra, 노자, 사라하, 그리스도, 달마, 마호메트, 카비르, 나나크Nānak, 1469~1538, 오쇼 라즈니쉬 등 의식의 각성을 이룬 모든 선각자들은 여러 가지 언어로 말하지만 단 한 가지 '깨어 있음'을 가르치고 있다.

'깨어 있음wakefulness'은 존재를 부여한다. 오직 깨어 있는 만큼만 나는 존재한다. 깨어 있을 때 비로소 나는 진정한 나로, 나 자신의 주인으로 존재하기 시작하는 것이다. 따라서 더 많이 존재하기를 원한다면 더 많이 깨어 있어야 한다. 예민하게 깨어 있을 때 나는 더 중심 잡히고 깊이 뿌리내린다. 주의 깊게 깨어 있을 때 나는 존재의 확고부동함을 느낀다. 그것은 거의 손에 만져질 듯이 분명한 느낌이다. 그러나 무의식은 존재를 앗아간다. 술에 취했거나 깊은 잠에 곯아떨어졌을 때 나는 존재를 잃는다. 말에 갇혔을 때, 지식에 빠져 있을 때, 이념에 매몰되어져 있을 때, 후회하거나 걱정할 때, 막연히 군중을 추종할 때 나의 존재를 상실한다. 무의식적일 때 나는 질질 끌려가듯이 살아가고 나라는 존재감을 느끼지 못한다. 존재는 항상 내가 깨어 있는 것과 비례한다. 깨어 있음은 생존을 삶으로 승격시킨다. 그래서 붓다는 "깨어 있음이 삶의 길이다"라고 말했다. 그는 삶존재이 목적이라면 깨어 있음은 삶을 획득하는 수단이라고 말한 것이다.

깨어 있음은 지금 여기, 바로 이 순간으로 존재하게 한다. 오로지 지금 이 순간만이 존재하고, 지금 이 순간 외에는 아무것도 없다. 그러므로 지금 이 순간에 있는 것, 지금 여기에서 완전히 휴식하고 있는 것이 진리의 순간이고 하나됨의 상태이며 깨어 있음이다. 깨어 있으면 과거와 미래는 스스로 떨어져 나가고, 삶은 저절로 지금 이 순간과 조화를 이루게 된다. 그때 나는 에너지로 넘쳐흐르면서, 엄청난 활력과 강렬한 열정을 갖게 된다.

깨어 있음은 아름다움이다. 깨어 있는 상태에서 무엇을 하든 모든 것에서 아름다움을 찾아낸다. 요리를 하든, 밥을 먹든, 산책을 하든, 목욕을 하든, 꽃을 보든……. 지금 이 순간 삶의 모든 것에 알알이 박혀있는 아름다움을 알아보게 된다. 그것은 깨어 있음은 물아일체物我一體를 체험하게 하므로 어떤 것이든 소중하고 비범하게 만들기 때문이다. 흔한 조약돌도 깨어 있는 사람의 손길이 닿으면 소중한 다이아몬드가 된다. 그러나 무의식적인 상태에서 다이아몬드를 만지면 그 다이아몬드는 평범한 돌이 되어 버린다. 깨어 있음은 사소한 것 하나하나를 아름다운 것으로 변형시키고, 그 순간 일상적인 것들은 비범해진다. 그리고 아름다움과 비범함을 창조하고 있는 나 또한 아름다워지고 비범해지므로 삶의 의미가 무엇인지를 깨닫게 된다.

깨어 있는 상태에서 두려움은 사라진다. 깨어 있는 상태에서 나는 나 자신이 태어난 적도 없고, 결코 죽을 수도 없다는 것을 알기 때문이다. 깨어 있을 때 탄생과 죽음은 물질 차원의 표면적인 현상이고, 내면의 가장 깊은 핵심에서의 나는 불사의 존재임을 확인하게 되므로 모든 두려움은 저절로 사라지게 된다.

깨어 있는 상태에서 분노는 존재하지 않는다. 분노는 나라고 하는 마음ego에 각인된 상처이기 때문이다. 깨어 있는 상태에서 에고는 존재하지 않는다. 존재하지도 않는 에고가 상처받을 수는 없는 법이다. 따라서 깨어 있는 상태에서 분노는 처음부터 존재할 수 없게 된다.

깨어 있는 상태에서 탐욕이란 있을 수 없다. 깨어 있을 때 나 자신은 궁극적인 지복 상태에 있음을 자각하기 때문이다. 내 안에 모든 것이 있는데 탐욕을 부리는 것은 어리석은 짓이다. 탐욕은 내가 깨어 있지

못할 때, 본래 황제로 태어난 것을 깨닫지 못하고 거지처럼 살아갈 때
일어난다.

깨어 있음은 자유다. 깨어 있을 때 그 어떤 것에도 빠지지 않는다. 깨
어 있을 때 욕망, 관념, 지식, 말, 종교, 과거, 미래, 가치관, 습관 등에
빠지지 않고, 그것들을 반대하지도 않는다. 그냥 있는 그대로 그것들
을 보고 이해한다. 그리고 그것들을 딛고 넘어서 그것들을 초월함으로
써 자유롭게 된다. 그래서 붓다는 "스스로를 비추는 빛이 되라"고 말했
다. 그는 특정한 개인이나 이데올로기뿐만 아니라 그 어떤 것에도 갇히
지 말고 자유로운 삶을 살아가라고 가르친 것이다.

깨어 있음은 선^善이다. 좋은 생각과 나쁜 생각, 좋은 말과 나쁜 말,
좋은 행동과 나쁜 행동이 따로 정해져 있는 것은 아니다. 선악^{善惡}은
존재의 그림자다. 생각 속에서, 말 속에서, 행동 속에서 깨어 있다면
그것이 선이고, 그렇지 않은 것이 악이다. 선과 악은 대상과는 아무런
상관이 없다. 깨어서 행동할 때마다 선한 일이 저절로 일어나고, 무의
식적으로 행동할 때마다 무엇인가 잘못된다. 무의식이 악이고, 깨어 있
음이 선이다. 그래서 마하비라는 "깨어 있는 자가 성자이고, 잠자는 자
가 죄인이다"라고 말했다.

깨어 있음은 지복 至福, 진정한 행복이다. 깨어 있을 때 분노, 탐욕, 야망,
질투, 소유욕, 욕정이 사라진다. 그런 곳에 소비되던 에너지는 해방되
어 나의 내면에 모여 모든 것을 수용할 수 있는 에너지의 호수를 만들
고, 하나의 세계·텅 빈 허공의 세계·초월의 세계를 끌어당기기 시작한
다. 그리고 깨어 있는 나의 의식과 하나의 세계가 만나는 지점에서 지
복이 생겨난다. 그러므로 지복은 외부에서 오는 것이 아니라 나의 내면

의 중심에서 생겨나는 어떤 것이고, 불행과는 차원이 다른 행복이고, 죽음에 대해서는 아무것도 모르는 삶이며, 어둠과는 상관없는 절대적인 빛이다. 경계 안에 갇힌 작은 이슬방울로서의 내가 사라지고 우주만큼이나 무한하게 존재하는 것, 그것이 지복이다.

깨어 있음은 모든 문제를 푸는 유일한 해결책이다. 깨어 있음은 나 자신을 비추는 등불이기 때문이다. 내가 깨어나 나 자신을 밝히는 빛이 되면 어둠인 마음에서 비롯되는 모든 문제는 저절로 사라지게 된다. 깨어 있을 때 환상인 마음은 사라지고, 무의식적으로 잠자고 있을 때 어둠인 마음은 들어오는 것이다.

깨어 있음에서 모든 위대한 발상이 나온다. 깨어 있는 상태에서 흐트러진 퍼즐 조각들이 자동적으로 맞춰지는 것처럼, 존재의 실상에 대한 그동안의 풀리지 않던 의문들이 '아는 자'를 중심으로 초점이 맞춰지면서 자연스럽게 이해된다. 왜냐하면 깨어 있는 상태에서 하나는 지혜로 발현되기 때문이다. 지식은 외부에 존재하는 객관적인 사물을 아는 것이고, 지혜는 내부의 중심에 존재하는 '아는 자'를 아는 주관적인 지식이다. 그러므로 지식은 여럿이고 지혜는 하나다. 그래서 노자老子는 "지식을 얻고 싶으면 날마다 무언가를 배우고, 지혜를 얻고 싶다면 날마다 무언가를 버려라"라고 말했다. 그는 지혜는 하나라고 가르친 것이다. 깨어 있음은 주변에 흩어져 있는 지식의 꽃들을 중심에서 발현되는 지혜의 끈에 꿰어 하나의 화환을 창조한다. 그래서 인류 역사상 혁신적 변화와 통찰력, 섬광 같은 직관, 독창적인 창의성은 모두 깨어 있는 상태에서 이루어졌다.

깨어 있는 상태에서 붓다는 섬광 같은 깨달음을 얻었다. 그것은 마음에서 나온 것이 아니다. 그것은 마음의 일부가 아니라 마음을 초월한 무심에서 온 것이다. 그것은 순수하고 무구한 것이며, 하나에서 온 것이다. 그것은 붓다가 전적으로 깨어 있을 때, 붓다의 마음이 완벽하게 사라진 그 순간에 하나에서 온 한 줄기 빛이 그를 관통하자 얻어진 것이다.

깨어 있는 상태에서 모든 위대한 과학적인 발견들이 나왔다. 아르키메데스, 뉴턴, 패러데이, 아인슈타인에 이르기까지의 모든 위대한 과학적인 발견들은 마음을 초월한 하나에서 온 것이다. 목욕탕에서, 아름다운 강가에서 몸과 마음이 이완되고^{무위, 無爲}, 생각이 잠시 한눈을 파는 사이^{무심, 無心}, 하나는 위대한 과학적인 발상으로 그 모습을 드러내곤 했다.

깨어 있는 상태에서 모든 위대한 예술작품들이 탄생했다. 칼리다사, 레오나르도 다빈치, 고흐, 베토벤은 그 자리에 없었다^{무아, 無我}. 그들은 단지 잠깐 동안 자리를 비켜주었을 뿐이다. 그들이 자리를 비켜준 사이에 하나는 현존하여 하나 자신을 위대한 예술작품으로 표현했다. 그들은 잠시 자기 자신을 사라지게 하는 방식으로 위대한 예술작품을 창조한 것이다.

매 순간 깨어 있는 것이 붓다의 길이고, 그리스도의 길이며, 빛의 길이다. 매 순간 깨어 있으면 자신의 내면에 죽음을 넘어선 그 무엇, 불에도 타지 않고 파괴되지 않는 그 무엇이 존재한다는 진리를 분명히 알게 되고, 나는 진짜 나로 돌아오게 된다. 이제 가야 할 곳은 아무데도 없고, 해야 할 일도 아무것도 없으며, 되어야 할 어떤 것도 없다. 하나와 하나이기 때문이다. 이제 나는 그냥 정착하고 휴식하면서 하나가

뿌려주는 수만 가지 기쁨을 누리기만 하면 된다.

깨달은 사람들은 하나로 존재한다

이 모든 것을 이해하고 깨어남으로써 하나의 세계에서 하나를 신뢰하며 하나의 삶을 살아가는 사람들이 있다. 그들은 존재의 모든 비밀, 우주의 비밀 전체를 발견한 사람들이다. 그들은 진정한 자기 자신, 진짜 나로 우뚝 선 사람들이다. 그들을 동양에서는 붓다라고 했고, 서양에서는 그리스도라고 불렀다. 붓다, 그리스도는 깨달은 사람, 선각자, 도인의 다른 이름인 것이다.

깨달은 사람들은 하나로 존재한다. 그들은 텅 빈 허공 속에서 하나의 세계에 도달하고, 절대적으로 홀로, 우주영혼으로 존재한다. 그들은 전 우주와 하나가 된 것이다. 하나가 된 그들의 눈은 온전히 밝아지고 전 우주를 보게 된다. 이렇게 밝아진 눈으로 그들은 사방에서 하나를 보고, 하나의 관점에서 하나의 변화를 즐긴다. 그들은 하나에 뿌리 내린 삶을 사는 것이다.

깨달은 사람들은 제행무상諸行無常인 우주의 모든 것은 순간일 뿐이고, 삼라만상은 유전流轉 그 자체이므로 무엇 하나 영원히 이어지지 않는다는 것을 이해하고 받아들인다. 그러므로 그들은 영속성을 기대하지 않는다.

깨달은 사람들은 매 순간 다시 태어난다. 왜냐하면 그들은 순간에서 순간을 살기 때문이다. 그러므로 그들은 언제나 새롭다. 그들의 삶에는 순간순간마다 새로운 차원, 새로운 신비가 펼쳐진다. 그들의 삶은 축복이 끊이지 않으며 매 순간이 축제다. 그들의 삶은 저절로 감사의 마음이 들 정도로 기적으로 가득하다. 그들의 감사는 나무와 새와 동물들을 품고 있는 하나에 대한 것이다.

깨달은 사람들은 매 순간 죽는다. 왜냐하면 그들은 순간에서 순간을 살기 때문이다. 그것은 바다에 이는 파도와 같다. 파도는 흥겹게 춤추듯이 솟아올랐다가 순간의 놀이를 끝내고 바다로 사라진다. 다시 파도는 춤추며 나타났다가 바다로 사라진다. 그들의 의식 또한 이와 같다. 그들은 매 순간 나타나 행동하고 반응하다가 텅 빈 허공으로 사라진다. 그리고 다시 나타났다가 텅 빈 허공으로 사라진다. 그들은 아무것도 축적하지 않고, 아무것도 소유하지 않는다. 그들은 언제나 신선하다.

깨달은 사람들은 모든 것을 이해하고 받아들인다. 그들은 모든 사물이 존재할만해서 존재하고, 모든 일이 일어날만해서 일어난다는 것을 이해하고 받아들인다. 그들은 불만이 없고, 비난하지 않으며, 칭찬도 하지 않는다. 그들은 무슨 일이 일어나든 그것이 일어나는 대로 맡길 준비가 되어 있다.

깨달은 사람들은 흐름이다. 그들은 삶이 어디로 가든 삶과 더불어 움직인다. 그들에게 자신의 선택이란 없다. 삶이라는 강물이 흘러가는 쪽으로 어디든 함께 흘러간다. 결코 삶을 억압하거나 삶과 싸우지 않는다. 그 속에서 수영조차 하지 않는다. 헤엄치는 것 역시 일종의 싸움이기 때문이다. 그들은 그저 떠다닌다. 그들에게는 도착해야 할 어떤 목적지도 없고, 좋고 싫음도 없다.

삶의 강물이 흐른다. 그들은 그것과 함께 흐른다. 미리 결정해 둔 목적지 같은 곳은 없다. 그 강물의 목적지가 그들의 목적지다. 그들은 그곳이 어디인지, 도대체 어떤 곳인지조차 마음 쓰지 않는다. 어디든 다다른 곳이 목적지다. 이윽고 그들은 누가 누구인지, 무엇이 무엇인지를 알 수 없게 된다. 어떤 게 흐름이고, 어떤 게 그 흐름의 일부가 된 자신인지를 모르는 것이다. 마침내 그들은 삶이 되고, 흐름이 된다.

깨달은 사람들은 좋고 싫음도 전체에 내맡긴다. 그것은 그들이 알 바가 아니다. 그들은 아무런 걱정도 하지 않는다. 우리가 이해하지 못해서 그들에게도 좋고 싫음이 있는 것처럼 보일 수 있다. 북쪽을 향해 움직이는 그들을 보고 그들이 스스로 북쪽을 선택해서 북쪽으로 향하는 것이라고 해석할 수도 있다. 하지만 그게 아니다. 그들에게는 어떠한 선택도 없다. 깨달은 사람들은 어디로 가야만 할 곳이 없다. 그들에게 숙명은 없다. 그들은 그저 전체가 그쪽으로 향하고 있기 때문에 그렇게 움직이고 있을 뿐, 그들이 선택한 것이 아니다.

깨달은 사람들은 고뇌하지 않는다. 그들은 불완전을 고민으로 여기지 않는다. 그들은 완전이라는 관점에서는 전혀 생각하지 않는다. 그들은 그 순간을 가능한 한 전체적으로, 전면적으로 살아갈 뿐이다. 하루가 찾아온다. 그들은 그것을 그저 살아간다. 어떤 이상도 강요하지 않고, 어떤 관념도 부둥켜안지 않고, 어떤 규칙이나 통제도 가하지 않고 그저 살아간다. 그저 삶을 즐기고 기뻐할 뿐이다.

깨달은 사람들에게는 어떤 불만도 남아 있지 않다. 어디로 가겠다는 의도도 없고, 욕심도 없으며, 어떤 비난도 어떤 판단도 하지 않는다. 그들은 오로지 전면적인 수용과 함께 그 순간 그곳에서 깨어 있을 뿐이다. 어디에 있든 그곳에 만족이 있다.

깨달은 사람들은 그냥 있는 그 자체로 행복하다. 원인 없이 행복한 것이다. 어째서 행복하다고 둘러댈 만한 이유 같은 것은 전혀 없다. 마치 우리가 오로지 불행한 것처럼 그들은 오로지 행복할 뿐 결코 비참하지 않다.

깨달은 사람들도 불쾌감은 느낀다. 이따금 신발이 꽉 끼면 그들도 불편하다. 그러면 신발을 알맞게 수선하거나 다른 신발로 갈아 신을 뿐이다. 하지만 그들에게 불행이나 비참함은 결코 있을 수 없다. 그들의 지복, 그들의 환희에는 아무런 원인도 없기 때문이다. 원인이 없는 것을 없애는 방법은 없다. 그들의 행복은 그저 자신이 전체와 하나가 되어 매끄럽게 어우러져 있음을 느낄 때, 자신이 받아들여지고 있음을 느낄 때 찾아드는 행복이다. 그것이 지복이다.

깨달은 사람들이 사는 세상에는 '나'는 없고, 어떤 '너'도 없다. 나와 너는 사라지고 함께 하나인 것으로 존재하며, '하나인 것'의 리듬으로 된다. 그들은 전체와 하나가 된 것이다. 전체와 하나된 그들은 전체를 축복하고, 전체도 그들을 축복한다.

깨달은 사람들은 최상으로 확장되었다. 그들의 경계와 전체 우주의 경계에 분리가 사라졌다. 그들과 전체 우주는 똑같은 하나다. 별들이 그들 안에서 운행되고, 대지가 그들 안에서 태어나고 사라진다. 그들은 모든 것이 되었고, 모든 것은 그들이 되었으며, 그들은 우주만큼 커졌고, 그들 안에 모든 것을 담고 있다. 그들은 하나와 하나가 되어 하나를 체험한다.

제 **3**장

창조의 길

"하나는 창조자이자, 창조물이고, 창조 과정이다. 창조자와 창조물, 창조 과정 사이에는 아무런 구분도 없고, 그것들은 하나로 귀결되는데, 그것이 창조성이다. 그러므로 하나는 창조성이다. 하나의 창조성은 온 세상에 두루 퍼져 있고 모든 것에 현존하는 것으로, 창조라는 현상 그 자체이다. 하나의 창조성은 우주변화의 근원적인 힘이고, 하나 자신을 생생하게 살아있게 하는 원동력이다.

나 또한 창조자이자 창조물이고 창조 과정이며 그 모든 것의 합인 창조성이다. 왜냐하면 나는 하나와 하나로서, 하나의 창조성을 그대로 빼닮았기 때문이다. 나의 창조성은 나를 변화시키는 근원적인 힘이고, 나 자신을 생생하게 살아있게 하는 원동력이다.

하나는 창조성이고 나 또한 창조성이므로 창조는 내가 하나에 참여하는 유일한 방법이다. 나는 창조 이외의 하나에 참여할 다른 수단은 가지고 있지 않다."

창조란 무엇인가

창조는 우주에 존재하지 않는 어떤 것을 새롭게 만들어내는 것이 아니다. 어느 누구도 우주에 존재하지 않는 어떤 것을 새롭게 만들어낼 수는 없다. 우주에 존재하지 않는 어떤 것도 나로 말미암아 새롭게 만들어지지는 않는 것이다. 우주를 구성하는 모든 것들은 이미 우주에 존재한다. 우주에서 존재하지 않던 것이 새롭게 존재하기 시작하거나, 우주에서 존재하던 것이 어느 날 갑자기 존재하기를 멈추는 것은 불가능하다. 과학자들은 아주 조그마한 원소 한 알도 그 존재를 우주에서 흔적도 없이 지울 수는 없다고 한다. 그것은 우주에서 단 한 방울의 물을 뺄 수도 없고, 더할 수도 없다는 의미이기도 하다.

우주는 그 자체로 완전하다. 완전한 우주에는 더 이상 필요한 것이 없고, 아무것도 버릴 것도 없다. 모든 것의 쓸모를 알고 그것들을 적재적소에 배치하면 쓸모없는 것이란 있을 수 없다. 우리는 이미 필요한 모든 것을 가지고 있다. 우리는 그저 가지고 있는 것들을 적재적소에 배치하고 쓰기만 하면 되는데 그것이 창조다. 그러므로 창조란 다시 배열하는 것이다. 창조란 이미 존재하는 것들을 재배열하는 방식으로 변화시키는 것이다. 마찬가지로 파괴란 어떤 존재를 우주에서 완전히 지워버리는 것이 아니다. 파괴란 배열되어져 있는 사물들을 그저 여기저기에 흩어 놓는 방식으로 재배열하는 것에 불과하다. 변화는 가능하지만 '파괴'는 불가능한 것이 우주이다.

창조는 위에서 아래로 흐른다. 창조는 시냇물이 흘러내리며 개울과

강을 형성하며 지형을 변화시키는 것과 유사한 방식으로 진행된다. 창조는 텅 빈 허공에서 물질로, 영혼에서 몸으로, 높은 차원에서 낮은 차원으로 흘러내리며 모든 것을 재배열한다. 높은 차원이 재배열되면 그보다 낮은 차원은 재배열된 높은 차원에 따라 재배열된다. 그러므로 창조가 진행되면 될수록 낮은 차원은 높은 차원을 닮아가게 된다.

이 우주에서 가장 높은 차원은 하나 차원이다. 그러므로 우주의 모든 것들은 가장 높은 차원인 하나 차원을 닮아가는 방식으로 창조된다. 그래서 우주의 모든 것들은 하나 차원을 닮을 수밖에 없고, 하나 차원을 닮은 우주의 모든 것들은 서로 닮은꼴의 형태로 존재하게 된다.

'하나의 법칙'은 우주를 재배열하는 창조법칙이다

하나의 법칙은 매 순간 우주를 재배열하여 단 하나의 우주를 창조한다. 하나의 법칙은 두 가지 방법으로 우주를 재배열한다.

첫째, 하나의 법칙은 우주의 모든 것들이 서로 끌어당겨 뭉쳐지게 하거나 밀어내어 흩어지게 하는 방식으로 우주를 재배열한다. 하나의 법칙이 우주의 모든 것들을 끌어당겨 뭉쳐지게 하거나 밀어내어 흩어지게 할 수 있는 것은 우주가 파동순환·회전·진동·떨림이기 때문이다.

우주는 파동이다. 은하계 차원은 거대한 파동이고, 소립자 차원은 빠르게 떨리는 미세한 파동이다. 이렇게 우주를 구성하는 모든 것들은 각자 고유의 주파수대를 지닌 파동이다. 그리고 그 모든 파동들은 하나로 합쳐져 물결치며 단 하나의 우주 파동으로 고동친다.

모든 파동은 자신의 파동 주파수와 조화되는 파동은 끌어당기고, 조화되지 않는 파동은 밀어낸다. 파동으로 구성된 우주에는 끌어당기는 힘과 밀어내는 힘이 존재하는 것이다. 끌어당기는 힘은 서로 조화되는 파동들이 서로 끌어당기며 하나의 파동으로 합쳐지는 힘이고, 밀어내는 힘은 서로 조화되지 않는 파동들이 서로 밀어내며 멀어지는 힘이다.

끌어당기는 힘과 밀어내는 힘은 우주 변화의 원동력이다. 끌어당기는 힘과 밀어내는 힘에 의해 우주는 팽창과 수축을 반복한다. 태양을 폭발하게 하고, 중성자별과 블랙홀을 탄생시키거나 소멸시키고, 새로운 은하계를 형성하는 것도 끌어당기는 힘과 밀어내는 힘의 조화다. 지구가 공전하는 동시에 자전하는 것도, 지구상의 모든 생명의 탄생과 진화의 원동력도, 빛이 파동이자 입자의 성질을 가지는 것도 끌어당기는 힘과 밀어내는 힘에서 비롯된다. 우주에 드러나는 모든 힘도 끌어당기는 힘과 밀어내는 힘의 합력이다. 중력·전자기력·강력·약력은 끌어당기는 힘과 밀어내는 힘의 합력이 각각의 차원에서 서로 다른 형태로 발현된 것에 불과하다.

끌어당기는 힘과 밀어내는 힘에 의해 우주는 재배열된다. 동일한 차원의 파동들이 서로 조화를 이루어 진동하며 서로 끌어당기고 뭉쳐져 더 큰 차원의 새로운 파동을 발산하는 물질로 재배열되거나, 그 반대로 서로 결합하여 하나의 물질을 형성하던 파동들의 떨림의 조화가 무너지면서 서로 밀어내고 멀어지면서 더 미세한 차원의 서로 다른 파동을 발산하는 물질들로 흩어지는 방식으로 우주는 재배열된다.

헤아릴 수도 없을 정도로 많은 동일하게 진동하는 텅 빈 허공들이 서로 끌어당기며 뭉쳐져 가장 미세한 극미세 소립자가 형성되고, 수많은 동일하게 회전하는 극미세 소립자들이 서로 끌어당기며 뭉쳐져 그보다 더 큰 미세 소립자로 재배열되며, 같은 방식으로 쿼크quark: 양성자, 중성자와 같은 소립자를 구성하고 있다고 생각되는 기본적인 입자, 소립자, 원소, 분자, 행성, 태양계, 은하계가 차례대로 뭉쳐지며 재배열되고 있는 동시에 그 반대 과정을 거치며 그것들은 붕괴되며 재배열되고 있다. 이렇게 하나의 파동으로 물결치는 우주는 끌어당기는 힘과 밀어내는 힘에 의해 모든 순간마다 재배열되는 방식으로 창조되고 있다.

둘째, 하나의 법칙은 텅 빈 허공이 눈에 보이게 만듦으로써 우주를 창조한다. 하나의 법칙이 텅 빈 허공을 우리의 눈에 보이게 할 수 있는 것은 우주가 파동순환·회전·진동·떨림이기 때문이다.

무엇인가가 빠르게 회전하면 회전 반경 내에는 회전하는 물체로 가득 차 있는 것처럼 보이게 된다. 예를 들면, 선풍기가 아주 빠르게 회전하면 선풍기의 날개 숫자를 볼 수 없을 뿐만 아니라 둥근 판이 회전하고 있는 것처럼 보이고, 그것이 더 빨리 돌면 날개 사이의 틈을 인식할 수도 없게 되면서 전체를 하나의 단단한 금속판으로 여기게 된다.

하나의 원소는 원자핵과 그 주위를 돌고 있는 전자로 이루어진다. 원자핵과 전자 사이의 거리를 크기 비율로 계산하면 태양과 지구 사이의 거리와 비슷하다. 원자핵이 농구공의 크기라면 전자는 농구공을 중심으로 30km 바깥의 궤도를 돌고 있는 콩알 정도라고 생각해도 좋을 것이다. 그런데 콩알이 농구공 주위를 너무도 빨리 돌고 있어서 30km 반경 크기의 원소가 존재하는 것처럼 여겨지게 되는데, 이런 방식으로 텅 빈 허공은 물질로 드러나게 된다.

텅 빈 허공이 빠르게 진동하며 가장 미세한 극미세 소립자들이 존재하는 것처럼 여겨지게 되고, 극미세 소립자들이 빠르게 회전하며 그보다 더 큰 미세 소립자들이 존재하는 것처럼 보이게 되고, 같은 방식으로 쿼크, 소립자, 원소, 분자, 행성, 태양계, 은하계가 차례대로 존재하는 것처럼 보이게 되는 방식으로 물질우주는 창조된다.

그러나 그 모든 것은 텅 빈 허공에서 비롯된 텅 빈 허공으로, 눈에 보이는 모든 물질의 본질은 텅 빈 허공이다. 그래서 선각자들은 물질을 '공'이라고 한 것이다.

존재 · 생각 · 말 · 행동에 관하여

모든 것은 자신의 파동을 외부로 발산한다. 은하계·태양계·행성과 같은 차원의 우주는 거대한 파장의 파동을 발산하고, 분자·원소·소립자와 같은 차원의 우주는 빠르고 미세한 파동을 발산한다. 외부로 발산된 파동 에너지는 동심원을 그리면서 끝없이 우주로 퍼져 나간다.

나도 지금 이 순간 물결모양의 파동 에너지를 사방팔방으로 내보내고 있다. 나로부터 발산된 파동 에너지는 다른 파동 에너지와 교차하며 만나 서로 끌어당겨 뭉쳐지거나 밀어내어 흩어짐으로써 우주를 재배열하며 창조한다.

나로부터 발산된 파동 에너지가 우주를 재배열하고 있음을 보여주는 좋은 예가 있다. 『물은 답을 알고 있다』의 저자인 에모토 마사루江

^{本勝}는 눈의 결정은 하나하나가 모두 다르다는 점에 착안하여 물에도 결정이 있을 것이라는 아이디어를 얻는다. 그는 물을 얼려 그 결정을 사진으로 찍는 작업을 시작한다. 이렇게 8년 동안 물 결정 사진을 찍으며 그는 놀라운 발견을 한다. '사랑'이나 '감사'와 같은 긍정적인 말을 들려준 물 결정은 아름다운 육각형으로 나타나지만, '망할 놈'이나 '바보'와 같은 부정적인 말을 들려준 물 결정은 보기에도 흉하게 일그러진다는 것이다. 이런 현상은 사용하는 언어와는 상관없이 동일한 결과가 나타났으며, 말뿐만 아니라 같은 내용을 적은 글이나 사진 등을 보여주어도 같은 결과를 얻을 수 있었다.

물 분자는 진동^{떨림}한다. 하나의 물 분자를 구성하는 산소 원소 한 개와 수소 원소 두 개는 다양한 형태로 끊임없이 빠르게 진동하는 방식으로 결합하여 하나의 물 분자를 구성하고, 이런 방식으로 구성된 수많은 물 분자들은 다양한 형태로 끊임없이 빠르게 진동하며 서로 엉겨 붙어 하나의 물방울을 형성한다.

말은 파동이다. 모든 파동은 말의 파동의 영향을 받지만, 특히, 물 분자는 말의 파동에 예민하게 반응한다. 말의 파동 주파수와 물 분자의 진동주파수가 잘 조화되기 때문이다. 진동하는 물 분자는 말의 파동의 영향을 받아 미세하게 진동의 형태를 바꾸며 주위의 물 분자들과 뭉치거나 흩어지게 되는데, 이런 방식으로 재배열된 물 분자들의 결합 형태를 에모토 마사루는 사진으로 찍은 것이다. 말에서 발산된 파동이 물 분자의 진동형태를 재배열함으로써 새로운 우주가 창조되는 장면을 사진으로 포착한 것이다.

물은 참으로 신비로운 물질이다. 물은 지구 표면의 70퍼센트 이상을 뒤덮고 있으면서 모든 생명과 에너지 이동의 바탕이 된다. 물이 생명이고, 생명의 근원은 물이다. 물은 모든 생명의 알파이자 오메가이다. 텅 빈 허공은 우주의 물이다. 우주는 텅 빈 허공으로 가득 찬 바다다. 그러므로 텅 빈 허공은 우주에 충만한 바닷물이고, 우주의 근원이다. 모든 것은 텅 빈 허공에서 나와 텅 빈 허공으로 돌아간다. 텅 빈 허공은 시작이자 끝이고, 알파이자 오메가이다.

생명의 근원인 물이 말의 파동에 따라 이리저리 형태를 바꾸며 재배열되듯이, 우주의 근원인 텅 빈 허공은 존재의 파동에 따라 재배열된다. 그것은 존재의 파동 주파수와 텅 빈 허공의 파동 주파수는 서로 잘 조화되기 때문이다. 가장 미세한 차원인 텅 빈 허공은 가장 미세한 존재의 파동에 예민하게 반응하는 것이다.

존재는 영혼의 기능이다. "나는 누구인가?"라는 질문에 "나는 ~이다"라고 선언하는 것이 나의 존재다. "나는 ~이다"라고 선언함에 따라 새롭게 탄생한 존재는 매 순간 진동하며 자신의 파동을 끊임없이 외부로 발산한다. 존재의 파동은 둥글게 동심원을 그리며 우주로 퍼져 나간다. 그 무엇보다도 미세한 존재의 파동은 지구와 달, 분자, 원자, 소립자를 뚫고 끝없는 우주로 퍼져 나가면서 텅 빈 허공의 바다에 다양한 형상과 색조의 무늬를 수놓는다.

존재의 떨림이라는 가장 미세한 파동은 가장 미세하고 잔잔한 텅 빈 허공의 바다에 공명을 일으켜 텅 빈 허공을 떨리게 한다. 존재의 파동에 공명한 텅 빈 허공의 떨림은 동일하게 진동하는 다른 텅 빈 허공들과 서로 달라붙으며 뭉쳐져 암흑 에너지 또는 그보다 더 미세한 차원의 우주를 형성한다. 끌어당기는 힘이 작용한 것이다. 다시 동일하게 진동하는 암흑 에너지들은 서로 달라붙어 뭉쳐지며 암흑물질을 형성하고, 암흑물질은 쿼크를, 쿼크는 소립자를, 소립자는 원소를, 원소는 분자를 형성하게 된다. 이런 방식으로 엄청난 양의 텅 빈 허공이 뭉쳐져 커지면서 우리 앞에 나타나는 것이 물질이고 현실이다.

그것은 높은 산에 내린 빗물이 바다로 흘러가며 모든 것을 변화시키는 것과 유사하다. 텅 빈 허공은 끝없이 평탄하게 펼쳐진 가장 높은 산의 정상이다. 텅 빈 허공에서의 모든 것은 평탄하게 펼쳐진 정상의 한 부분으로 존재할 뿐 분리된 것은 아무것도 없다. 물도 흐름도 평탄한 정상과 하나로 존재한다. 그런데 "나는 ~이다"라고 선언하는 나의 존재로부터 발산되는 존재의 파동에 의해 평탄하던 정상은 갈라지고 기울어지며 샘이 솟고 물길이 열리며 창조의 시냇물이 흐르기 시작한다. 존재의 파동에 의해 텅 빈 허공이 재배열되면서 창조가 시작된 것이다.

텅 빈 허공에서 시작된 창조의 시냇물은 아래로 흘러내리며 그보다 낮은 모든 차원들을 재배열한다. 내가 나라고 선언한 존재의 떨림은 텅 빈 허공 차원뿐만 아니라 물질 차원까지도 재배열하는 것이다. "나는 ~이다"라고 선언한 존재가 텅 빈 허공, 암흑 에너지, 암흑물질, 쿼크, 소립자, 원소, 분자 등등의 물질 차원을 차례대로 재배열시키며 그 모습을 현실에 드러내는 것이다. 존재가 존재를 부른 것이다.

이런 방식으로 우주는 나의 존재 상태에 따라 재배열된다. 내가 기쁨으로 존재하면 우주도 기쁨으로 재배열되고, 내가 슬픔으로 존재하면 우주 또한 슬픔으로 재배열된다. 내가 축복을 받으면 전 우주도 축복을 받게 되고, 내가 절망하고 좌절 속에 빠지면 전 우주도 절망하고 좌절하게 된다. 나의 존재 상태에 따라 우주는 완전히 달라지는 것이다. 그래서 세상은 나의 존재 상태에 따라 그토록 달라 보였던 것이다.

존재는 생각과 말과 행동으로 드러나며 계속해서 우주를 재배열한다. 생각은 마음의 기능이다. 생각은 미묘하면서도 엄청나게 강력한 파동 에너지다. 생각은 미세한 차원의 우주에 직접적으로 영향을 미침으로써 현실을 창조하는 정말 강력한 수단이다. 생각의 파동도 동심원을 그리며 끝없는 우주로 퍼져 나가며 동일하게 진동하는 것들은 끌어당기고, 이질적으로 떨리는 것들은 밀어내는 방식으로 현실을 창조한다.

말은 마음과 몸의 기능이다. 말은 표현된 생각이다. 말은 생각보다 덜 미묘하지만 더 짙은 파동 에너지다. 말의 파동도 몸을 중심으로 둥글게 퍼져 나간다. 말의 파동이 직접적으로 울려 퍼지는 범위는 생각의 파동이 직접적으로 퍼져 나가는 범위에 비해 매우 좁다. 그러나 말의 파동은 그 영향이 미치는 범위에서 직접적으로 매우 강력한 힘을 발휘할 뿐 아니라, 말의 파동에 의해 변화된 다른 물질의 파동을 통해 간접적으로 전 우주에 영향력을 행사한다. 말의 파동도 동일하게 진동하는 물질은 서로 끌어당기고, 이질적으로 진동하는 물질은 서로 밀어내는 방식으로 현실을 창조한다.

행동은 몸의 기능이다. 행동은 움직이는 말이다. 행동은 가장 짙은 파동 에너지다. 행동은 둔중한 물질 형태의 움직임 속의 에너지다. 행동은 물질세계를 직접적으로 변형시키는 파동이다. 모든 것은 행동에 달려 있다. 생각과 말로 내가 원하는 현실을 나에게 오게 할 수 있지만, 그것을 받는 것은 나의 행동을 통해서다. 반드시 행동이 뒤따라야 하는 것이다. 행동은 언제나 지금 이 순간이고, 과거나 미래에서 행동할 수는 없다. 지금 이 순간 이 자리에서 즉시 행동으로 옮기면 우주는 변화하고 현실은 창조된다.

행동에 의해 창조되는 현실의 변화는 눈으로 확인할 수 있지만, 말·생각·존재에 의한 현실의 변화는 눈에 보이지 않는다. 에모토 마사루의 물 결정 사진은 말의 파동이 다른 모든 것들을 재배열하고 있다는 사실을 보여준 한 가지 예다. 이제 과학은 생각이 미세한 입자의 움직임에 영향을 준다는 사실을 알아내기에 이르렀다. 앞으로 과학이 더욱 더 발달한다면 존재의 떨림에 의해 텅 빈 허공의 바다에 그려지는 아름다운 무늬를 포착하는 것도 가능하게 될 것이다.

이렇게 우주는 존재와 존재로부터 파생되는 생각·말·행동에서 발산되는 파동에 따라 합쳐지고 나누어지며 재배열된다. 하나의 법칙을 작동시켜 현실을 창조하는 첫 번째는 존재이고, 두 번째는 생각이며, 세 번째는 말이고, 그 끝은 행동이다. 그러므로 창조의 핵심은 '나는 누구인가'라는 물음에 대한 답으로서의 나라는 존재를 선택하는 것이고, 그렇게 선택한 존재에 생각과 말과 행동을 조율시키는 것이다.

닐 도널드 월시의 창조

닐 도널드 월시 Neale Donald Walsch 는 이 시대의 선각자다. 그는 생각과 말과 행동을 조절함으로써 삶의 창조자가 되는 방법을 가르쳤다. 그의 가르침을 옮겨보았다.

먼저, 생각을 조절하는 방법이다. 생각은 아주 명확해야 한다. 되고 싶고, 하고 싶고, 갖고 싶은 게 무엇인지 생각해야 한다. 그것이 불명확하다면 뚜렷하게 명확해질 때까지 자꾸자꾸 생각해야 한다. 생각이 아주 명확해지면 다른 것들은 일체 생각하지 않아야 한다. 그 생각과 다른 어떤 가능성도 생각하지 않아야 한다. 나의 의식구조에서 부정적인 생각들을 모조리 떨쳐버려야 한다. 모든 비관주의를 잊고, 모든 의심을 버리고, 모든 두려움을 거부해야 한다. 애초의 창조적인 생각을 굳게 지킬 수 있도록 마음을 훈련시켜야 한다. 이렇게 생각이 명확해지기 위해서는 자신의 생각을 점검하는 법, 자신이 생각하는 것에 대해 생각하는 방법을 배워야 한다. 어떤 것에 대해 나의 가장 고귀한 관념을 부정하는 생각을 한다면 다시 생각하면 된다. 자신이 우울하고 곤경에 빠져 있으며 이런 상태에서는 어떤 좋은 일도 생길 리 없다고 생각하고 있으면 다시 생각하면 된다. 세상이 좋지 않은 사건들로 가득 찬 몹쓸 곳으로 생각하고 있다면 다시 생각하면 된다. 나의 삶이 조각나고 있어서 두 번 다시 그것을 다시 모을 수 없을 것처럼 생각하고 있다면 다시 생각하면 된다. 나의 인생이 옴짝달싹할 수 없을 정도로 꽉 막혀있는 것처럼 생각하고 있다면 다시 생각하면 된다.

다음은, 말을 조절하는 방법이다. 생각들이 명확하고 확고부동할 때 그것들을 진리라고 말하기 시작해야 한다. 큰 소리로 기회가 있을 때마다 다른 사람들에게 '나는'이라고 외쳐야 한다. '나는'은 우주에서 가장 강력한 창조력을 지닌 말이다. '나는'이라는 말은 그다음에 오는 생각과 말이 무엇이든 그 체험들에 시동을 걸고, 그 체험들을 불러내며, 그 체험들을 가져다준다. 우주는 호리병 속에 든 요정처럼 '나는'에 응

답한다. '나는'이라는 말 뒤에 따라오는 건 뭐든지 현실에서 그대로 실현된다.

　마지막으로, 행동과 말로 뿌리 생각을 바꾸는 방법이다. 뿌리 생각은 다른 모든 생각들의 뿌리가 되고 밑받침이 되는 생각이다. 뿌리 생각이 자신의 체험에서 나온 생각이 아닌 남들의 체험에서 나온 낡은 생각일 때 창조는 원본이 아닌 복사본만을 찍어내는 것으로 왜곡될 수밖에 없다. 그러나 나에게 깊이 뿌리 내린 낡은 '뿌리 생각root thought'을 바꾸기는 쉽지 않다. 낡은 뿌리 생각을 바꾸고 싶다면 자신이 가진 새로운 생각에 따라 먼저 행동하면 된다. 하지만 재빨리 움직여야 한다. 안 그러면 자신이 미처 알아차리기도 전에 마음이 새로운 생각을 죽이기 때문이다. 그러니 새로운 생각을 실행할 기회가 오면 재빨리 행동하고 말하면 된다. 이런 방식으로 충분할 만큼 자주 반복하다 보면 얼마 안 가서 마음은 그 새로운 생각을 뿌리 생각으로 받아들이게 되고 그를 근거로 자기 자신을 독창적인 원본으로 창조하게 된다.

　—『신과 나눈 이야기Conversation with God』중에서

　닐 도널드 월시는 생각과 말과 행동을 조절함으로써 나 자신의 주인이 되라고 강조한다. 그는 깨어서 생각하고 말하고 행동한다면 내가 원하는 체험을 하게 될 것이라고 가르친 것이다.

네빌 고다드의 창조

네빌 고다드 Neville Goddard 는 창조의 법칙, 그중에서도 존재가 모든 것을 창조하는 원리를 명확하게 이해한 선각자 가운데 한 사람이다. 그는 자신이 원하는 존재를 의도적으로 상상함으로써, 자신이 원하는 존재를 선택하는 방법을 가르쳤는데 그 가르침의 핵심을 간추려보았다.

첫 번째 방법은 '상상하는 것'이다. 자신이 진정으로 원하는 것이 무엇인지 스스로 명확하게 알고 상상해야 한다. 상상의 힘을 증가시키기 위해서는 몸을 움직이지 말고 잠과 비슷한 상태 속으로 들어가는 것이 효과적이다. 몸을 움직이지 않으면서 잠과의 경계 상태인 졸린 상태를 만든 후, 이런 상태에서 원하는 것이 이루어진 것을 나타내는 하나의 사건을 단일한 행동으로 한정시켜 상상하면 된다. 성공한 후 어떤 사람과 악수하는 사건을 구상하는 것은 그 좋은 예다. 단일한 행동 하나만을 상상해야 한다. 악수하고 나서 담배에 불을 붙이고 그 외의 수많은 일들을 해서는 곤란하다. 단순하게 악수를 하는 것을 계속 반복하고 반복해 상상해서 그것들이 현실적인 느낌을 가지도록 해야 한다. 사건 안에서 나 자신은 반드시 주인공이 되어야 한다. 구경꾼이 아닌 주인공이 되어 그 사건에 직접 참여해야 한다.

두 번째 방법은 '느끼는 것'이다. 상상 속에서 원하는 결과가 이루어진 느낌을 사실처럼 받아들여야 한다. 나 자신이 마음속으로 구상했던 단일한 행동 속에 있다고 느끼고, 실제로 지금 여기서 그 행동을 하고 있는 것을 느끼면 된다. 다른 곳을 이곳으로 느끼고, 미래가 아닌 현재로 느끼는 것이 중요하다. 단지 뒤로 물러나서 그 장면들을 보고 있는 것이 아니라 실제로 그 행동을 하고 있다고 느껴야 한다. 그래서 마음속의 영상 안에서 느껴지는 감각들이 나 자신에게 있어서는 현실처럼 다가와야 한다.

세 번째 방법은 '그 결과와 일체화되는 것'이다. 마치 자장가처럼 소원이 이루어져 더 높은 권능에게 감사하듯이 "감사합니다. 감사합니다. 감사합니다"와 같은 소망이 성취된 것을 나타내는 짧은 문장을 반복하는 방식으로 그 결과와 하나가 되는 것이 중요하다.
　—『네빌 고다드 5일간의 강의』 중에서

네빌 고다드는 내가 원하는 것은 이미 나에게 주어져 있지만, 나의 3차원적인 의식이 그것을 믿지 않기 때문에 믿음대로 나에게 주어져 있지 않은 것으로 나타나는 것이라고 한다. 그러므로 이런 방식으로 내가 원하는 것이 이미 이루어졌다고 상상하고 느끼고 말하면 그것은 현실로 드러나게 된다고 말한다. 그는 의식과 무의식의 경계선에서 자신이 원하는 것을 의도적으로 상상하고, 그것을 느끼고 체험하며 미리 감사하는 말을 하는 방식으로 자신의 존재를 선택함으로써 원하는 현실을 창조하는 정말 효과적인 방법을 우리에게 전한 것이다.

그리스도의 창조

그리스도는 존재·생각·말·행동으로 모든 것을 자유자재로 창조했던 대표적인 선각자다. 그것은 그가 자신이 어떤 존재인지를 명확하게 알았고, 에너지와 물질을 어떻게 다루며, 어떻게 재배열하고, 어떻게 재분배할 수 있는지 이해하고 있었기 때문에 가능한 일이었다.

그리스도는 언제나 그가 바라는 것으로 먼저 되어_{존재하고} 있었다. '바라는 것으로 먼저 존재하는 것'은 창조의 핵심이다. 바라는 것으로 먼저 존재했을 때 그 존재의 떨림은 외부로 발산되면서 모든 것을 재배열하며 창조하기 때문이다. 그는 이 비밀을 알고 있었기에 자유롭게 모든 것을 창조할 수 있었다. 그가 바라는 것으로 먼저 존재하였음은 그의 앎과 감사를 통해 알 수 있다.

자신이 바라는 것으로 존재하기 위해서는 자신이 그러한 존재임을 알고 그것을 이해해야만 한다. 자신이 자신이라고 진정으로 이해하지 못하는 어떤 것으로 존재하기란 불가능하기 때문이다. 그러므로 바라는 것으로 먼저 존재하기 위해서는 자신이 바라는 것은 반드시 창조되고 자신에게 그런 창조의 힘이 있다는 앎이 반드시 필요하다. 여기서 앎은 이해라는 의미에서 앎이지 유식하다는 의미에서의 앎이 아니다. 그리스도는 유식하지 않았다. 그리스도는 정보와 지식에 관심이 없었다. 그의 관심사는 앎이지 지식이 아니었다.

그리스도는 자신이 창조주의 아들로서 창조주와 하나라는 진리를 명확히 알고 있었다. 그리고 그는 기회가 있을 때마다 '하나님과 나는 하나'라고 선언하는 방식으로 자신의 앎을 드러내곤 했었다. 그는 언제나 하나^{영혼·텅 빈 허공} 차원의 앎으로 존재했던 것이다. 이런 앎은 있는 그대로의 자기 자신을 보게 하고, 자신이 바라는 것은 당연히 창조된다는 확신을 가지게 만든다.

그리고 이런 확신은 강력한 감사로 표현된다. 자신이 바라는 현실이 창조되기도 전에 미리 감사하는 것이다. 받는 것이 확실하다면 미리 감사하는 것은 너무도 당연한 일이다. 그러므로 자신이 체험하기로 선택한 체험에 대해 그것을 받기도 전에 미리 하는 감사, 그것은 이미 자신이 그것으로 존재하고 있음을 전 우주에 선포하는 것이다.

그러므로 미리 하는 감사는 최고의 긍정이고, 존재에 이르는 가장 단순하고도 강력한 말이며, 모든 것을 창조하는 원동력이다. 말과 행동으로 옮겨진 감사가 그 결과가 이미 만들어졌음을 깨닫는 데서 온 것일 때, 그것은 놀라운 결과를 낳는다. 먼저 감사하면, 감사하는 것으로 존재하게 되고, 존재는 텅 빈 허공을 현실로 변화시키며 창조로 이어지기 때문이다.

자신이 창조주와 하나임을 아는 그리스도는 자신의 선언이 이루어지지 않을 것이라고는 털끝만큼도 의심하지 않았다. 아니 그는 자신의 선언이 이미 그대로 이루어졌음을 이해했다. 그래서 그는 언제나 "아버지, 저의 말을 들어주셔서 감사드리옵니다"라고 미리 감사하며 기도했다. 자신이 바라는 모든 것이 이미 이루어졌음을 아는 그로서는 미리 감사하지 않을 도리가 없었던 것이다. 이렇게 그는 앎과 감사로 만사를 창조했다.

또한 그리스도는 생각과 말과 행동의 창조력을 이해하고 있었다. 그의 생각·말·행동은 언제나 하나님과 자신은 하나라는 앎에서 파생된 것으로 그의 생각·말·행동은 그의 앎을 그대로 반영하고 있었다. 그의 존재와 생각·말·행동은 한순간도 분열되지 않았고, 그의 영혼과 몸은 모든 순간에 하나로 현존했었다.

이렇게 그리스도는 존재·생각·말·행동을 하나로 작동시킴으로써 모든 것을 창조하는 창조의 비밀을 알고 있었기에 "지니고 있으면 지니고 있는 만큼 더 많은 것이 주어진다. 아무것도 지니고 있지 않으면 있는 것마저 빼앗기리라"라는 지극히 역설적인 말을 할 수 있었다.

그것은 무엇이든 자신의 존재를 즐기고 고마워하면, 그것이 무엇이든 즐기고 감사하는 만큼 더 많은 축복을 받게 되고 더 많이 창조하게 된다는 말이다. 반대로 자신의 존재를 고마워하지 않은 자는 무엇을 지니고 있어도 그것을 잃게 된다는 말이다.

또한 그것은 자신이 되기를 바라는 것, 자신이 갖기를 바라는 것을 창조하려면 먼저 그것으로 존재하고 감사함으로써 창조의 씨앗을 뿌리라는 말이다. 더 많은 사랑을 창조하려면 먼저 사랑으로 존재하고 그것에 감사하는 방식으로 사랑의 씨앗을 뿌리고, 더 많은 평화를 창조하려면 먼저 평화롭게 존재하고 그것에 감사하는 방식으로 평화의 씨앗을 뿌리며, 더 많은 부를 창조하려면 먼저 풍요롭게 존재하고 그것에 감사하는 방식으로 풍요의 씨앗을 뿌리고, 어떤 것을 더 많이 가지려면 먼저 그것을 주는 자로 존재하고 그것에 감사하는 방식으로 그 어떤 것의 씨앗을 뿌리라는 말이다. 그렇게 씨앗을 뿌리면 그 씨앗은 뿌리를 내리고 싹을 틔워 거대한 나무로 성장하여 열매를 맺어 추수하게 되는데, 그것이 창조라는 것을 그리스도는 가르쳤던 것이다.

앎은 창조의 핵심이다

나 또한 그리스도처럼 나의 존재를 선택하고 그것으로 존재함으로써 모든 것을 창조하여 적재적소에 배치할 수 있다. 눈이 있어야 할 곳에 눈을, 귀가 있어야 할 곳에 귀를, 머리가 있어야 할 곳에 머리가 있게 하여, 삶에 제자리를 찾아 줄 수 있는 것이다.

문제는 나의 앎이다. 왜냐하면 나의 앎의 수준에 따라 나의 존재를 결정할 수 있는 힘이 나에게 주어지기 때문이다. 나의 존재를 자유자재로 선택할 수 있는 힘을 가지려면 그리스도처럼 나의 앎의 수준이 하나_{텅 빈 허공·영혼} 차원으로 올라서야만 한다. 왜냐하면 하나 차원은 정해진 운명이나 인과법칙에 얽매이지 않고 모든 것을 자유자재로 창조하는 자유의 영역이기 때문이다. 그래서 그리스도는 "먼저 신의 왕국을 구하라. 그러면 그 밖의 모든 것은 저절로 얻을 것이니"라고 말한 것이다. 그는 하나 차원에서 존재하면 모든 것을 자유롭게 창조하게 된다는 것을 가르친 것이다. 그러므로 나의 앎의 수준이 하나 차원으로 올라서게 되면 자유롭게 모든 것을 창조하는 자유의 삶을 살아가게 된다.

하지만 만일 나의 앎의 수준이 물질 차원에서만 머무른다면 나에게는 나의 존재를 선택할 수 있는 힘이 전혀 없게 되고, 따라서 내가 진정으로 원하는 어떤 것을 창조하는 것은 불가능하게 된다. 왜냐하면 물질 차원은 인과_{因果}법칙에 따라 필연적으로 돌고 도는 속박의 영역이기 때문이다. 따라서 나의 앎의 수준이 물질 차원에서만 머무른다면 나는 나의 의지와는 상관없이 필연적이고 속박된 삶을 반복하게 된다.

그렇다면 하나^{텅빈 허공·영혼} 차원으로 앎의 수준을 끌어올리려면 어떻게 해야 하는가?

나의 영혼을 체험하면 된다. 나의 영혼을 체험하는 순간 나는 하나 차원에서 깨어나게 된다. 하나 차원에서 깨어나게 되면 나의 앎의 수준은 하나^{텅빈 허공·영혼} 차원으로 올라서게 되고, 모든 것은 하나임을 명확하게 알게 된다. 그러므로 깨어나게 되면 나는 하나와 하나로 존재하는 하나라고 생각하게 되고, 따라서 당당하게 "나는 하나님의 유일한 독생자이고, 창조주와 나는 하나다"라고 말할 수 있게 되며, 자연스럽게 창조주로서 행동하게 된다.

그러므로 깨어나게 되면 나는 나에게 주어진 창조의 힘과 권능을 자유롭게 행사하게 된다. 나는 내가 원하는 나의 존재를 자유로이 선택하게 되고, 그렇게 선택된 존재에 걸맞은 생각과 말과 행동을 하게 되므로 원하는 삶을 자유자재로 창조하게 된다.

이것이 모든 것이다. 이것이 그리스도를 비롯한 수많은 선각자들이 우리에게 전해주고 싶어 하던 창조의 비밀의 핵심이고 모든 것이다. 그래서 그들은 우리에게 모든 것은 하나임을 알라고 말하고 또 말했던 것이다.

나의 창조

나에게서 시작된 파동은 둥글게 동심원을 그리며 우주로 퍼져 나가다가 가장 먼저 닿는 것은 나의 몸이다. 왜냐하면 나에게서 시작된 파동이 가장 먼저 이르는 곳이 나의 몸이기 때문이다. 그러므로 나의 몸은 나의 존재와 생각·말·행동의 파동으로 인해 가장 쉽게 재배열되며 창조되는 영역이다.

몸은 파동이다. 몸은 수천 조, 수천 경의 미세한 파동들이 결합된 하나의 거대한 덩어리, 존재·생각·말·행동으로 통제할 수 있는 에너지 덩어리로 응고된 물질이다. 몸은 이 미세한 파동들이 자체에너지를 다 써버리고 나면 그것들을 버린다.

그러면 나는 '나는 누구인가'라는 물음에 대한 답으로 특정한 존재를 선택하고, 그것은 끊임없는 생각과 간헐적인 말·행동으로 드러난다. 선택된 존재·생각·말·행동은 파동을 발산하고, 그것은 동일하게 진동하는 파동들을 포착해서 몸이라는 물질로 결정화시키는 방식으로 계속적으로 몸을 창조한다.

그러므로 긍정적인 존재·생각·말·행동은 건강한 몸을 창조한다. 건강, 완전함, 기쁨, 사랑, 진리, 조화, 균형 등등으로 존재하면, 몸은 이런 존재의 진동주파수와 공명하는 파동들을 포착하여 건강한 몸으로 재배열한다. "나는 완벽해" "나는 최고야" "나는 멋져"라는 식으로 생각하고 말하고 행동해도, 몸은 그 생각·말·행동의 핵심인 긍정적인 파동을 포착하여 건강한 몸으로 재배열한다.

반대로 부정적인 존재·생각·말·행동은 병약한 몸을 창조한다. 질병, 불완전함, 슬픔, 미움 등등으로 존재한다면, 몸은 이런 존재의 진동주파수와 공명하는 파동들을 포착하여 질병이라는 물질로 재배열한다. "나는 형편없는 놈이야", "내 인생은 끝났어", "죽고 싶어"라는 식으로 명확하지 않게 생각하고 말하고 행동해도, 몸은 그 생각·말·행동의 핵심인 부정적인 파동을 포착하여 병약한 몸으로 재배열한다.

이런 방식으로 몸은 흐른다. 흐르는 몸의 세포들은 하루에 수천억 개에서 1조 개씩 바뀌어 몇 년이면 모든 세포들이 완전히 바뀌게 된다. 그러므로 나는 나의 존재·생각·말·행동을 조절함으로써 몇 년 후의 나의 몸을 완전히 다른 몸으로 재배열할 수 있다.

이렇게 몸은 나의 존재와 생각·말·행동에 의해 그 어떤 물질보다도 쉽게 재배열되며 창조되고, 이러한 창조 과정은 지금 이 순간에도 끊임 없이 진행되고 있다. 몸은 내가 창조자이자 창조물이고 창조 과정임을 나에게 몸소 보여주고 있는 것이다.

그런데 나의 몸은 미세한 영역으로는 세포·미생물·분자·원소·텅 빈 허공 차원으로, 광대한 영역으로는 지구·태양계·은하계 차원으로 연결되며 그 모든 차원들의 총합인 우주로 존재한다. 그러므로 전체 우주는 나의 몸이다. 또한 전체 우주는 너의 몸이기도 하고 모든 생명, 모든 존재의 몸이기도 하다. 그야말로 우주의 모든 것들은 하나의 몸을 공유하고 있는 것이다.

그러므로 우주는 우리들 모두의 존재와 생각·말·행동에 의해 재배열되며 창조된다. 우리로부터 퍼져 나간 존재와 생각·말·행동의 파동들은 서로 합쳐지고 나누어지며 재배열되는 방식으로 전체 우주를 창조하고 있고, 이러한 우리의 창조 과정은 태초부터 지금까지 그리고 앞으로도 영원히 계속된다. 그래서 『성경』은 "우리We의 형상을 따라 우리의 모양대로 우리가 사람을 만들어 그로 하여금 모든 것을 다스리게 하자 하시고, 하나님이 자기 형상形象 곧 하나님의 형상대로 사람을 창조하시되 남자와 여자를 창조하시고 ~"라고 적고 있다. 이것은 우리가 천지天地를 창조한 창조자들이고, 우리가 곧 하나이며, 우리가 창조한 창조물이 바로 우리 자신이라고 선언한 것이다. 모든 창조는 자기 창조 self-creation인 것이다.

　그렇다. 우리는 창조자이자 창조 과정이고 창조물이다. 우리가 모든 것을 창조한 창조주이고, 창조된 모든 것은 하나인 우리 자신이며, 변화하며 창조하는 우리의 창조 과정은 끝없이 계속된다.

제 **4**장

순환의 길

"나는 몸이다. 몸은 돌고 도는 방식으로 순환하며 변화한다. 몸의 순환이 균형을 유지하며 조화롭게 변화하는 것이 건강이고, 균형을 잃으며 조화를 상실하는 것이 질병이다. 그러므로 건강한 몸으로 존재하기 위해서는 반드시 순환을 이해해야만 한다.

순환은 하나의 운행원리다. 모든 것은 순환으로 창조되어, 순환으로 존재하다가, 순환 속으로 사라진다. 그러므로 순환은 분리되지 않는 하나이다. 하나로 존재하는 순환은 하나의 관점에서 통합적으로 볼 때만 있는 그대로의 순환을 이해하게 된다.

또한 순환은 인과율(因果律)에 따라 필연적으로 변화하는 원리다. 원인이 있기 때문에 결과가 있고, 그 원인도 그 앞에 있는 다른 원인의 결과이며, 그 다른 원인도 그 앞에 있는 또 다른 원인의 결과다. 과학은 순환의 원인과 결과를 규명하는 학문이다. 과학은 하나로 존재하는 순환을 수많은 조각으로 분리하고 그것들을 더 작은 조각으로 나누어 분석하는 방식으로 원인과 결과의 필연성을 밝힌다. 그러므로 과학은 순환을 이해하기 위한 유효한 도구이다.

따라서 하나의 통합적인 관점에서 있는 그대로의 순환을 보는 동시에 과학의 미시적인 분석법을 사용하여 순환의 원인과 결과를 탐구해야만 순환을 제대로 이해하게 된다.

그래서 순환을 횡(橫)으로는 에너지 차원·원소 차원·분자 차원·미생물 차원으로, 종(縱)으로는 흙 순환·물 순환·불 순환·공기 순환으로 나누고 각각을 하나의 관점에서 통합적이자 분석적으로 살펴보았다."

에너지 차원

에너지^氣는 돌고 도는 흐름_{떨림·진동·회전·순환}이다. 에너지는 흐름인 것이다. 모든 차원은 흐른다. 쿼크, 소립자, 원소, 분자, 지구, 태양계, 은하계, 전체 우주에 이르기까지 모든 차원은 흘러가는 에너지로 존재한다.

텅 빈 허공도 흐른다. 텅 빈 허공은 흐름으로만 존재한다. 흐름의 주체는 사라지고 흐름만이 남아 있는 텅 빈 허공의 흐름은 순수 에너지다. 또한 텅 빈 허공은 하나다. 그러므로 순수 에너지는 하나의 흐름으로 존재한다.

높은 차원의 흐름은 낮은 차원의 흐름의 형태를 결정한다. 에너지 차원은 물질 차원보다 높은 차원이고, 순수 에너지는 가장 높은 차원의 에너지 흐름이다. 그러므로 순수 에너지의 흐름에 따라 모든 에너지의 흐름이 결정되고, 에너지의 흐름에 따라 물질은 재배열된다. 우주 에너지의 흐름에 따라 은하계가 흘러가며 재배열되고, 지구 에너지의 흐름에 따라 바람이 불고 물이 흐르며 화산이 폭발하고 지진과 태풍이 발생하면서 지구가 재배열되며, 몸 에너지의 흐름에 따라 피가 흐르고 살과 뼈가 형성되며 건강과 질병이 교차하게 된다.

에너지의 흐름은 잠시 한곳에서 맴돌면서 에너지체[氣體]를 형성하는데, 그것이 물질이다. 그러므로 물질은 에너지체[氣體]이고, 에너지 흐름의 한 가지 형태다. 한 자리에서 맴돌며 순환하던 에너지 흐름이 흩어지면 물질도 흩어지며 사라지게 된다.

전체 우주·은하계·태양계·지구는 에너지가 소용돌이치며 흐르는 장대한 에너지체들이고, 나의 몸은 그 안에서 그들을 닮은 형태로 에너지가 흐르는 작은 에너지체이다. 나의 몸에는 몸을 닮은 더 작은 에너지체들이 존재하는데 그것이 팔·다리·머리·몸통 등이고, 그것들은 닮은꼴의 더욱더 작은 수많은 에너지체들을 품고 있는데 그것이 손·발·눈·귀·코·각종 내장기관·근육·골격 등이다. 또한 그것들은 닮은꼴의 미세한 셀 수도 없을 정도로 많은 에너지체들을 지니고 있는데, 그것이 바로 세포다. 세포는 몸을 그대로 빼닮은 에너지체인데, DNA가 그 증표다. DNA에는 몸의 에너지 흐름의 정보가 그대로 담겨 있다.

모든 에너지체는 진동한다. 왜냐하면 에너지의 흐름은 떨림이자 진동이기 때문이다. 그러므로 에너지체의 떨림 또한 에너지다. 닮은꼴의 에너지체들의 떨림은 하나의 떨림으로 동조된다. 닮은꼴의 에너지체들이 하나의 떨림으로 동조되는 이유는 모든 에너지체들은 하나의 에너지 흐름으로 연결되어져 있기 때문이다. 에너지체의 떨림은 미세한 차원으로 들어갈수록 빨라지고, 빠르게 떨릴수록 더욱더 빠르게 동조된다.

모든 에너지체는 하나의 에너지 흐름으로 존재한다. 그러므로 에너지 차원에서의 건강은 나와 나를 감싸고 있는 모든 에너지체들과 나를 구성하는 작고 미세한 모든 에너지체들이 균형을 유지하며 하나의 에너지 흐름으로 존재하는 것이고, 질병은 그와 같은 에너지체들 사이의 균형이 무너지면서 하나의 에너지 흐름으로 존재하지 못하는 것이다. 그러므로 건강하기 위해서는 지구와 나의 에너지가 하나의 흐름으로 존재해야만 한다.

나와 지구가 하나의 에너지 흐름으로 존재하려면 먼저 순수한 지구 에너지의 흐름이 드러나는 지점을 찾아야만 한다. 왜냐하면 모든 곳에서 순수한 지구 에너지의 흐름이 그대로 드러나는 것은 아니기 때문이다. 지구에너지는 장소에 따라 강하거나 약하게 흐르고, 떨림의 정도도 달라진다. 따라서 건강하기 위해서는 먼저 순수한 지구 에너지의 흐름이 드러나는 곳을 찾아내 그곳에서 생활하는 것이 중요하다.

풍수지리학은 산의 배치, 강물의 흐름 등을 통해 지구 에너지의 흐름을 읽어내는 학문이다. 풍수지리학이 산의 배치, 강물의 흐름 등으로 지구 에너지의 흐름을 읽을 수 있는 이유는 높은 차원인 지구 에너지의 흐름은 낮은 차원인 지구 표면의 형태를 결정하므로, 눈에 보이는 지구 표면의 산, 강, 들의 형태를 관찰하면 눈에 보이지 않는 지구 에너지의 흐름도 알아낼 수 있기 때문이다.

또한 풍수지리학의 전문가들은 있는 그대로의 지구 에너지의 떨림과 지하 수맥에 의해 교란된 지구 에너지의 떨림의 미세한 차이를 예민한 감각으로 구별함으로써 지구 에너지의 떨림이 있는 그대로 드러나는 지점을 찾아낸다.

따라서 풍수지리학의 도움을 받으면 지구 에너지의 흐름이 있는 그대로 발산되는 장소를 찾아낼 수 있다. 따라서 그곳에서 먹고 잠자고 생활하면 몸 에너지와 지구 에너지는 동조되어져 저절로 하나의 에너지 리듬으로 흐르게 되므로 에너지 차원의 균형을 쉽게 유지하게 된다.

또한 건강하기 위해서는 몸 에너지의 흐름이 몸 전체를 통해 균형을 유지하며 원활하게 순환해야만 한다.

침술鍼術은 침으로 몸 에너지의 흐름을 조절하여 균형을 잡아줌으로써 질병을 치료하는 동양의 전통적인 의술이다. 침술은 금속으로 만든 침을 사용하여 에너지 흐름이 막힌 부분은 연결시켜주고, 에너지 흐름이 과도하게 흐르는 부분은 그것을 제한하는 등의 방식으로 에너지 흐름을 조절한다. 따라서 침술은 에너지 흐름의 균형을 유지하게 함으로써 질병을 치료하는 데 도움이 된다.

자석요법磁石療法은 자석을 사용하여 에너지 흐름을 조절하는 새로운 치료법이다. 자석으로 에너지 흐름을 조절할 수 있는 이유는 자석의 자기장磁氣場은 에너지 흐름의 한 가지 형태이고, 전체 우주·은하계·지구·나의 몸은 모두 자기장이라는 하나의 에너지 흐름으로 존재하기 때문이다. 자석으로 에너지 흐름을 조절하는 원리를 살펴보면 다음과 같다.

먼저 자석을 몸에 붙이는 방법으로 몸과 지구 에너지의 흐름을 하나의 에너지 흐름으로 조율할 수 있다. 작은 에너지체인 몸이 거대한 에너지체인 지구와 하나의 에너지 흐름으로 존재하려면 몸 에너지 흐름이 지구 에너지 흐름에 순응하여 정렬하는 방법 이외의 다른 방법은 있을 수 없다. 지구의 북반구는 S극이고 남반구는 N극이다. 따라서 몸 에너지가 지구에너지의 흐름에 순응하려면, 북반구에서는 S극 남반구에서는 N극과 같은 방향으로 몸 에너지의 흐름이 정렬되어야만 하고, 이렇게 에너지의 흐름을 하나로 정렬하려면 북반구에서는 자석의 N극, 남반구에서 자석의 S극을 몸에 접촉하도록 붙이면 된다. 이렇게 자석을 몸에 붙이면 지구 북반구의 S극에서 발산되는 자기장의 흐름은 몸 안을 통과하여 몸과 접촉되어 있는 자석의 N극과 남반구의 N극에서 발산되는 자기장의 흐름은 몸 안을 통과하여 몸과 접촉되어 있는 자석의 S극과 서로 대치하게 되므로, 북반구에서는 지구의 S극에 남반구에서는 지구의 N극에 순응하는 방향으로 몸 에너지의 흐름은 정렬된다. 따라서 몸과 지구에너지는 하나의 흐름으로 존재하게 되므로 에너지 차원의 균형을 유지하는 데 도움을 주게 된다. 그러나 극성을 반대로 해서 자석을 몸에 붙이면, 지구에서 발산된 자기장은 몸 바깥의 자석으로 모이고, 몸은 지구 자기장의 극성과는 반대의 극성으로 정렬되므로 몸과 지구는 서로 다른 방향의 에너지 흐름으로 대치되게 된다. 따라서 몸과 지구는 서로 다른 두 개의 극성으로 분리되어 서로 끌어당기게 되므로 에너지 차원의 균형을 유지하기 어렵게 된다.

다음으로 자석을 몸에 붙이는 방법으로 몸 바깥의 지구 에너지의 흐름을 몸 안으로 유도하여 끌어들일 수 있다. 왜냐하면 자석을 몸에 붙이면 몸 바깥의 자기장을 몸 안으로 끌어당기기 때문이다. 따라서 지구 에너지의 흐름에 순응하는 방식으로 자석을 몸에 붙이면 몸 안에는 더 많은 지구 에너지가 흐르게 된다.

또한 자석으로 피의 흐름을 조절할 수도 있다. 그것은 낮은 차원인 피의 흐름은 높은 차원인 에너지의 흐름을 따르기 때문이다. 피의 흐름이 에너지의 흐름을 따르는 것은 자석을 손목이나 손가락에 붙이고, 손톱 위의 얇은 피부 속을 흐르는 피의 움직임을 천 배율 이상의 현미경으로 관찰하면 쉽게 확인할 수 있다. 이렇게 손에 자석을 붙이기만 해도 자석을 붙이지 않았을 때에 비해 몇 배 이상의 빠른 속도로 피가 흐르는 것을 볼 수 있다. 그것은 물질 차원인 피의 흐름이 높은 차원인 에너지의 흐름을 따르고 있기 때문이다.

이렇게 자석이 몸과 지구 에너지의 흐름을 조절하는 원리를 이용하여 몸에 발생한 질병과 그로 인한 고통을 치료할 수 있다. 질병은 일반적으로 통증을 수반하므로 통증이 가장 심한 부위가 질병이 발생한 부위이고, 에너지 흐름이 끊어지거나 약해진 부분이다.

먼저 에너지 흐름이 끊어지거나 약해져 통증이 가장 심한 부위의 피부에 자석을 붙이는 방법으로 질병을 치유할 수 있다. 이렇게 통증이 가장 심한 부위에 자석을 붙이면 그곳으로 지구 에너지의 흐름이 유도되어 더 많은 에너지가 질병이 발생한 부위로 흐르게 되고, 더 많은 에너지가 흐르면 그곳으로 더 많은 피가 빠른 속도로 흐르게 되므로 인체의 자연치유력에 의해 저절로 질병은 치유되고, 통증도 사라지게 된다. 그러므로 팔, 다리, 등, 배, 가슴, 머리 등의 통증이 발생한 부위에 지구 에너지의 흐름에 순응하는 방식으로 자석을 붙이면, 새롭게 유도된 에너지의 흐름에 의해 질병과 통증이 치유되는 것을 경험하게 된다.

또한 자석요법은 질병이 발생한 부위가 아닌 다른 부위에 자석을 붙이는 방식으로도 질병을 치유할 수도 있다. 질병이 발생한 부위가 아닌 다른 부위에 자석을 붙여도 질병이 치유되는 이유는 몸 에너지체와 몸의 일부분을 구성하는 에너지체들은 서로 닮은꼴로서 하나의 에너지 흐름^{떨림}으로 동조되기 때문이다.

닮은꼴의 에너지체들의 흐름^{떨림}이 동조되는 현상은 두 가지 방향으로 나타난다. 먼저 몸의 특정한 부위의 에너지 흐름이 균형을 잃으면, 그 불균형은 닮은꼴의 몸의 모든 부분의 해당 부위의 에너지 흐름도 균형을 잃게 만든다. 예를 들면, 머리에 질병이 발생하면 머리의 에너지 흐름은 균형을 잃게 되는데, 그것은 몸의 닮은꼴인 손, 발, 귀의 머리에 해당하는 부위의 에너지 흐름도 균형을 잃게 한다.

다음으로 균형을 잃었던 몸의 특정한 부위의 에너지 흐름이 다시 균형을 되찾으면, 닮은꼴의 몸의 모든 부분의 해당 부위의 에너지 흐름도 균형을 되찾게 된다. 그러므로 균형을 잃었던 손, 발, 귀의 머리에 해당하는 부분의 에너지 흐름이 균형을 되찾게 되면, 머리의 에너지 흐름도 동조되어 균형을 되찾게 되고 따라서 머리의 질병은 사라지게 된다.

침술은 이런 원리를 이용하여 이미 수천 년 전부터 질병을 치료하고 있는데 수지침이 그 대표적인 예이다. 수지침은 위가 연동작용을 멈춤으로써 소화가 되지 않는 경우에 배가 아닌 손바닥의 위에 해당하는 혈자리에 침을 놓아 위의 에너지 흐름을 조절하는 방식으로 위 질환을 치료하고, 그 이외의 다른 부분의 질병도 손에 위치한 그 다른 부분에 해당하는 혈자리에 침을 놓는 방식으로 치료하고 있다. 그것은 몸과 손은 서로 닮은꼴이고, 손에는 몸의 모든 부분에 해당하는 혈자리들이 존재하기에 가능한 일이다.

그러므로 자석요법으로 질병이 발생한 부위에 직접 자석을 붙여 질병을 치유할 수도 있지만, 질병이 발생한 부위가 아닌 손, 발, 귀 등에 자석을 붙여 간접적으로 질병을 치료할 수도 있다. 또한, 직접적인 방법과 간접적인 방법을 동시에 사용할 수도 있다. 예를 들면, 왼쪽 무릎에 질병이 있어서 통증이 발생하는 경우 통증이 가장 심한 왼쪽 무릎에 자석을 붙이는 것과 함께 손이나 발의 왼쪽 무릎의 혈자리에 해당하는 부분에도 자석을 붙이는 방식으로 에너지 흐름을 조절하면 효과적으로 질병을 치유할 수 있다. 이런 방식으로 대부분의 질병은 자석을 사용하여 에너지 흐름을 조절하는 방식으로 치료할 수 있다.

이렇게 에너지 차원의 균형이 건강이고 불균형이 질병이며, 풍수지리학·침술·자석요법은 에너지 차원의 균형을 잡아주는 과학적인 수단들이고, 자석을 이용하여 지구의 에너지 흐름을 몸 안으로 유도하는 동시에 몸과 지구 에너지의 흐름을 하나로 정렬시킬 수 있으며 피흐름의 속도를 조절할 수 있고, 몸은 닮은꼴의 수많은 에너지체들로 이루어지는데 이런 에너지체들은 떨림은 서로 동조되고 있으며, 그 원리를 이용하여 몸의 질병을 치료할 수 있다는 이론을 세워 보았다.

하나의 관점에서 통합적이자 분석적으로 에너지 차원을 들여다보고, 침술과 자석요법으로 직접 몸을 치료하며, 현미경으로 피의 흐름을 관찰한 결과 이런 결론에 이르게 되었다. 하지만 이런 결론은 한정된 지식과 경험을 바탕으로 에너지 차원의 극히 일부분만을 기술한 것에 불과하다.

관련 분야의 전문가들이 더 풍부한 지식과 경험을 바탕으로 하나의 관점에서 에너지 차원을 연구한다면 인류의 건강한 삶에 큰 도움이 될 것이라고 확신한다. 특히, 침술에 조예가 깊은 전문가와 현대 의학의 전문가들이 전자기학에 정통한 전문가들과 함께 인체의 에너지 흐름을 연구한다면 자기공명영상magnetic resonance imaging 장치와 유사한 방식으로 몸 에너지의 흐름을 직접적으로 촬영할 수 있는 장비를 개발할 수 있는 것은 물론 특정한 부위의 에너지 흐름이 약해진 경우 그 부분의 에너지 흐름을 강화시키는 다양한 방식을 개발할 수 있을 것이므로 인류의 건강을 획기적으로 증진시키게 될 것이다.

에너지 차원의 균형은 건강한 몸과 직결된다. 에너지의 흐름이 균형을 유지하며 존재하는 것이 건강이고, 균형을 잃은 상태에서 존재하는 것이 질병이다.

원소 차원

원소 차원에서 보면, 몸은 원소체다. 흙·물·공기를 구성하던 각종 원소들은 나의 몸을 통해 흐른다. 그러므로 몸은 각종 원소들의 흐름이다. 원소들은 결합하여 하나의 유기물 분자를 구성하는 방식으로 나의 몸에서 존재한다.

각각의 원소는 특정 생명 에너지^{파동, 정보}의 수신자이자 저장자이다. 각각의 원소는 다양한 파장의 생명 에너지 가운데 특정한 파장의 생명 에너지를 선택하여 받아들이고, 포장하여 저장하다가 생명에게 전달한다. 따라서 특정 원소를 섭취하는 것은 특정 파장의 생명 에너지를 몸으로 받아들이는 것이고, 특정 원소의 과부족은 특정 파장의 생명 에너지의 과부족으로 이어진다.

사람과 같이 고도로 진화한 생명체는 거의 모든 원소를 필요로 한다. 수많은 기능과 다양한 감정 표현 등의 생명 활동을 수행하기 위해서는 다양한 파장의 에너지를 포착할 다양한 원소들이 필요하기 때문이다. 심지어 중금속으로 분류되는 원소들도 극미량으로 우리 몸에 존재하는 것이 건강을 증진시키고, 생명의 완전성을 표현하는 데 도움이 된다는 연구 결과도 있다.

몸은 움직이는 건축물이고, 각종 원소들은 건축 재료들이다. 집을 지을 때 수백 가지의 건축 재료가 필요하듯이 몸이라는 건축물을 완성하기 위해서도 각종 원소들이 골고루 필요하다. 그런데 일부 건축 재료는 넉넉하지만, 나머지 건축 재료는 부족하거나 아예 없다면 어떤 일이 일어날까? 예를 들어, 집을 지을 때 널빤지는 남아돌지만, 각종 벽

돌은 부족하다면 어떻게 될까? 아마 벽돌로 쌓아야 할 벽을 남아도는 널빤지로 막아놓은 부실주택이 탄생할 것이다.

생명의 건축물인 몸도 마찬가지다. 몸은 한시도 쉬지 않고 계속적으로 파괴되고 있는 동시에 창조되고 있다. 몸의 창조 과정에서 그 재료로 사용되는 일부 원소가 부족하면 남아도는 다른 원소들 가운데 유사한 구조를 지닌 원소를 부족한 원소 대신 사용하여 몸을 창조하게 된다. 자연히 빛은 사라지고 기능이 떨어지는 부실한 몸이 만들어지게 된다. 그러므로 건강한 몸이라는 멋진 건축물을 창조하기 위해서는 생명의 건축 재료인 각종 원소들이 골고루 서로 균형을 유지하며 충분히 갖추어져야만 한다. 만일 몸의 원소 균형이 무너지면 건강은 고사하고 생명까지도 위협받게 된다.

각종 원소들이 골고루 서로 적절하게 균형을 유지하며 충분히 갖추어진 것을 '원소 균형'이라고 한다. 각종 원소들 가운데 수소·산소·탄소·질소를 제외한 나머지 원소들을 '미네랄mineral 원소'라고 하므로, 미네랄 원소들이 서로 적절하게 균형을 유지하며 충분히 갖추어진 것을 '미네랄 밸런스'라고 한다. 그러므로 원소 균형과 미네랄 밸런스는 비슷한 말이다.

그렇다면 원소 균형의 기준 또는 미네랄 밸런스의 기준은 무엇인가? 구체적으로 각각의 원소들이 어느 정도 비율로 몸에서 존재하는 것이 적절하게 균형을 유지하는 것인가? 이에 대한 답을 알기 위해서는 생명의 탄생 과정을 살펴보아야 한다.

생명은 바다에서 유래했다. 생명은 바다에서 태어나 바다에서 진화하다가 육지로 올라왔다. 인간 또한 바다에서 유래한 작은 바다다. 인체의 체액은 태초의 바닷물과 유사하고, 인체를 구성하는 물질은 바다를 구성하는 물질과 일치하며, 산모의 양수의 원소 구성 비율은 바닷물의 원소 구성 비율과 똑같다. 아기는 엄마의 자궁이라는 바다에서 단세포생물로부터 출발해 어류 ⇨ 양서류 ⇨ 파충류를 거쳐 영국의 생물학자 찰스 다윈Charles R. Darwin, 1809~1882의 침팬지에 이르기까지 인류가 거쳐 온 수백만 년의 진화 과정을 9개월 동안 그대로 답습한 후 인간으로 태어난다. 그러므로 인간은 바다에서 유영하며 바다로 존재하다가 세상에 태어난 '바다의 자식'들이다.

이렇게 바다에서 생명이 만들어졌고, 바다가 생명으로 화化했다. 당연히 바닷물의 원소 구성 비율에 따라 원소들이 결합하여 생명을 구성했고, 그렇게 탄생한 생명이 인간으로 진화했다. 바닷물의 원소 구성 비율이 몸의 원소 구성 비율로 이어진 것이다. 그러므로 원소 균형또는 미네랄 밸런스은 '생명 구성 비율'이고, 그것은 몸을 탄생시킨 바닷물과 같은 비율로 원소들이 존재하는 것이다.

원소 균형은 생명이자 건강이다. 그러므로 건강하기 위해서는 바닷물의 원소 구성 비율과 같은 비율로 원소 균형을 유지해야만 한다. 몸의 원소 균형은 섭취하는 음식물의 원소 균형과 직결되고, 음식물의 원소 균형은 소금의 영향을 가장 많이 받는다. 왜냐하면 소금은 바닷물을 구성하는 100여 가지 이상의 각종 원소들이 바닷물과 같은 비율로 결합하여 뭉쳐진 물질로서 맛을 내기 위해 모든 음식에 필수적으로 투입되기 때문이다.

공업이 발전하기 이전까지 인류는 바닷물의 각종 원소들이 농축되어진 '진짜 소금'을 사용했다. 천일염이 대표적인 진짜 소금이다. 진짜 소금을 넣은 음식물을 섭취한 사람들의 몸은 당연히 원소 균형을 유지할 수 있었고 건강하게 살아갈 수 있었다.

그러나 공업이 발전함에 따라 각종 화학공장에서 '가짜 소금'이 생산되기 시작했다. 나트륨^{Na}과 염소^{Cl} 단 두 가지 원소로만 구성된 염화나트륨^{NaCl}이 바로 그것이다. 염화나트륨은 극단적으로 원소 균형이 붕괴된 물질이다. 그러므로 염화나트륨은 소금이 아니다. 소금처럼 보이고 소금과 같이 짠맛을 내지만 그것은 '가짜 소금'이고 '염화나트륨 덩어리'에 불과한 물질이다.

진짜 소금과 가짜 소금은 맛이나 모양, 색깔로는 구별되지 않는다. 둘 다 짠맛이 나는 흰색의 결정이기 때문이다. 그런데 가짜 소금은 불순물이 섞여 있지 않으므로 보기에도 깨끗하고, 다른 화학 공정에서 부가적으로 생산되기 때문에 가격도 매우 저렴하다. 그래서 빵·라면·과자·햄 등 각종 가공식품 제조 과정뿐만 아니라 일반 가정에서도 가짜 소금을 많이 사용한다. 자연히 사람들은 가짜 소금을 많이 섭취하게 되었다. 원소 균형이 극단적으로 붕괴된 염화나트륨을 지속적으로 많이 섭취한 것이다. 가짜 소금의 나트륨과 염소 원소는 과다하게 섭취한 반면에, 다른 원소들은 극단적으로 부족하게 섭취한 것이다. 가짜 소금에 속은 것이다.

당연히 몸은 원소 균형을 상실하게 되었다. 원소 균형을 상실한 몸은 다양한 파동의 에너지를 수신할 수도 없고, 또 그것을 포장할 수도 없게 되었고, 생명의 건축 재료들도 균형을 잃게 되었다. 필연적으로 몸이 병약해지고, 암·고혈압·당뇨·아토피성피부염·신경통 등의 각종 현대적인 질병이 기승을 부리게 되었다.

이런 현상을 보고 현대의학은 각종 질병의 원인이 소금을 많이 섭취하여 몸에 나트륨 원소가 너무 많이 존재하는 '나트륨과다증'에 걸렸기 때문이라고 진단한다. 그런데 다른 원소들은 모두 정상적으로 존재하는데 나트륨 원소만 과다하게 존재할 수는 없다. 왜냐하면 전체에서 일부분이 과다하면 다른 어떤 부분은 반드시 부족해질 수밖에 없기 때문이다. 그러므로 나트륨과다증은 나트륨 원소는 과다하게 존재하는 반면, 다른 어떤 원소는 부족하게 존재하는 증상이다.

그런데 현대의학은 나트륨과다증을 오직 나트륨 원소의 측면에서만 보고 나트륨 원소만 과다하다고 진단한 후, 그에 대한 처방으로 음식에 소금을 넣지 말고 싱겁게 먹으라고 권유한다. 그리고 한 걸음 더 나아가 소금이라고 하면 가짜 소금이건 진짜 소금이건 무조건 먹지 말라고 권장한다. 둘 다 짠 소금이므로 동일하게 취급한 것이다. 그러므로 진짜 소금과 가짜 소금을 모두 먹지 않는 현대의학의 처방으로는 나트륨 원소가 과다한 상태에서는 벗어날 수 있지만 다른 원소들이 부족한 상태에는 더 심해지게 된다.

나트륨과다증은 진짜 소금에서 나트륨 원소만을 제거한 물질을 소금 대신 사용하면 쉽게 치유되는 증상이다. 왜냐하면 나트륨 원소는 과다하게 존재하는 반면 그 이외의 원소들은 부족하게 존재하는 것이 나트륨과다증이기 때문이다.

또한 나트륨과다증은 진짜 소금을 일시적으로 약간 많이 섭취해도 저절로 사라진다. 왜냐하면 몸은 각종 원소들 가운데 자신이 필요로 하는 원소를 필요한 만큼만 흡수해서 스스로 원소 균형을 유지하는 능력이 있기 때문이다. '미각'은 몸의 원소 균형을 유지하기 위해 자연이 인간에게 준 선물이다. 미각은 몸의 미네랄 원소 농도가 낮으면 짠 음식이 맛있게 느껴지고, 농도가 높으면 싱거운 음식이 맛있게 느껴지게 하는 방식으로 몸의 원소 균형을 계속적으로 유지한다. 그러므로 미각이 주는 자연적인 신호에 따라 음식물을 섭취하면, 몸은 다양한 원소들 가운데 자신이 필요로 하는 원소들만 취사선택하여 받아들이고, 나머지 불필요한 원소들은 그대로 배출함으로써 원소 차원의 균형을 유지하게 되므로 저절로 나트륨과다증에서 벗어나게 된다.

가짜 소금은 우리의 감각을 속인다. 동일한 색깔과 모양으로 시각을 속이고, 동일한 맛으로 미각을 속인다. 더욱이 동일한 명칭인 소금이라는 이름을 사용하여 속은 줄도 모르게 사람들을 속인다. 그러므로 더 이상 가짜 소금이 소금이라는 명칭을 사용하지 못하게 하고, 가짜 소금을 있는 그대로 '염화나트륨' 또는 '가짜 소금'이라고 표기하게 하고, 의사의 처방이 있어야만 식용으로 사용할 수 있는 화학물질로 취급하면 나트륨과다증은 근원적으로 사라지게 될 것이다.

이렇게 바닷물의 원소 구성 비율이 우리 몸의 원소 균형또는 미네랄 밸런스의 기준이고, 원소 균형과는 거리가 먼 가짜 소금을 지속적으로 섭취함으로써 현대의 많은 질병들이 발생하고 있다는 이론을 생명의 진화 과정을 통해 유추해 보았다. 하나의 관점에서 통합적이고도 분석적인 방식으로 원소 차원을 들여다보고, 다양한 소금을 먹고 체험한 결과 이런 결론에 이르게 되었다. 하지만 이런 결론은 한정된 지식과 경험만을 하나의 화환으로 엮어놓은 것에 불과하다. 관련 분야의 전문가들이 더 풍부한 지식과 경험을 바탕으로 하나의 관점에서 원소 차원의 균형을 연구함으로써 인류의 건강한 삶에 큰 도움이 되는 아름다운 화환을 창조해주기를 바란다.

원소 차원의 균형은 건강한 몸과 직결된다. 원소들이 균형을 유지하며 존재하는 것이 '건강'이고, 원소들이 균형을 잃은 상태에서 존재하는 것이 '질병'이다.

분자 차원

분자 차원에서 보면, 몸은 분자체다. 흙·물·공기를 구성하던 각종 분자들은 나의 몸에서 유기물 분자의 형태로 흐른다. 그러므로 몸은 각종 유기물 분자들의 흐름이다. 유기물 분자는 생명체만이 가지고 있으며, 생명체만이 만들 수 있는 물질로서 생명 그 자체다.

유기물 분자는 생명 에너지를 축적했다가 나누어질 때 축적된 생명 에너지를 방출한다. 복잡하게 진화한 유기물일수록 복잡한 분자구조 사이에 더 많고 다양한 파장의 생명 에너지를 축적했다가 분해되면서 그 생명 에너지를 방출한다.

식물은 직접 유기물 분자를 창조한다. 식물의 엽록소는 탄소와 물을 포장지 삼아 햇빛을 돌돌 말아 싸서 탄수화물이라는 '빛의 사탕'을 만든다. 그것이 쌀, 보리, 고구마, 포도 등이고, 모든 나무와 풀이다.

동물은 다른 생명체가 생산한 유기물 분자를 섭취한다. 섭취된 유기물 분자는 적당한 크기로 분해되어 체내로 흡수되고, 혈액은 흡수된 유기물 분자 빛의 사탕 를 세포 하나하나로 전달한다. 세포는 폐에서 흡수한 산소를 탄소와 결합시켜 이산화탄소를 만드는 방식으로 '빛의 사탕'을 싸고 있는 탄소 포장지를 벗기고 그 안에서 빛을 꺼낸다. 이 빛이 생명 에너지다. 동물은 여기서 나온 생명 에너지를 즉시 사용하거나, 필요한 시기에 사용하기 위해 유기물 분자를 적당한 형태로 변화시켜 저장한다. 이런 방식으로 동물이 합성하는 유기물 분자의 구조는 식물이 합성하는 유기물 분자의 구조보다 다양화되고 고도화된다. 식물이 생산한 유기물 분자가 먹고 먹히는 먹이사슬을 통해, 단백질·지방 등의 복잡한 유기물 분자의 형태로 변화하며 진화하는 동시에, 유기물 분자 구조 사이에 축적되어진 에너지의 이동과 소비도 이루어지는 것이다.

나는 필요로 하는 유기물 분자들을 식물과 동물을 섭취함으로써 얻는다. 고도로 진화한 생명체인 나는 다양한 유기물 분자들을 필요로 한다. 다양한 생명 활동을 수행하기 위해서는 다양한 파장의 에너지를 포함하고 있는 다양한 유기물 분자들이 필요하기 때문이다.

유기물 분자는 그 형태에 따라 '자연유기물'과 '인공유기물^{화학물질}'로 구분할 수 있다. 흙—식물—동물—흙으로 이어지는 자연스런 순환과정을 통해 창조된 물질이 자연유기물이고, 인간에 의해 공장에서 인위적으로 합성된 물질이 인공유기물이다.

자연유기물은 다양한 형태의 분자구조를 지닌다. 모든 자연유기물은 생명이 필요로 하는 분자 형태들을 적당한 비율로 골고루 함유하지만, 생명에게 도움이 되지 않는 분자 형태는 전혀 가지고 있지 않다. 그 이유는 순환과정에서 생명에 도움이 되지 않는 분자 형태는 유기물 분자의 구성에 참여하지 못하고 저절로 떨어져 나가 분해되기 때문이다.

탄수화물·단백질·지방 등으로 분류할 수 있는 자연유기물 분자는 똑같은 것이 단 하나도 없을 정도로 저마다 독자적이고 독립적이며 독창적인 형태로 존재한다. 그러므로 자연유기물 분자들은 제각각 독특한 개성을 지니고 있고, 생명이 생명으로 기능하게 하는 저마다의 독특한 효능을 지니게 된다. 따라서 수많은 자연유기물 분자들이 지니는 제각각의 독특한 효능을 과학적으로 모두 파악하는 것은 거의 불가능에 가까울 정도로 어렵다.

그러므로 다양한 형태의 자연유기물 분자들로 이루어진 음식물을 골고루 섭취하면 저절로 다양한 형태의 자연유기물 분자들로 이루어진 몸을 지니게 된다. 몸을 구성하는 다양한 형태의 자연유기물 분자들은 서로 균형과 조화를 이루며 저마다의 독특한 에너지를 발산하게 되므로, 시간이 지날수록 강력한 '생명력'을 발휘하게 된다.

반면 인공유기물은 획일적인 분자구조의 형태다. 화학비료와 같은 인공유기물 분자들은 공장에서 인공적으로 제조되기 때문에 천편일률적일 수밖에 없다. 당연히 인공유기물은 생명이 필요로 하는 분자 형태들을 골고루 갖출 수 없고, 중금속 같은 생명에게 유해한 요소들도 분자구조 형성에 참여하게 된다. 따라서 획일적이고 유해한 인공유기물 분자들은 서로 조화와 균형을 유지할 수 없으므로 하나의 생명으로 통합적으로 존재할 수 없다. 특히, 인공적으로 수많은 원소들을 결합시켜 만든 고분자 화학물질은 자연계에서는 존재하지 않는 것이므로 대부분 생명에 해를 끼치는 유해한 물질인 경우가 많다.

그러므로 인공유기물로 이루어진 음식물을 주로 섭취하면 획일적인 인공유기물들로 이루어진 몸을 지니게 된다. 몸을 구성하는 획일적인 인공유기물들은 획일적이고 미약한 에너지만을 발산하다가, 시간이 지날수록 그마저도 약해지면서 결국 생명 자체도 사라지며 모든 것은 끝나게 된다. 특히, 생명에 해가 되는 유해한 화학물질이 지속적으로 몸 안으로 유입되면, 몸을 구성하는 수많은 생명들을 해치게 되므로 몸도 건강을 잃게 되고 생명마저도 사라지게 된다.

따라서 몸에 인공유기물 분자들이 과다하게 존재함으로써 질병이 발생했다면, 인공유기물의 섭취를 중단하고, 다양한 자연유기물 분자들이 부족해서 질병이 발생했다면 다양한 자연유기물을 충분히 섭취하면 저절로 건강을 되찾게 된다.

분자 차원의 균형은 건강한 몸과 직결된다. 생명력이 넘치는 다양한 자연유기물 분자들이 균형을 유지하며 존재하는 것이 건강이고, 생명력이 고갈된 획일적인 인공유기물 분자들이 균형을 잃은 상태로 존재하는 것이 질병이다.

미생물 차원

미생물 차원의 관점에서 보면, 몸은 미생물체다. 흙·물·공기를 구성하던 각종 미생물들은 나의 몸을 통해 흐른다. 그러므로 몸은 각종 미생물들의 흐름이다.

과학자들은 몸에는 1만 종이 넘는 미생물들이 서식하고 있는데, 그 무게는 몸무게의 10퍼센트에 달한다고 한다. 또한 몸은 60조~100조 개의 세포들로 구성되는데, 그 수보다 10여 배 더 많은 100조~1,000조 개의 미생물들이 몸에서 서식하고 있다고 한다. 그리고 하나하나의 세포 안에도 독자적인 DNA를 보유하고 스스로 증식하며 독립적으로 기능하는 미토콘드리아mitochondria라는 미생물들이 존재하는데, 그 수는 1경 개에 이른다고 한다. 그야말로 나의 몸은 미생물로 이루어져 있고, 세포 하나하나가 몸의 일부분이듯이 미생물 하나하나도 몸의 일부분으로 존재하고 있는 것이다.

과학자들은 몸에 서식하는 미생물의 종류에 따라 사람의 식성, 비만 정도, 활동성, 성격까지 달라진다는 사실을 밝혀냈다. 결국 나는 나의 욕망과 의지에 따라 선택하고 행동한다고 여기지만, 내가 먹고 마시고 생각하고 행동하는 것은 미생물들의 욕구와 필요에 따라 행해지고 있는 것이다. 그러므로 나는 미생물이고, 미생물이 나이다. 나와 지구가 하나이듯이, 미생물과 나도 하나로 존재하는 것이다.

모든 공기와 물, 흙, 생명에는 언제나 미생물이 가득하다. 한 모금의 공기와 물, 한 줌의 흙, 조그마한 벌레 하나에도 수천만에서 수천억 마리의 미생물들이 우글거리고 있다. 따라서 미생물로부터 몸을 완전히 차단하는 것은 불가능한 일이다.

미생물은 몸의 모든 부분에서 서식한다. 피부에서 서식하는 미생물이 입·코·귀·눈과 같은 감각기관은 물론이고 소화기·호흡기·비뇨기·순환기 등 거의 모든 장기에 서식한다. 이는 내장이 피부고, 피부가 내장이기 때문이다. 내장이란 입술과 항문을 경계로 안으로 말려들어간 피부이고, 피부란 입술과 항문을 경계로 바깥으로 말려나온 내장의 다른 말이다. 코·귀·눈과 생식기·배꼽·땀구멍 등도 내장과 피부의 경계이기는 마찬가지다. 그러므로 피부에 서식하는 미생물이 각종 장기와 기관에 동시에 서식하는 것은 너무도 당연한 일이다. 최근 과학자들은 살도 태울 정도의 강산성 위액이 폭포처럼 쏟아져 생물이 살기에는 적합하지 않은 위장 안에도 무려 128종의 미생물이 살고 있음을 밝혀냈다. 그러므로 단 한 순간도 모든 피부와 장기에 미생물이 서식하지 않을 때란 없다. 우리 몸의 모든 부분에는 언제나 미생물이 가득하게 되어 있고, 미생물이 사라지는 순간 몸도 사라지게 된다.

미생물은 몸 건강에 도움이 되는지에 따라 '유익한 미생물'과 '유해한 세균'으로 나눌 수 있다. 유익한 미생물은 몸의 건강에 도움이 되는 유익한 환경을 창출하고 그러한 환경에서 번성하며[발효], 유해한 세균은 몸의 건강에 유해한 환경을 창출하고 그러한 환경에서 번성한다[부패].

따라서 건강이란 몸에 미생물이 전혀 존재하지 않는 상태가 아니라, 건강이란 유익한 미생물이 몸의 모든 피부와 장기에 골고루 충분히 서식하고 있는 상태. 유익한 미생물들이 피부와 눈·코·입·귀 뿐만 아니라 모든 내장 기관들에 골고루 풍부하게 서식하면서 우리 몸과 완전한 조화를 이루고 있는 상태가 바로 건강이다. 반대로 질병이란 유해한 세균이 몸의 특정 부위를 장악하고 있는 상태. 유해한 세균이 눈을 장악한 것이 '안질'이고, 귀의 중간 부위를 장악한 것이 '중이염'이고, 피부를 장악한 것이 습진 등의 각종 '피부병'이다. 그 외에도 각종 내장 기관들이 유해한 세균에 의해 장악됨에 따라 각각의 장기에서 질병이 발생하게 된다.

유익한 미생물은 몸의 방어막이다. 건강한 사람의 피부와 장기에는 많은 수의 유익한 미생물들이 세포와 공존하면서 번식하므로 방어막이 튼튼하다. 따라서 건강한 사람에게 유해한 세균이 침투해도 유익한 미생물의 방어막에 의해 격퇴된다. 이를 흔히 질병에 대한 저항력이 강하다고 한다. 그러나 병약한 사람의 피부와 장기에는 적은 수의 유익한 미생물이 생존하면서 번식하므로 방어막이 약하다. 따라서 병약한 사람에게는 유해한 세균이 쉽게 유익한 미생물의 방어막을 뚫고 몸속으로 들어와 질병을 일으키게 된다. 이를 보고 질병에 대한 저항력이 약하다고 한다.

그러므로 유익한 미생물을 충분히 함유하고 있으면 건강한 몸이고, 그렇지 못하면 병약한 몸이다. 따라서 건강함과 병약함의 기준은 언제나 유익한 미생물이고, 유해한 세균은 그 기준이 될 수 없다. 왜냐하면 유익한 미생물이 충분히 존재하지 않을 때에만 유해한 세균은 존재할 수 있기 때문이다. 그러므로 유익한 미생물은 '빛'이고, 유해한 세균은 '어둠'이다. 빛이 들어오면 어둠은 사라진다. 마찬가지로 유해한 세균에 의해 생긴 질병은 유익한 미생물이 들어오면 저절로 사라지게 된다.

그러므로 유해한 세균을 박멸하기 위해서 더 독한 항생제와 더 치명적인 항바이러스제를 연구하는 데에 모든 힘을 기울이는 것은 현명하지 못한 행동이다. 그것은 실제로 존재하지 않는 어둠만을 상대로 싸우는 격이기 때문이다. 어둠은 실존하지 않는다. 존재하지도 않는 어둠과 싸워 이기는 것은 불가능하고, 어둠에 대해 직접적으로 할 수 있는 일은 아무것도 없다. 어둠은 빛이 부재하는 상태일 뿐 실제로 현존하는 어떤 것이 아니기 때문이다.

화학적으로 생산한 독한 약으로 유해한 세균을 일망타진하려는 것도 어둠과 싸우는 것이다. 화학 성분의 독한 약은 일시적으로 유해한 세균을 몰아낼 수는 있지만, 유익한 미생물마저 사라지게 하므로 오히려 유해한 세균이 번식하기에 알맞은 환경만을 창출하게 된다. 그러므로 화학 성분의 독한 약은 일시적이고 제한적으로만 사용되어야 하고, 사용한 이후에는 반드시 대량의 유익한 미생물을 몸에 공급해 사라진 유익한 미생물을 보충해 주어야만 한다. 그렇지 않고 화학 성분의 독한 약물만 지속적으로 몸에 투입하면, 시간이 지날수록 유익한 미생물이 사라지게 되므로 몸은 점점 더 병약해지다가 결국 생명까지도 사라지며 막을 내리게 된다.

빛을 가져오면 어둠은 저절로 사라진다. 유해한 세균을 근원적으로 퇴치하는 유일한 방법은 천적 관계의 유익한 미생물이 번식하기 알맞은 환경을 조성하는 동시에, 더 많은 유익한 미생물을 투입하는 것이다. 그러므로 유해한 세균 박멸에 대한 연구보다 유해한 세균의 천적인 유익한 미생물에는 어떤 것들이 있는지, 서로 다른 종류의 유익한 미생물들은 각각 어떤 환경에서 왕성하게 번식하는지, 유익한 미생물과 세포는 어떻게 정보를 주고받으며 공존하는지 등 유익한 미생물에 대한 연구에 집중하는 것이 중요하다.

특히, 몸속의 텅 빈 공간에 유익한 미생물이 가득 번식하게 하는 것은 정말 중요하다. 왜냐하면 복강腹腔·흉강胸腔·두강頭腔·비강鼻腔 등 뚜렷이 존재하는 공간 외에도, 소화기·호흡기와 같은 내장 기관의 내부 공간, 세포와 세포 사이의 공간 등 몸의 대부분은 텅 빈 공간이고, 미생물은 주로 몸의 텅 빈 공간에서 활동하기 때문이다.

대부분의 질병은 몸의 텅 빈 공간이 유해한 세균에게 점령당함으로써 발생한다. 예를 들면, '비강'이라는 공간이 유해한 세균에게 점령되면 비염과 축농증이 생기고, '복강'이라는 공간이 유해한 세균에게 점령당하면 내장 기관에 각종 질병이 발생하게 된다. 몸속의 텅 빈 공간은 질병 발생의 근원지이자 질병이 퍼져 나가는 요충지인 것이다. 따라서 건강하기 위해서는 몸속의 공간에서 유해한 세균은 몰아내고 유익한 미생물은 가득하게 만들어야 한다.

몸속의 공간에 존재하는 유해한 세균을 없애기 위해 지금까지는 주로 외과적인 수술과 약물을 투여하는 방법을 사용해왔다. 몸을 파괴하는 방식으로 이루어지는 외과적인 수술은 많은 고통을 수반하는 동시에 몸에 미치는 영향도 치명적이면서도 눈에 보이지 않는 유해한 세균을 완전히 없애지는 못한다. 또한 먹거나 주사하는 방식으로 몸에 약물을 투여하는 방법은 그 약물이 몸속에서 소화되고 흡수된 후 혈관을 따라 몸의 모든 부분을 순환하여 유해한 세균에게 접근하게 되므로 시간이 오래 걸리고 그 효과도 극히 제한적이며 멀쩡한 다른 장기에 치명적인 악영향을 미치면서도 몸속의 공간에 존재하는 세균을 직접적으로 박멸할 수는 없다. 왜냐하면 혈관속의 피를 따라서만 순환하는 약물이 혈관 바깥의 텅 빈 공간에 존재하는 유해한 세균을 제거할 수는 없기 때문이다.

하지만 유익한 미생물을 몸속의 공간에 투입하면, 유익한 미생물은 몸 바깥의 유해한 세균이 몸속의 공간과 그곳에 접한 장기와 세포에 침입하는 것을 원천적으로 차단하는 것은 물론, 이미 몸속에 자리 잡고 있는 유해한 세균도 제거하게 되므로 고통이 없이도 신속하고 근원적으로 질병을 치유하게 된다. 그러므로 미래에는 주로 유익한 미생물을 몸속의 공간에 투입하는 방법으로 몸속의 유해한 세균을 제거하고, 수술이나 약물요법은 보조적인 치료 수단으로만 사용될 것이다.

'입'은 정말 중요한 공간이다. 왜냐하면 대부분의 유해한 세균은 입으로 침투하여 입안에서 번식하며 세력을 기르다가 호흡기·소화기·순환기를 통해 몸속의 다른 공간으로 옮겨가 각종 질병을 일으키기 때문이다. 그러므로 입안이 유익한 미생물에 의해 정화되면, 몸 안으로 유해한 세균이 침입하는 것을 근원적으로 차단할 수 있음은 물론, 입 자체가 충치나 치주염, 구강암 등을 일으키는 유해한 세균에 노출됨으로써 발생하는 질환도 예방하게 된다.

입은 외부에서 접근하기가 용이한 공간이므로 입안에 유익한 미생물을 대량으로 투입함으로써 그곳에 서식하는 유해한 세균을 박멸하는 동시에 입안 가득 유익한 미생물을 번식시키기도 쉽다. 예를 들면, 살균력이 뛰어난 물질_{산초, 탱자, 솔방울 등}에 유익한 미생물을 배양한 액체로 입안을 수시로 씻어내면, 산초·탱자·솔방울 등의 자연유기물의 살균력에 의해 입안의 유해한 세균이 일거에 박멸되는 동시에 입안에는 유익한 미생물이 하나 가득 번식하게 된다.

이런 방식으로 입이라는 공간을 유익한 미생물로 가득하게 하는 방법은 대부분의 질병을 예방하고 몸의 건강을 증진시키는 데 큰 도움이 된다.

복강은 가장 중요한 공간이다. 복강 내의 모든 내장 기관_{소장·대장·신장·간장·췌장 등}은 복강이라는 공간을 통해 서로 연결되어 있다. 그러므로 복강에 복막투석腹膜透析을 하는 방식으로 복강투석액 대신 미네랄 밸런스와 다양한 자연유기물 분자들을 함유한 액체에 유익한 미생물을 배양하여 투입하면, 투입된 유익한 미생물은 복강 내에서 서식하며 복강 내의 모든 장기와 동시에 직접적으로 접촉하며 생명 활동을 수행하게 된다. 유익한 미생물이 복강 내부의 모든 장기에 존재하는 유해한 세균을 몰아내는 동시에 각종 장기를 구성하는 세포들과 협력하여 질병에 대한 저항력을 향상시키는 것이다. 그러므로 이런 방식으로 유익한 미생물을 배양한 액체를 여러 차례에 걸쳐 반복해서 복강에 투입하여 질병을 치료하면 큰 고통을 겪지 않고도 내장 질환의 대부분을 근원적으로 치유할 수 있을 것이다.

복강과 마찬가지로 몸의 다른 공간 영역^{비강, 흉강 등}에도 유익한 미생물을 투여하여 공간을 깨끗하게 정화하는 방법을 찾아낸다면 그 공간과 관련된 모든 질병을 빠르고 근원적으로 치료하게 될 것이다.

'호흡기'는 텅 빈 허공을 숨 쉬는 기관으로서 그 자체가 공간이다. 지금 대한민국에는 호흡기가 화학물질에 의해 파괴된 사건으로 인해 큰 혼란을 겪고 있는데, 가습기 살균제 사건이 바로 그것이다. 가습기 살균제는 가습기의 물속에 넣어 모든 미생물을 살균하는 화학물질이다. 그런데 그 가습기의 물이 공기 중으로 분사되면 살균제도 함께 분사되어 수증기 상태로 공기 중에 존재하다가 사람의 호흡기로 들어가게 되고, 호흡기 안에 있는 모든 미생물들을 살균하게 된다. 유해한 세균이든 유익한 미생물이든 가리지 않고 모든 미생물을 완벽하게 제거하는 것이다. 그러므로 가습기 살균제를 사용하면 필연적으로 코·입·후두·폐와 같은 호흡기 계통에서 존재하는 미생물들은 거의 전멸하게 된다.

또한 가습기 살균제의 독성은 폐세포 안으로도 침입해 그곳에 서식하는 미생물인 미토콘드리아도 전멸시키게 된다. 미토콘드리아는 세포 안에 서식하는 유익한 미생물이다. 일반적으로 호흡이 활발한 세포일수록 미토콘드리아 미생물을 많이 함유하는데, 세포 한 개당 간세포에는 1,000~3,000개, 식물세포에는 100~200개의 미토콘드리아 미생물이 존재한다. 당연히 호흡을 담당하는 폐세포도 매우 많은 수의 미토콘드리아 미생물을 함유한다. 미토콘드리아 미생물은 세포 내에서 여러 가지 기능을 수행하는데, 그중 하나가 기능이 상실된 세포를 처리하는 것이다. 이를 아포토시스apoptosis라고 하는데, 미토콘드리아 미생물이 죽어가는 세포의 DNA를 잘라서 분해하여 사망에 이르게 하고, 사망한 세포를 흡수하는 기능이다. 또한 세포 바깥에서 서식하는 유익한 미생물도 미토콘드리아 미생물처럼 죽은 세포를 분해하여 처리하는 기능을 수행한다.

그런데 모든 미생물을 죽이는 가습기 살균제의 독성이 미량이라도 폐세포 안으로 침투하면 먼저 그 안에 있는 미토콘드리아 미생물들이 전멸하게 되고 이어서 폐세포도 사멸하게 되는데, 아포토시스 기능을 수행해야 할 세포 안의 미토콘드리아 미생물들과 세포 바깥의 유익한 미생물들이 전멸한 상태에서 폐세포가 사멸하면, 죽은 폐세포의 시체들을 처리할 방법이 없게 된다. 따라서 죽은 폐세포의 시체들은 겹겹이 쌓인 채 그대로 방치될 수밖에 없는데 그 모양이 마치 종이 또는 섬유와 같다고 해서 폐섬유화증상이라고 한다. 이렇게 가습기 살균제는 폐세포 안팎의 모든 미생물들을 전멸시킴으로써 결국 폐세포마저도 죽이고 폐섬유화증상을 유발하게 된다.

또한 가습기 살균제는 몸의 다른 모든 부분에 존재하는 미생물과 세포들도 제거하게 되는데, 그것은 몸의 모든 부분들은 서로 하나로 연결된 하나이기 때문이다. 이런 가습기 살균제로 인해 호흡기 또는 그 이외의 다른 부분의 질병으로 인해 이미 수백 명이 생명을 잃었고, 지금도 수많은 사람들이 그 후유증으로 엄청난 고통을 겪고 있다.

어떤 화학물질이든 미생물을 죽이면 유해한 화학물질이다. 왜냐하면 미생물이 나이고, 나는 곧 미생물이므로, 미생물을 죽이는 것은 곧 나를 죽이는 것이기 때문이다.

그러므로 가습기 살균제뿐만 아니라 어떤 화학물질식품, 화장품, 방향제, 탈취제, 세탁제 등이든 그 유해성 여부는 생쥐를 대상으로 복잡한 실험과정을 거치지 않아도 쉽게 알 수 있다. 그냥 미생물을 죽이는가의 여부만 살펴보면 되기 때문이다.

그런데 가습기 살균제는 처음부터 모든 미생물을 전멸시키기 위해 만들어진 물질이다. 가습기 살균제는 유해한 화학물질이라는 점을 스스로 천명하면서 만들어진 물질인 것이다. 따라서 가습기 살균제는 처음부터 그 유해성 여부를 확인할 필요도 없이 유해한 물질임이 확인된 물질이다.

그럼에도 불구하고 세계적인 대기업은 가습기 살균제를 제조해 이를 시중에 판매했고, 수많은 병원에서 사용했으며, 그로 인해 수많은 생명이 죽거나 심각한 손상을 입었고, 그 이후 유해성 여부를 판명하는 과정에서 유해성을 은폐하려는 시도가 있었으며, 유해성을 확인하는 데 몇 년이라는 오랜 시간이 걸렸다는 것은 기업과 대학의 연구원·정부 관료·의사 등의 전문가들을 포함한 우리 모두가 '사람이 미생물이고, 미생물이 곧 사람'이라는 단순한 진리를 몰랐기 때문에 벌어진 일이다. 한마디로 가습기 살균제는 우리의 무지無知가 빚어낸 참극인 것이다.

아직도 가습기 살균제로 인해 신체적으로 고통을 겪고 있는 사람들이 많다. 그렇다면 그런 사람들이 다시 건강을 회복하려면 어떻게 해야 할까? 산소통을 끌고 다니면서 화학적으로 제조한 또 다른 화학물질 항생제, 항바이러스제 등을 계속적으로 몸에 투여하면 건강이 회복될 수 있을까? 아니다. 그런 방식으로는 생명을 일정 기간 연장시킬 수는 있지만, 건강을 근원적으로 회복시키지는 못한다. 왜냐하면 그런 방식으로는 가습기 살균제가 몸에 끼친 해악을 근원적으로 제거할 수 없기 때문이다.

가습기 살균제 사태는 가습기 살균제라는 화학물질이 몸 안의 모든 미생물들을 전멸시키면서 시작되었다. 따라서 그 근본 원인을 제거하려면 그와 반대로 하면 된다. 화학물질 대신 천연물질을 사용하여, 미생물을 박멸하는 대신 대량의 유익한 미생물을 계속적으로 몸에 공급하여 몸 안의 유익한 미생물이 가득하게 하면 되는 것이다. . 가습기 살균제로 미생물이 전멸한 몸 안에 유익한 미생물이 가득하게 하는 방법 중의 하나를 소개한다.

먼저 가능한 다양한 종류 적어도 열 가지 이상의 몸에 좋은 천연 약재 홍삼, 수삼, 백삼, 당귀, 배, 모과, 도라지, 천마, 차가버섯, 영지버섯, 상황버섯, 생강, 마늘, 헛개, 구기자, 오미자, 유근피, 감초, 대추 등등와 천연 생수 그리고 삼베보자기와 천연 꿀을 준비한다. 천연 약재의 종류는 다양할수록 좋고, 천연 생수는 각종 미네랄 원소들을 골고루 함유한 천연 미네랄워터가 좋다. 왜냐하면 천연 약재의 종류가 다양할수록 몸에 유익한 다양한 유기물 분자들이 존재하므로 분자 차원의 균형이 저절로 유지되고, 각종 미네랄 원소들을 골고루 함유한 천연 미네랄워터는 원소 차원의 균형을 잡아주기 때문이다. 또한 천연 꿀을 준비하는 이유는 천연 꿀은 좋은 약성을 지닌 다양한 유기물 분자들과 유익한 미생물을 함유하고 있을 뿐 아니라 그 자체가 유익한 미생물의 먹이가 되기 때문이다.

다음에는 각각의 천연 약재들을 거의 비슷한 양으로 덜어 삼베보자기에 싸고, 넉넉한 양의 천연 생수와 함께 큰 솥에 넣고 처음에는 센불에, 나중에는 약한 불에 적어도 5~6시간 이상 충분히 달인 후 불을 끄고 식혀 인체에 유익한 약성을 지닌 천연 약물을 만든다. 그 약물이 어느 정도 식으면 그곳에 천연 꿀을 넣고 잘 혼합한 후 유익한 미생물의 종균을 투입하고 2~3일간 상온에서 미생물을 배양한 후 냉장 보관하며 사용하면 된다. 이런 방식으로 배양할 수 있는 유익한 미생물의 종류는 과학적으로 우리 몸에 유익하다는 것이 입증된 유익한 미생물이라면 어떤 것이라도 좋다. 예를 들면, 태아가 출산할 때 처음으로 접촉하게 된다는 락토바실러스 Lactobacillus 균을 이런 방식으로 배양하면 그 물은 락토바실러스균이 가득한 약물이 될 것이다.

이렇게 유익한 미생물이 가득히 배양된 약물을 제조하여 그 약물을 몸에 공급하면 된다. 그 약물을 공기와 함께 코로 호흡하여 비강은 물론이고 후두와 폐 깊숙이까지 넣어주고, 그 약물을 먹고 마셔서 소화기 전체를 적셔주고, 그 약물을 눈과 항문을 포함한 피부 전체에 골고루 발라주는 방식으로 몸에 다양한 미네랄 원소들과 다양한 유기물 분자들 그리고 유익한 미생물들을 계속적으로 공급하면 되는 것이다.

이렇게 하면 원소 차원·분자 차원·미생물 차원의 균형이 동시에 이루어진다. 여기에 유익한 미생물을 죽이는 음식, 약, 화장품, 치약, 샴푸, 세제, 살균제, 살충제 등을 멀리하고, 맑은 공기를 호흡하고, 유익한 미생물이 가득한 발효 음식을 계속적으로 섭취하고, 침과 자석으로 병약한 부분에 에너지 흐름을 보강하면 원소 차원·분자 차원·미생물 차원은 물론이고 세포 차원과 에너지 차원도 저절로 균형을 유지하게 되면서, 몸은 건강해지고 마침내 가습기 살균제의 고통으로부터 벗어나게 된다.

　이렇게 유익한 미생물은 우리 몸의 방어막이자 빛이고, 미생물이 주로 서식하는 곳이 몸의 공간 영역이며, 그곳을 통해 미생물이 직접 신체 부위에 작용하므로 몸의 공간을 유익한 미생물로 정화하면 그 공간에 접한 대부분의 질병을 정복하게 되고, 복강에 원소 차원과 분자 차원의 균형을 유지하고 있는 액체에 유익한 미생물을 배양하여 복막투석을 하는 방식으로 투입하면 대부분의 내장 질환을 근원적으로 극복할 수 있으며, 유해한 화학물질인지의 여부는 그 화학물질이 유익한 미생물들을 죽이는가만 살펴보면 알 수 있고, 가습기 살균제로 인한 폐섬유화증상은 폐세포 안팎에 존재하는 미토콘드리아 미생물과 유익한 미생물들이 먼저 전멸되고 그 이후 세포가 사멸되면서 죽은 세포의 시체들이 쌓여 있는 증상이며, 가습기 살균제의 후유증에서 벗어나려면 원소 차원·분자 차원·미생물 차원에서 동시에 균형을 회복하게 하는 천연약물을 제조하여 몸에 공급하면 된다는 이론을 정립해 보았다. 하나의 관점에서 통합적이자 분석적인 방식으로 미생물 차원을 들여다보고, 가습기 살균제로 인해 건강에 심각한 손상을 받은 후 유익한 미생물을 배양한 액체를 제조하여 그 액체가 혼합된 공기를 호흡하고 그 액체를 먹고 마시며 몸에 바르는 방식으로 건강을 회복한 체험을 통해 이런 결론에 이르게 되었다. 하지만 이 또한 한정된 지식과 경험만으로 미생물 차원을 들여다본 것에 불과하다. 더 많은 지식과 경험을 보유한 관련 분야의 전문가들이 하나의 관점에서 미생물 차원을 연구한다면 더 많은 성과를 얻어낼 것이다. 특히 복강투석을 하는 방식으로 몸속의 빈 공간에 유익한 미생물이 가득하게 하는 방식으로 복강을 정화하는 방법을 찾아낸다면 대부분의 질병을 원천적으로 차단하거나 치유할 수 있는 길을 열게 될 것이라고 예상한다. 관련 분야의 과학자들이 이 부분에 대한 실험과 연구를 진행해 주기를 바란다.

　미생물 차원의 균형은 건강한 몸과 직결된다. 생명력을 강화하는 유익한 미생물들이 풍부하게 균형을 유지하며 존재하는 것이 '건강'이고, 유익한 미생물들이 균형을 잃고 사라지는 것이 바로 '질병'이다.

균형은 건강이다

　에너지 차원·원소 차원·분자 차원·미생물 차원은 하나로 되어 돌고 돈다. 에너지가 뭉쳐진 결정체가 원소이고, 수많은 원소들의 결합체가 각종 유기물 분자이며, 수많은 유기물 분자들이 결합하여 유기적으로 작동하는 것이 미생물이기 때문이다. 그러므로 에너지 차원의 균형은 원소 차원의 균형으로 이어지고, 원소 차원의 균형은 분자 차원의 균형으로 이어지며, 분자 차원의 균형은 미생물 차원의 균형으로 연결되고, 미생물 차원의 균형은 몸의 균형과 직결된다.

　원소 차원·분자 차원·미생물 차원이 서로 밀접하게 연결되어 있는 좋은 사례를 각종 해산물새우, 멸치, 조개 등을 발효시켜 젓갈을 만드는 과정 속에서 찾아볼 수 있다. 어민들은 맛있는 젓갈을 만들기 위해서는 반드시 진짜 소금인 천일염을 사용해야만 하고, 가짜 소금인 염화나트름 덩어리를 사용하면 해산물이 부패되어 젓갈 농사를 망치게 된다는 것을 경험을 통해 잘 알고 있다.

미네랄 밸런스를 유지하고 있는 천일염_{진짜 소금}은 해산물을 맛있게 발효시킨다. 그 이유는 천일염의 원소 차원의 균형_{미네랄 밸런스}은 해산물의 유기물 분자 차원의 균형으로 이어지고, 해산물의 유기물 분자 차원의 균형은 유익한 미생물이 번식하기에 알맞은 환경을 조성하기 때문이다.

반면에 미네랄 밸런스가 붕괴된 염화나트륨 덩어리_{가짜 소금}는 해산물을 부패시킨다. 그 이유는 원소 차원의 균형이 붕괴된 염화나트륨 덩어리는 유기물 분자 차원의 불균형으로 이어지고, 유기물 분자 차원의 불균형은 유익한 미생물이 생존하기 어려운 환경을 조성하므로 유해한 세균만이 번성하기 때문이다.

사람의 몸에서도 에너지 차원·원소 차원·분자 차원·미생물 차원은 밀접하게 연결되어 있다. 그러므로 내가 에너지 차원에서 균형을 유지하면 그 균형은 원소 차원의 균형으로 이어지게 되고, 원소 차원의 균형은 다양한 유기물 분자 차원의 균형을 이루게 하며, 유기물 분자 차원의 균형은 유익한 미생물 차원의 균형으로 연결되면서 몸 전체의 균형을 이루게 된다. 하지만 에너지 차원의 불균형은 원소 차원의 불균형으로 이어지고, 원소 차원의 불균형은 유기물 분자 차원의 불균형으로 이어지며, 유기물 분자 차원의 불균형은 미생물 차원의 불균형으로 이어지게 되므로 몸도 균형을 잃게 된다.

몸의 균형, 그것이 바로 건강이다. 건강은 에너지 차원·원소 차원·분자 차원·미생물 차원·세포 차원을 포함한 모든 차원에서 균형을 유지할 때 이루어진다. 그러므로 건강은 하나다. 균형은 둘이 아닌 하나일 수밖에 없기 때문이다. 그리고 그 하나의 건강은 모든 질병을 정복한다.

반대로 몸의 불균형은 질병이다. 어느 한 차원의 특정한 지점에서 불균형이 발생하더라도 그것은 질병으로 이어진다. 그러므로 질병은 여럿이다. 어느 한 차원의 불균형이라도 모든 차원의 불균형으로 연결되면서 질병은 깊어진다. 따라서 질병은 불균형^{질병}이 시작된 특정한 차원을 찾아내, 그 차원의 균형을 회복시키는 것과 동시에 모든 차원에서 균형을 유지하면 자동적으로 치유된다.

지구는 나의 몸이다. 나는 지구 차원의 몸으로 존재한다. 지구는 흙·물·불·공기의 합이고, 흙·물·불·공기는 지구의 모든 것이다. 그래서 일찍이 동양의 불교와 서양의 고대 그리스 철학자 엠페도클레스 Empedocles, B. C. 490?~B. C. 430?는 흙·물·불·공기 地·水·火·風가 물질의 근본이고, 그것들이 엮여 세상 만물이 창조되었다고 한목소리로 말한 바 있다. 그러므로 흙 차원·물 차원·불 차원·공기 차원의 순환이 균형을 이루며 진행될 때 나의 몸은 건강하게 존재할 수 있다.

그런데 지구 차원의 몸에 불균형이 발생했고, 그 불균형의 정도는 점점 더 심해지고 있으며, 몸을 구성하는 다른 모든 차원으로 불균형이 확산되고 있다. 그래서 지구 차원의 순환이 균형을 상실한 원인과 그 원인을 제거함으로써 다시 균형을 유지할 수 있는 방안을 흙 차원·물 차원·불 차원·공기 차원의 관점에서 찾아보았다.

흙 순환

『성경』은 "흙으로 사람을 빚었다"라고 적고 있다. 그것은 흙이 생명이라는 의미다. 그것은 흙이 식물이고, 동물이며, 사람임을 선언한 것이다. 식물은 흙을 먹고, 동물은 식물을 먹으며, 사람은 동물과 식물을 먹고, 흙은 모든 것을 먹는다. 다시 그 흙을 식물이, 그 식물을 동물이, 그 식물과 동물을 사람이 먹는다. 내가 나를 먹고, 내 손자가 나를 먹으면서 자라난다. 이것은 원이다. 이 원 속에서 누구도 먹는 자가 아니고, 누구도 먹히는 자가 아니다. 모두가 자기 차례가 올 때 먹고, 자기 차례가 되었을 때 먹힐 뿐이다. 그렇게 그 원은 끝없이 돌아간다.

흙 순환은 둥근 고리의 형태로 처음과 끝이 맞물려 돌고 도는 원이다. 흙에서 시작한 순환은 식물을 거쳐 흙으로 돌아오거나, 식물과 동물, 사람을 거쳐 흙으로 돌아온다. 그 외의 다른 방식으로 흙이 생명으로 순환할 수는 없다.

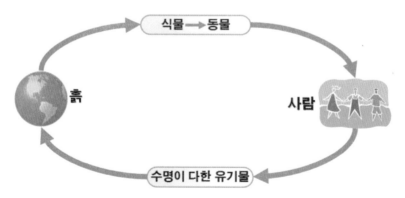

그림8 돌고 도는 흙 순환 모습. 흙에서 시작한 순환은 식물을 거쳐 흙으로 돌아오거나, 식물과 동물, 사람을 거쳐 흙으로 다시 돌아온다.

식물, 동물, 사람으로 순환한 후 다시 흙으로 돌아가기 위해 분해를 기다리는 유기물을 '수명이 다한 유기물'이라고 한다. 동물과 식물의 사체死體, 음식물 쓰레기, 도축 폐기물, 하수 슬러지sludge, 각종 배설물, 농수산물 쓰레기 등등이 수명이 다한 유기물이다.

그러므로 흙 순환은 그림8과 같이 과 같이 '흙–식물–동물–사람–수명이 다한 유기물–흙'으로 이어지는 하나의 둥근 원이다. 그런데 현재 흙 순환 원은 단절되고 왜곡되어 하나의 원을 이루지 못하고 있다. 그로 인해 우리 몸의 흙 순환도 단절되고 왜곡되어 흐르면서 사람을 비롯한 수많은 생명들이 고통을 받고 있다.

산업혁명이 일어나면서 공업이 발전하고, 사람들이 도시로 집중되면서, 농촌흙에서 생산한 식량유기물도 도시로 향했다. 그러나 도시에서 발생한 수명이 다한 유기물은 농촌으로 돌아갈 수 없었다. 도시와 농촌 사이의 거리가 멀기 때문이었다.

수명이 다한 유기물이 흙으로 돌아오지 않았기 때문에 흙은 항상 질소성분이 부족했고, 그것은 농업 생산성 향상에 치명적인 걸림돌이었다. 이때 공기 중의 질소를 고체로 고정시키는 획기적인 기술이 개발되어 화학비료를 대량생산하게 되었고, 사람들은 수명이 다한 유기물 대신 화학비료를 흙에 공급하여 농업 생산성을 양껏 증가시킬 수 있게 되었다.

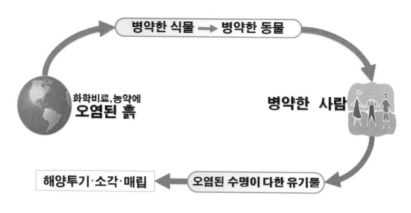

사진9 단절되고 오염된 흙 순환의 모습. '흙―식물―동물―사람―수명이 다한 유기물―흙'으로 이어지는 순환의 고리가 끊어져 흙 순환이 단절되었다.

이제 사람들은 더 이상 필요가 없게 된 수명이 다한 유기물을 쓰레기로 취급했다. 그래서 땅에 매립하고, 바다에 투기하고, 기름과 함께 공기 중에 소각함으로써 수명이 다한 유기물을 버렸다. 이렇게 수명이 다한 유기물이 버려지면서 그림9와 같이 수명이 다한 유기물에서 흙으로 이어지는 부분의 흙 순환의 고리가 끊어졌다. 흙 순환이 단절된 것이다. 그리고 그 후유증으로 생명력이 떨어지면서 지구를 비롯한 모든 생명들은 엄청난 고통을 겪고 있다.

수명이 다한 유기물이 해양 투기·공기 중에 소각·땅에 매립이란 방식으로 버려지면서 바다·대지·대기의 온도와 산성도가 증가하면서 더러워지고 오염되었다. 그로 인해 그 많던 나비와 벌, 새, 메뚜기, 개구리, 풍뎅이, 그리고 이름 모를 벌레들이 보이지 않게 되었고, 수많은 종류의 꽃과 나무들도 사라졌으며, 농산물에 병충해가 들끓고, 가축들에게 질병이 돌면서 한꺼번에 수십만 마리씩 집단 폐사하는 것이 예사로운 일이 되었으며, 암·고혈압·당뇨병·아토피성 피부염 등 이름도 생소한 다양한 질병들이 양산되면서 지금 이 순간에도 수많은 사람들이 고통받으며 죽어가고 있다.

　원소·분자·미생물의 관점에서 돌아보면 단절된 흙 순환이 야기하는 문제점들을 쉽게 파악할 수 있다. 여기서 유의해야 할 것은 흙의 선순환이 단절되면서 악순환으로 대체되었다는 것이다.

　우선, 각종 원소들, 특히, 미네랄 원소들이 흙 순환에서 사라지게 되었다. 흙 속에 있던 각종 미네랄 원소들은 '식물−동물−사람−수명이 다한 유기물'을 통해 순환한 후 다시 흙으로 돌아와야 한다. 그러나 수명이 다한 유기물을 구성하는 각종 미네랄 원소들은 흙 순환이 단절되었기 때문에 다시 흙으로 돌아갈 방법이 없어졌다. 원소 순환이 단절된 것이다. 흙 순환이 반복되면 반복될수록 흙에 있던 각종 미네랄 원소들은 사라지게 되었고, 원소 차원의 균형은 붕괴되었다. 그리고 사라진 각종 미네랄 원소들 대신 화학비료·농약·방부제·항생제에 섞여 있던 각종 중금속 원소들이 흙 순환에 등장하게 되었다. 단절된 흙 순환이 반복되면 반복될수록 중금속 원소들이 흙 순환에 누적되는 양은 증가했고 흙은 더욱더 오염되고 있다.

　다음으로 다양한 형태의 자연유기물들이 흙 순환에서 사라지고, 그 대신 획일적인 인공유기물이 그 자리를 차지하게 되었다. 원소 차원의 균형이 붕괴된 상태에서는 식물과 동물이 다양한 원소들을 조합하여 다양한 유기물 분자를 합성하는 것이 불가능해졌고, 다양한 분자구조를 지닌 수명이 다한 유기물 대신 획일적인 분자구조로 이루어진 화학비료와 농약이 흙 순환에 공급되었기 때문이다. 자연히 유기물 분자 차원의 균형은 붕괴되었고, 흙 순환의 생명력은 떨어지게 되었다. 생명의 다양성은 축소되었고, 미생물에서 영장류에 이르기까지의 수많은 종들이 이미 멸종되었거나 멸종될 위기에 놓이게 되었다.

또한 유익한 미생물은 사라지고, 유해한 세균은 번성하게 되었다. 원소 차원과 유기물 분자 차원의 균형이 파괴되고 화학물질과 중금속이 들끓는 환경에서는 유익한 미생물이 서식할 수 없기 때문이다. 유익한 미생물이 사라진 흙 순환에는 유해한 세균들이 변화하는 환경에 적응하면서 슈퍼바이러스, 슈퍼세균, 슈퍼박테리아 등 지금까지 보지 못한 종으로 진화하여 동물과 식물을 가리지 않고 공격하고 있다.

모든 문제의 원인은 수명이 다한 유기물을 흙으로 돌려보내지 않고 하늘·땅·바다에 버려 흙 순환을 단절시키고, 그 대신 인위적으로 조작한 물질을 투입해 흙 순환을 오염시켰기 때문이다. 따라서 단절되고 오염된 흙 순환을 다시 연결하고 정화한다면 모든 것을 원래대로 되돌릴 수 있을 것이다.

그러나 수명이 다한 유기물을 가져다가 흙에다 부어준다고 해서 흙 순환이 다시 연결되는 것은 아니다. 사실 인류는 수천 년 전부터 수명이 다한 유기물을 농가 마당에서 발효시킨 후, 흙에 부어주는 방식으로 흙 순환을 연결시키고 있었다. 하지만 이런 방식만으로 70억 인류가 날마다 배출하는 엄청난 양의 수명이 다한 유기물을 처리하여 흙으로 돌려보내는 것은 불가능하고, 100년 이상의 기간 동안 누적되어진 악순환의 상처를 치유할 수도 없다.

인구는 팽창했고 악순환의 결과가 누적된 상황에서 흙 순환을 다시 연결하고 정화하기 위해서는 과학의 도움을 받아야만 한다. 가장 단순하면서도 효율적으로 설계된 과학적인 환경 방식만이 단절된 흙 순환을 연결하고, 악순환을 치유할 수 있는 것이다.

흙 순환을 되살릴 과학적인 환경 방식 가운데 하나가 '수산기 방식'이다. 수산기 방식은 수산기를 대량으로 발생시켜, 발생된 수산기를 이용하여 신속하게 수명이 다한 유기물을 분해하는 환경 방식이다. 그런데 수산기 방식의 수산기水酸基, OH-란 무엇일까?

수산기hydroxyl radical는 현존하는 물질 중 산화력이 불소F 다음으로 강력하고, 산화 속도는 오존O₃보다 2,000배, 태양자외선보다 180배 빠른 물질이다. 수산기는 모든 세균과 진드기 등을 살균 및 소독할 수 있으며, 대부분의 유해한 화학물질을 무해한 물질로 분해하는 능력을 지닌다. 또한 수산기는 그 자체로는 인체에 전혀 무해하고 독성이 없는 물질이다.

수산기OH는 산소 원소O 한 개와 수소 원소H 한 개가 결합한 것으로 '기로서의 수산기OH'와 '이온으로서의 수산기OH-'가 있다. 이온으로서의 수산기는 기로서의 수산기에 전자 하나가 더 붙은 것이다.

수산기는 화학적으로 매우 불안정하여 다른 원소 또는 전자를 끌어당기거나, 자신들의 결합 구조OH, OH-를 깨고 각각 다른 원소와 결합하는 방식으로 변화하려고 한다. 그러므로 수산기가 유기물과 만나면 수산기는 유기물의 분자구조를 형성하고 있는 원소들과 신속하게 결합하는 방식으로 유기물의 분자구조에서 원소들을 빼냄으로써 유기물을 분해하게 된다.[1]

---

1 이상 수산기에 대한 내용은 뉴-에어 테크놀로지스 연구소가 제공한 내용이다.

수산기 방식은 수명이 다한 유기물에 '산화된' '알칼리 성분'의 '미네랄 원소'들을 투입하여 대량의 수산기를 발생시키고, 발생된 수산기의 강력한 산화력과 빠른 산화 속도로 수명이 다한 유기물을 신속하게 분해하는 환경 방식이다.

유기물의 신속한 분해를 위해서는 강력한 산화력을 지닌 수산기가, 흙 순환에서 사라진 미네랄 원소들을 보충하려면 각종 미네랄 원소들이, 산성화된 흙 순환을 중성으로 되돌리기 위해서는 알칼리성 물질이 필요하다. 그래서 수산기 방식은 '산화된' '알칼리성' '미네랄 원소들'을 함유한 물질을 사용하여 수명이 다한 유기물을 분해하는데, 그 물질이 바로 산화칼슘^{CaO}이다. 산화칼슘은 칼슘과 마그네슘, 칼륨 등 다양한 알칼리성 미네랄 원소들로 이루어진 석회석^{CaCO_3}을 높은 온도로 가열하여 산화시키는 방식으로 제조한 물질로 일명 '생석회'라고 불리는 물질이다. 수산기 방식은 산화된 알칼리성 미네랄 물질인 산화칼슘을 사용하여 흙 순환에서 사라진 미네랄 원소들의 보충, 흙 순환의 중성화, 수명이 다한 유기물의 신속한 분해라는 흙 순환의 과제들을 한꺼번에 해결한다.

수산기 방식으로 수명이 다한 유기물을 분해하기 위해서는 교반장치^{攪拌裝置}가 달린 밀폐된 용기$^{수산기 방식 장비}$에 수명이 다한 유기물과 산화칼슘을 함께 넣고 밀폐시킨 후, 적절한 시간 동안 교반시키면 된다. 그러면 산화칼슘과 물$^{유기물의 80퍼센트 이상은 물로 구성된다}$은 재미있는 화학반응을 일으키며 수명이 다한 유기물을 분해하게 된다.

먼저 산화칼슘과 물이 화학반응을 일으켜 수산화칼슘$^{Ca(OH)_2}$이 생성되면서 고온의 열이 발생하고, 이어서 수산화칼슘 중 일부가 물에 녹아 Ca+ 칼슘 이온과 OH− 이온으로서의 수산기로 이온화된다.

곧이어 산화칼슘과 물의 반응 당시 생성된 높은 열로 인해 일부 이온으로서의 수산기와 물은 증발하고, 증발 과정에서 이온으로서의 수산기는 방전하면서 전자를 잃고 수증기 형태의 기로서의 수산기로 변화한다.

이어서 증발한 기로서의 수산기 OH와 물에 녹아 있는 이온으로서의 수산기 OH−에 의해 유기물은 신속하게 산화되어 분해되면서, 유기성 영양 성분을 함유한 알칼리성 미네랄 물질이 남게 된다. 이 모든 과정은 눈 깜짝할 정도로 짧은 순간에 이루어진다.[2]

수산기 방식은 수명이 다한 유기물을 신속하게 분해한다. 수산기가 오존보다 2,000배, 태양자외선보다 180배 빠르게 모든 유기물을 분해하기 때문이다. 현재 지구촌의 환경 위기는 인구 증가에 따른 환경 오염 물질 수명이 다한 유기물의 증가 속도를 지구의 자체 정화 속도가 따라가지 못하기 때문에 발생하고 있다. 순환이 정체된 것이다. 그런데 수산기 방식은 환경 오염 물질의 대부분을 차지하는 수명이 다한 유기물을 신속하게 분해함으로써 지구촌 환경 위기의 근본 원인을 제거하게 된다.

수산기 방식은 모든 세균과 바이러스를 살균·소독하고, 대부분의 화학물질을 무해한 물질로 분해하며, 수명이 다한 유기물을 한꺼번에 분해함으로써 흙 순환을 정화한다. 이 또한 수산기의 탁월한 분해 능

---

2 그 과정은 아래와 같은 화학식으로 표현된다.
$$CaO + H_2O = Ca(OH)_2 + 열$$
$$Ca(OH)_2 + H_2O = Ca+ 와 OH−로 이온화.$$
$$OH− + 열 = OH− \uparrow (기화)$$
$$OH− 방전 = OH$$
유기물 + OH− 또는 OH = 유기물의 분해, H_2O 또는 HO_2 또는 기타 물질 생성.

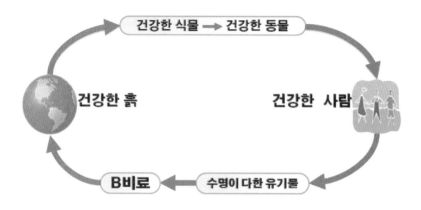

그림10 수명이 다한 유기물의 각종 유기성 영양 성분과 산화칼슘의 각종 알칼리성 미네랄 원소를 골고루 갖춘 물질인 'B비료'로 연결된 흙 순환의 모습.

력에서 비롯된다.

그 외에도 수산기 방식은 수명이 다한 유기물을 분해하는 과정에서 악취와 침출수가 발생하지 않으며, 분해 시간이 짧은 관계로 대규모 처리 시설을 건설할 필요가 없으므로 처리 시설 건설 비용이 적게 드는 장점도 있다.

수산기 방식에 의해 수명이 다한 유기물이 적당히 분해되면 '유기성 영양 성분을 충분히 함유한 알칼리성 미네랄 물질'이 남게 되는데, 그 것을 'B비료'라고 한다. 그러므로 B비료는 수명이 다한 유기물의 각종 유기성 영양 성분과 산화칼슘의 각종 알칼리성 미네랄 원소들을 골고 루 가지고 있는 물질이다. 이런 B비료를 흙에 돌려주면 단절된 흙 순 환은 그림10과 같이 연결되면서 흙 순환의 모든 것들이 달라진다.

먼저 흙이 달라진다. 미네랄 밸런스는 무너지고, 획일적이고 저급한 유기물로 구성된 각종 유해한 세균이 들끓는 산성화된 기존 흙에 B비료가 투입되면, 각종 미네랄 원소를 골고루 함유하고, 유기성 영양 성분과 유익한 미생물을 충분히 함유한 중성 흙으로 변모하게 된다. 즉, 병약하던 흙이 모든 차원에서 균형을 유지한 건강한 흙으로 거듭나게 된다.

이렇게 건강해진 흙을 먹고 자란 농작물은 모든 차원에서 균형을 유지한 건강한 농산물이 된다. 모든 농산물은 본래의 맛과 향을 되찾게 되는데, 사과 한 개로도 온 방 안에 사과향이 진동하고, 상추에서는 우윳빛 수액이 뚝뚝 떨어지며, 참기름은 고유의 고소한 맛과 향을 내게 된다.

이어서 건강한 식물과 농작물로 만든 사료를 섭취하며 자란 가축들은 하나같이 건강하게 된다. 우유는 고소하고도 맛있는 본래의 맛을 되찾게 되고, 소고기·돼지고기·닭고기 등도 본래의 맛과 영양을 되찾게 된다. 더 이상 가축 질병으로 인해 수많은 가축들을 매몰할 이유도 없어진다.

당연히 사람도 건강해진다. 건강한 농·축산물을 먹고 사는 사람들은 모든 차원에서 균형을 이루며 건강을 되찾게 된다. 잘못된 식품으로 인해 양산되던 수많은 질병은 저절로 모습을 감춘다. 독한 약으로 모든 병원균을 박멸했기 때문이 아니다. 건강한 식품으로 인해서 각종 질병이 자리 잡을 곳이 없어졌기 때문에 저절로 사라진 것이다. 빛이 들어오자 어둠이 스스로 물러난 것이다.

그리고 건강해진 모든 것은 건강한 수명이 다한 유기물로 변화하여 건강한 흙이 되고, 건강한 흙은 다시 건강한 식물로, 건강한 동물로, 건강한 사람으로, 건강한 수명이 다한 유기물로 변화하면서 흙 순환이 끝없이 계속 이어진다.

이렇게 산화칼슘과 물이 반응하면서 생성된 '수산기'가 빠른 속도로 유기물을 분해한다는 화학이론과 그렇게 분해되며 생성된 물질을 흙으로 돌려주면 흙 순환의 문제점들을 한꺼번에 해결할 수 있다는 새로운 흙 순환이론을 고안해 보았다. 하나의 관점에서 통합적이고도 분석적인 방식으로 흙 순환을 관찰하고, 수명이 다한 유기물과 산화칼슘을 수산기 방식 장비에 넣고 교반시켜 본 결과 이런 결론에 이르게 되었다. 그러나 이런 결론은 한정된 지식과 경험만으로 흙 순환의 지극히 일부분을 하나의 조그만 화환으로 엮은 것에 불과하다. 흙 순환에 대해 더 많은 지식과 경험을 보유한 전문가들이 하나의 관점에서 흙 순환의 모든 부분들을 포함하는 장대한 화환을 창조함으로써 인류의 건강한 삶에 도움을 주기를 바란다.

물 순환

모든 것은 바다다. 우주는 끝없이 무한한 바다이고, 초은하단·은하단·태양계·지구·'나'·분자·원소·소립자·텅 빈 허공은 바닷속의 바다, 또 그 바닷속의 바다들이다. 바다가 바다를 낳고, 그 바다가 또 다른 바다들을 품고 있다.

바닷물은 순환한다. 바닷물은 여러 가지 형태로 작은 바다들을 순환한 후 다시 큰 바다로 돌아간다. 그러므로 바닷물 순환은 하나이고, 나의 몸은 그 하나의 일부분이다. 따라서 바닷물 순환이 전체적으로 원활하게 이루어지지 못하면 나의 몸 또한 건강하게 존재할 수 없다.

바닷물은 지구 전체를 순환한다. 왜냐하면 지구는 하나의 바다, 하나의 생명이기 때문이다. 하나의 생명인 지구의 모든 곳에는 생명력인 지구의 피가 흐르는데, 그것이 바로 '바닷물'이다. 그러므로 인류가 전체적인 바닷물 순환의 원리를 이해하고, 그것을 활용한다면, 지구의 생명력이 주는 풍요를 만끽할 수 있다.

인구 증가와 도시화로 인해서 현재 지구촌의 물 수요는 폭발적으로 증가하고 있는데 반해, 지구온난화 등으로 인해 깨끗한 물^{담수}의 총량은 점차적으로 감소하고 있다. 이런 상황에서 지구상에 존재하는 전체 물의 0.01퍼센트에 불과한 담수_{淡水}를 단순히 절약하고 효율적으로 사용하는 것만으로는 지구촌 물 부족 문제를 근원적으로 해결할 수는 없다.

담수는 바닷물로 만들어지고, 지구에는 무한한 양의 바닷물이 존재한다. 하지만 바닷물에는 지구상에 존재하는 모든 원소들이 고농도로 녹아있기 때문에 그대로 사용할 수는 없다. 담수는 바닷물이 순환하며 변화하는 여러 가지 모습 가운데 한 가지 형태이다. 그러므로 담수를 넉넉하게 생산하여 물 부족의 고통에서 벗어나려면 바닷물 순환의 원리를 이해해야만 한다.

지금까지 인류가 이해하지 못하고 있는 새로운 바닷물 순환의 원리가 있다. 그래서 지구촌 물 부족 문제의 근원적인 해결을 도모하고자 새로운 바닷물 순환의 원리와 그것을 이용하는 방안을 간략하게 서술한다.

바닷물은 지구 전체를 돌고 도는 방식으로 순환하고, 바닷물에 녹아 있는 각종 물질들은 바닷물이 순환하는 과정에서 저절로 떨어져 나가면서 정화되어 담수로 변화한다.

바닷물은 크게 두 가지 형태로 지구 전체를 순환하면서 담수로 정화된다. 먼저, 바닷물은 하늘을 통해 순환하며 담수로 정화된다. 바닷물은 수증기로 증발하여 구름이 되었다가 하늘에서 비가 되어 내리는 순환과정을 통해 깨끗하게 담수로 정화된다. 다음으로, 바닷물은 깊은 지하를 통해 순환하며 담수로 정화된다. 바닷물은 높은 수압에 밀려 깊은 지하의 단단한 암반에 형성된 미세한 틈^{구멍}을 순환하는 과정에서 깨끗하게 담수로 정화된다.

인류는 바닷물이 하늘을 통해 순환하며 담수로 변화하는 원리는 이미 충분히 이해하고 그것을 이용하고 있다. 하지만 지금까지도 바닷물이 깊은 지하를 통해 순환하며 담수로 정화되는 원리는 이해하지 못해서 그것을 이용하지도 못하고 있다. 즉, 현재 인류는 거시적인 바닷물의 순환 가운데 반쪽만을 이용하고 있는 것이다.

바닷물이 깊은 지하에서 순환하며 담수로 정화되는 것은 세 가지 이유 때문이다. 첫째, 바닷물을 구성하는 모든 물질 가운데 물 분자의 크기가 가장 작고, 둘째, 깊은 지하에는 자연적으로 높은 수압이 저절로 가해지고 있으며, 셋째, 깊은 지하의 단단한 암반층에는 매우 작은 물질만 통과가 가능한 미세한 구멍이 무수히 많기 때문이다.

바다 밑 깊은 지하에는 높은 수압이 자연적으로 가해지므로, 높은 수압에 밀린 바닷물은 그림11과 같이 깊은 지하의 단단한 암반층에 형성된 미세한 구멍으로 밀려들어가게 된다. 이때 알갱이의 크기가 매우 작은 물 분자는 쉽게 미세한 구멍을 통과하지만, 그보다 알갱이가 조

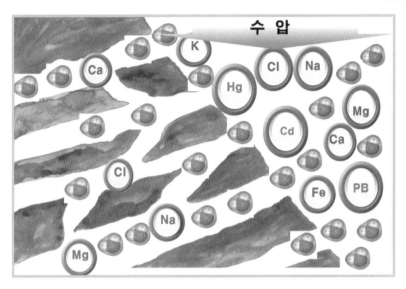

그림11 자연적인 역삼투압 방식으로 바닷물이 정화되는 원리를 설명하는 그림.

금 더 큰 미네랄 원소들은 일부만 통과하게 되고, 알갱이가 매우 큰 중
금속 원소와 유기물 분자·화학물질 분자 등은 전혀 통과하지 못하게
됨으로써 바닷물이 정화된다.

이렇게 깊은 지하에서 바닷물이 정화되는 원리는 물 분자만 통과가
가능한 미세한 구멍이 뚫어진 반투막半透膜의 한편에 바닷물을 넣고,
높은 압력으로 바닷물을 밀어 반투막을 통과시켜 정화하는 역삼투압
방식과 기본적으로 동일하다.

단지 역삼투압 방식은 인위적으로 만들어낸 높은 압력과 반투막을
사용하여 바닷물을 억지로 정화하는 반면, 깊은 지하에서는 자연적으
로 형성되는 높은 수압과 단단한 암반층의 미세한 구멍에서 저절로 바
닷물이 정화된다는 점에서만 차이가 있을 뿐이다.

그래서 인위적인 역삼투압 방식과 구별하기 위해서 바닷물이 깊은 지하에서 단단한 암반층의 미세한 구멍을 통해 순환하며 저절로 정화되는 원리를 '자연적인 역삼투압 현상'이라 하고, 자연적인 역삼투압 현상에 의해 바닷물이 정화되어 생성된 담수를 'B워터'라고 이름 지었다.

바닷물이 깊은 지하에서 '자연적인 역삼투압 현상'에 의해 'B워터'로 정화되는 세 가지 요인들을 자세히 살펴보면 다음과 같다.

첫째, 바닷물을 구성하는 물질들 가운데 물 분자의 크기가 가장 작다. 원소 가운데 크기가 가장 작은 수소 원소 두 개와 상당히 작은 산소 원소 한 개로 구성되는 물 분자$_{H_2O}$의 반지름은 0.1nm 이하이지만, 바닷물에 이온 상태로 존재하는 각종 미네랄 원소들과 중금속 원소들$_{수은, 납, 카드뮴 등}$의 반지름은 0.1~0.2nm이며, 수많은 분자들로 이루어진 각종 유기물 분자들과 화학물질 분자들의 알갱이는 이보다 훨씬 더 크다.

둘째, 깊은 지하의 물에는 자연적으로 높은 수압이 저절로 가해진다. 바닷물의 평균 비중은 1.025이므로, 바다의 수심이 10m이면 약 1.025기압의 수압이 가해지고, 1,000m이면 102.5기압의 수압이 저절로 가해진다. 반면에 담수의 비중은 1이므로, 담수의 수심이 10m이면 1기압의 수압이 가해지고, 1,000m이면 100기압의 수압이 저절로 가해진다. 깊은 지하로 내려갈수록 물의 수압은 더욱더 높아지고, 동일한 깊이에서 바닷물의 수압은 담수의 수압에 비해 상대적으로 높다.

마지막으로 셋째, 깊은 지하는 예외 없이 단단한 암반으로 이루어지고, 단단한 암반에는 미세한 틈$_{구멍}$이 무수히 많다. 그 이유는 지구가 끊임없이 순환하며 몸을 뒤틀기 때문이다. 산과 계곡, 강과 들은 세월이 만들어낸 지구의 피부와 주름이다. 지구의 주름 밑에는 주름이 생길 때 형성된 균열이 지하로 이어진다. 지구의 주름을 단층대斷層帶라고 하고, 주름 밑으로 이어진 균열을 파쇄대破碎帶라고 한다. 미세한 틈이란 파쇄대를 의미하는데, 단단한 암반에 형성된 파쇄대는 매우 견고하여 파손될 염려가 없는 수없이 많은 미세한 구멍으로 이루어진다. 파쇄대는 지진 등의 충격을 받으면 잘 쪼개지는 단단한 암석으로 구성된 암반에 형성된다. 암반은 깊은 지하로 내려갈수록 높은 압력에 눌려 더욱더 단단해진다. 암반의 밀도가 점점 더 높아지는 것이다. 암반의 밀도가 높아지는 것에 비례하여, 암반에 형성된 파쇄대의 미세한 구멍은 더욱더 미세해진다. 그러므로 동일한 지역의 암반에 형성된 파쇄대의 미세한 구멍의 크기는 깊은 지하로 내려갈수록 더욱더 미세해진다.

자연적인 역삼투압 현상으로 B워터가 만들어지기 위해서는 '파쇄대의 구멍 크기'와 '수압의 세기'가 중요하다. 왜냐하면 자연적인 역삼투압 현상이 발생하려면 파쇄대의 구멍이 물 분자와 일부 미네랄 원소들만 통과할 수 있을 정도로 매우 미세해야만 하는데, 바닷물이 그렇게 미세한 구멍으로 통과하려면 높은 수압이 필요하기 때문이다.

그러므로 깊은 지하로 내려갈수록 자연적인 역삼투압 현상은 원활하게 발생한다. 왜냐하면 깊은 지하로 내려갈수록 암반층의 높은 압력에 의해 파쇄대의 구멍은 점점 더 미세해지고, 바닷물의 수압도 더욱더 높아지기 때문이다.

따라서 자연적인 역삼투압 현상에 의해 생성되는 B워터의 양은 깊은 지하로 내려갈수록 많아지고, 얕은 지하일수록 적어진다. 왜냐하면 얕은 지하에서는 파쇄대의 구멍이 너무 미세한 경우 수압이 약해 자연적인 역삼투압 현상이 발생할 수 없지만, 깊은 지하에서는 수압이 높아지므로 매우 미세한 파쇄대의 구멍을 통해서도 자연적인 역삼투압 현상이 원활하게 발생하기 때문이다. 또한 얕은 지하와 깊은 지하의 파쇄대의 구멍의 크기가 동일한 경우에도 깊은 지하의 높은 수압에서는 더 빠른 속도로 자연적인 역삼투압 현상이 발생하므로 깊은 지하에서는 더 많은 양의 B워터가 만들어지게 된다.

또한 자연적인 역삼투압 현상에 의해 생성되는 B워터의 염도는 깊은 지하일수록 담수에 가까워지고, 얕은 지하일수록 바닷물에 가까워진다. 왜냐하면 깊은 지하로 내려갈수록 파쇄대의 구멍은 더욱더 미세해지고, 수압도 높아지므로 더욱더 미세한 파쇄대의 구멍에서도 자연적인 역삼투압 현상이 발생하게 되므로 바닷물에 녹아 있는 대부분의 물질들은 파쇄대의 미세한 구멍에서 걸러지기 때문이다.

자연적인 역삼투압 현상에 의해 바닷물에 녹아 있는 미네랄 원소들의 대부분이 걸러져 음용이 가능한 수준으로 B워터의 염분 농도가 떨어지기 위해서는 파쇄대가 존재하는 지점의 깊이가 적어도 지하 500m 이상은 되어야 한다. 왜냐하면 물 분자만 통과하고 대부분의 미네랄 원소들이 걸러질 정도로 미세한 파쇄대의 구멍으로 바닷물을 밀어 넣어 자연적인 역삼투압 현상을 발생시키려면, 적어도 50기압 이상의 높은 수압이 필요하고, 50기압 이상의 수압이 발생하려면 수심이 500m 이상이 되어야만 하기 때문이다. 이는 인위적인 역삼투압 방식에서 바닷물에 압력을 가해 역삼투막reverse osmosis membrane의 미세한 구멍을 통과시켜 담수로 정화하는 경우에도 50기압이상의 압력을 가해야만 한다는 점을 보아도 알 수 있다.

바닷물이 지하로 스며든 해수 지하수와 육지의 담수가 지하로 흘러든 '담수 지하수'는 깊은 지하의 파쇄대에서 서로 만나게 된다. 파쇄대를 통해 '해수 지하수'는 바닷물의 수압에 의해 육지 방향으로 밀려들고, 담수 지하수는 담수의 수압에 의해 바다 방향으로 밀고 나오다가 파쇄대의 중간에서 만나 균형을 이루며 경계선을 형성하는 것이다.

그런데 깊은 지하일수록 해수 지하수와 담수 지하수가 만나는 경계선은 바다가 아닌 육지의 지하 부분에 위치하게 된다. 왜냐하면 깊은 지하로 내려갈수록 해수 지하수와 담수 지하수의 수압의 차이는 더 크게 벌어지기 때문이다. 따라서 깊은 지하일수록 상대적으로 수압이 더 높고 양이 무한히 많은 해수 지하수는 상대적으로 수압이 낮고 양이 한정된 담수 지하수를 밀어붙이면서 육지 방향으로 밀고 들어오게 된다.

그러므로 육지의 해안가에서 파쇄대를 찾아 깊은 지하까지 굴착공을 뚫으면 육지 방향으로 밀고 들어온 해수 지하수를 채취할 수 있게 된다. 그리고 이렇게 채취된 해수 지하수가 파쇄대의 미세한 구멍을 통과하는 과정에서 자연적인 역삼투압 현상에 의해 정화된 물이라면 그것이 바로 B워터다. 이렇게 생산되는 B워터는 다음과 같은 특징을 지닌다.

첫째, B워터는 그 양이 무한하다. 왜냐하면 B워터는 무한한 바닷물이 파쇄대의 구멍으로 밀고 들어오는 물이기 때문이다. B워터가 무한하다는 점은 바닷물과 담수가 파쇄대로 연결된 그림12의 단면도에서 확인할 수 있다.

단면도에서 담수 지하수는 낮은 곳으로 흐르며 육지의 깊은 틈을 조

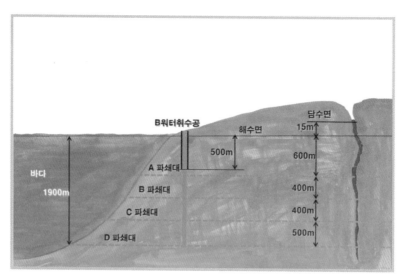

바다 1900m

B워터취수공

해수면

담수면 15m

500m

600m

A 파쇄대

B 파쇄대 400m

C 파쇄대 400m

D 파쇄대 500m

그림12 B워터취수공과 바닷물과 담수가 여러 층의 파쇄대로 연결된 단면도.

금의 빈틈도 없이 가득 채운 후 담수의 수압에 밀려 파쇄대의 틈을 통해 바다를 향해 흐르게 된다. 한편 해수 지하수는 바닷물의 높은 수압에 밀려 파쇄대를 통해 육지 방향으로 밀고 나오다가 담수 지하수와 만나게 된다.

파쇄대에서 만난 해수 지하수와 담수 지하수는 담수 수압의 변화에 따라 밀거나 밀리다가 해수 지하수의 수압과 균등하게 되는 지점에서 균형을 유지하게 된다. 왜냐하면 바닷물의 수위는 일정하므로 특정한 지점에서의 해수 지하수의 수압도 일정하지만, 담수의 수위는 변화무쌍하기 때문이다.

그림12에서 해수 지하수와 담수 지하수는 A파쇄대의 깊이인 해수면에서 600m 지점의 지하에서 균형을 유지하게 된다. 만일 담수 지하수

의 수압이 A파쇄대의 해수 지하수의 수압보다 더 높으면, 담수 지하수는 해수 지하수를 밀어붙이며 A파쇄대를 통해 바다로 유출됨으로써 담수의 수위가 낮아지고, 그에 따라 담수의 수압도 낮아짐으로써 담수 지하수와 해수 지하수의 수압은 균형을 유지하게 된다. 반대로 담수 지하수의 수압이 A파쇄대의 해수 지하수의 수압보다 낮으면, 해수 지하수가 육지 방향으로 밀고 들어와 담수의 수위를 높이므로 담수 지하수의 수압도 높아지고 결국 해수 지하수와 담수 지하수의 수압이 동일하게 되는 지점에서 균형을 유지하게 된다.

그림12에서 해수 지하수 B워터와 담수 지하수가 균형을 유지하는 상태에서 담수의 수위는 해수면으로부터 15m 지점이다. 왜냐하면 이 지점에서 담수 지하수의 수압 $1 \times 615 = 615$ 과 해수 지하수의 수압 $1.025 \times 600 = 615$ 은 동일하므로 균형을 유지하기 때문이다. 만일 담수의 수위가 15m보다 높으면 담수 지하수의 수압이 해수 지하수의 수압보다 더 높으므로, 담수 지하수는 담수의 수위가 15m되는 지점까지 A파쇄대를 통해 바다로 유출됨으로써 담수의 수위는 낮아지게 되고 결국 해수 지하수와 담수 지하수의 수압이 동일하게 되는 지점에서 균형을 유지하게 된다. 반대로 담수의 수위가 15m보다 낮으면 해수 지하수의 수압이 담수 지하수의 수압보다 더 높으므로, 해수 지하수가 육지 방향으로 밀고 들어와 담수의 수위를 15m되는 지점까지 밀어 올려 결국 해수 지하수와 담수 지하수는 균형을 유지하게 된다.

그러나 B파쇄대·C파쇄대·D파쇄대에는 담수 지하수는 존재할 수 없고, 해수 지하수만 존재한다. 왜냐하면 담수 지하수의 수압이 A파쇄대의 수압보다 더 높으면 담수 지하수는 A파쇄대를 통해 바다로 유출됨으로써 수압이 떨어지게 되므로, B파쇄대·C파쇄대·D파쇄대의 깊이까지 담수 지하수가 밀고 내려올 수압을 확보할 수 없기 때문이다.

그러므로 그림12와 같이 바닷가에 B워터 굴착공을 뚫고 이를 통해 A파쇄대·B파쇄대·C파쇄대·D파쇄대에서 B워터를 계속적으로 퍼올려도 담수의 수위에는 어떠한 영향도 있을 수 없다. 왜냐하면 무한한 바닷물은 B워터가 유출된 파쇄대의 빈 공간을 해수 지하수로 끊임없이 채워줄 수 있지만, 수량이 한정된 담수는 그 공간을 담수 지하수로 계속적으로 채워줄 수 없기 때문이다. 따라서 굴착공을 통해 B워터를 아무리 많이 퍼올려도 그것은 모두 바닷물이 밀고 들어온 해수 지하수일 수밖에 없다. 따라서 담수 지하수는 조금도 B워터로 유출되지 않으므로 육지의 담수의 수위에는 변화가 있을 수 없고 언제나 15m를 유지하게 된다. 그러므로 바닷물이 계속적으로 파쇄대를 통해 밀고 들어오며 생성되는 B워터는 바닷물이 마르지 않는 한 계속적으로 만들어지므로 그 양이 무한할 수밖에 없다.

둘째, B워터는 유기물, 화학물질 또는 중금속에 오염되지 않은 깨끗한 물이다. 왜냐하면 B워터는 바닷물이 파쇄대의 미세한 구멍을 적어도 수 킬로미터 이상을 통과하는 과정에서 화학물질과 유기물은 물론이고 인체에 해로운 중금속 등 모든 불순물은 완전히 걸러진 물이기 때문이다. 그러므로 B워터는 에너지 또는 화학약품을 사용하여 정화하거나 여러 차례에 걸쳐 여과시키는 과정을 거치지 않고 그대로 사용하면 된다.

셋째, B워터는 미네랄 원소들 사이에 균형, 즉 '미네랄 밸런스'를 유지한다. 왜냐하면 미네랄 밸런스의 기준이 되는 물질이 바닷물이고,

그런 바닷물이 깊은 지하를 순환하는 과정에서 자연적으로 적당히 걸러진 물이 B워터이기 때문이다. 그러므로 B워터는 언제나 미네랄 밸런스를 유지한다. B워터가 매우 염도가 높은 물이면 각종 미네랄 원소들의 농도가 높은 상태에서, 담수에 가까울 정도로 염도가 낮은 물이라면 각종 미네랄 원소들의 농도가 낮은 상태에서 미네랄 밸런스를 유지한다. 따라서 B워터를 식물이 지속적으로 흡수하게 되면 그 식물은 뿌리·줄기·잎·꽃·열매 등의 모든 부분이 미네랄 밸런스를 유지한 건강한 식물로 성장하게 되고, 사람이 계속적으로 마시면 미네랄 밸런스를 유지한 건강한 사람으로 변화하게 된다.

그러므로 파쇄대가 발달한 바닷가에 깊은 굴착공을 뚫으면 무한하고 깨끗하며 미네랄 밸런스를 유지하고 있는 B워터를 찾을 수 있다. 굴착공이 깊을수록 B워터를 만날 확률은 높아지는데, 그 깊이는 적어도 500m 이상은 되어야 한다. 왜냐하면 물 분자만 통과할 정도로 매우 미세한 파쇄대의 구멍으로 바닷물을 통과시키기 위해서는 적어도 50기압 이상의 압력이 필요하기 때문이다.

깊은 지하로 뚫고 들어간 굴착공이 단단한 암반층에 형성된 파쇄대와 만나면, 파쇄대에 존재하는 B워터와 굴착공 사이에는 수십 기압 이상의 압력 차이가 발생하므로 압력이 높은 B워터는 압력이 낮은 굴착공으로 밀려들게 된다. 이렇게 밀려드는 B워터를 수중 펌프를 가동시켜 계속해서 퍼올리면, 파쇄대와 굴착공 사이의 압력 차이는 계속적으로 유지되므로 B워터는 끊임없이 굴착공으로 밀려들게 된다. 그러므로 바닷가에 굴착공을 뚫는 방식으로 깊은 지하에 텅 빈 허공을 창조하면 B워터를 무한하게 얻을 수 있다.

그래서 대한민국 울진군의 바닷가에서 파쇄대를 찾아 그곳에 굴착공 두 개를 뚫었다. 굴착공은 지상에서 지하 500m까지의 구간은 케이싱casing과 그라우팅grouting 공법을 사용하여 폐쇄시키고, 그 이상의 깊은 지하 구간은 개방하는 방식으로 시공했다. 지하 500m까지의 구간을 폐쇄한 이유는 굴착공의 붕괴를 막는 동시에 얕은 지하에서 제대로 정화되지 않은 해수 지하수와 담수 지하수의 유입을 막기 위해서이고, 지하 500m 이하의 구간을 개방한 이유는 그 구간을 통해 B워터를 받아들이기 위함이다.

그 결과 제1공구에서는 지하 689m에서 B워터를 찾을 수 있었다. 제1공구를 689m까지만 굴착한 이유는 굴착 도중 굴착기의 다이아몬드로 만들어진 헤드 부분이 부러지면서 굴착공을 가로막고 있어 더 이상 굴착하는 것이 불가능했기 때문이다. 그래서 제1공구에서 바닷가를 따라 남쪽으로 50여m 떨어진 지점에서 제2공구를 굴착했는데, 이번에는 지하 1,050m 지점에서 B워터가 대량으로 쏟아져 나와 더 이상의 굴착이 불가능해 굴착을 마치게 되었다.

제1공구는 370m 화강암층, 386m 다이크dike 층, 390m 흑운모화강암층, 407m 다이크층, 450m 흑운모화강암층, 510m 화강암층, 600m 흑운모화강암층, 670m 화강암층, 680m 흑운모화강암층이 차례대로 나타났으며, 주로 흑운모화강암층의 파쇄대에서 B워터가 생성되고 있음을 확인할 수 있었다.

제2공구도 제1공구와 비슷하게 화강암층과 흑운모화강암층들로 이루어져 있고, 주로 흑운모화강암층의 파쇄대에서 B워터가 생성되고 있으나, 대규모로 B워터가 쏟아져 나온 1,050m 지점이 화강암층이라는 점이 특이했다.

구분	수온 (℃)	pH	염분	Na (mg/ℓ)	Mg (mg/ℓ)	Ca (mg/ℓ)	K (mg/ℓ)	Fe (mg/ℓ)	각종 중금속 (mg/ℓ)	각종세균 (총수/ℓ)
1공구 (지하 689m)	21.3	7.01	21.2‰	4307.1	950.4	1688.8	61.2	3.34	0	0
2공구 (지하 1,050m)	27.3	9.6	0.2‰	70.41	2.12	6.21	11.38	1.15	0	0

그림13 경상북도 울진군 파쇄대에 설치된 두 개 굴착공의 B워터 성분분석표.

그림13의 제1공구와 제2공구의 B워터 성분분석표에 따르면, 제2공구의 B워터가 제1공구의 B워터보다 온도가 6C° 이상 높고, 제2공구는 하루 1,000톤 이상의 B워터를 생성하지만, 제1공구는 하루에 150톤 정도에 불과하며, 염분 농도에서 제2공구는 0.2‰로서 제1공구의 21.2‰에 비해 거의 1/100 수준으로 낮다. 염도가 낮다는 것은 나트륨과 염소 외에 다른 미네랄 원소들도 적게 함유하고 있다는 뜻인데, 제2공구는 제1공구보다 나트륨은 1/60, 마그네슘은 1/450, 칼슘은 1/260, 칼륨은 1/5 정도를 함유하고 있다.

제2공구의 B워터가 제1공구의 B워터보다 양이 더 많은 이유도 제2공구가 제1공구보다 360m 더 깊은 것과 관련이 있다. 360m 더 깊은 제2공구에서는 그만큼 더 높은 수압이 가해지므로 자연적인 역삼투압 현상이 발생할 수 있는 파쇄대의 미세한 구멍의 범위가 그만큼 더 넓어지고, 동일한 크기의 미세한 구멍을 통해서도 더 많은 B워터가 만들어지기 때문이다. 그리고 제1공구는 지하 500m에서 지하 689m에 이르는 짧은 구간에 존재하는 파쇄대에서 B워터를 받아들이지만, 제2공구는 지하 500m에서 지하 1,050m에 이르는 긴 구간에 존재하는 파쇄대에서 B워터를 받아들이고 있다는 점도 2공구에서 더 많은 양의 B워터가 생성될 수밖에 없는 요인 중 하나다.

제2공구의 B워터가 제1공구의 B워터보다 각종 미네랄 원소들을 더 적게 함유하고 있는 이유도 제2공구가 제1공구보다 360m 더 깊기 때문이다. 360m 더 깊은 제2공구의 암반에 형성된 파쇄대의 미세한 구멍은 더욱더 미세해지고, 수압도 더 높아지므로 더욱더 미세한 파쇄대의 구멍을 통해서 자연적인 역삼투압 현상이 발생하게 된다. 따라서 그렇게 미세한 구멍을 통과하는 과정에서 바닷물에 녹아 있는 염분 성분과 각종 미네랄 원소들은 대부분 걸러지게 되므로 제2공구의 B워터는 제1공구의 B워터보다 각종 미네랄 원소들을 적게 함유하므로 염도도 낮게 된다.

실제로 제2공구의 1,050m 지점에서 생성되는 B워터는 제2공구 B워터의 성분분석표보다 훨씬 더 염도가 낮을 것으로 추정된다. 왜냐하면 제2공구는 표토에서 지하 500m까지의 구간은 폐쇄하고, 500m에서 1,050m에 이르기까지의 구간은 개방하는 방식으로 시공되어 있으므로, 제2공구 B워터의 성분분석표는 지하 500m에서 1,050m에 이르는 구간에서 생성된 모든 B워터가 혼합된 물을 분석한 수치이기 때문이다.

울진 B워터를 통해 확인할 수 있는 중요한 사실들은, 먼저 깊은 지하에서 생성되는 B워터일수록 염도는 낮고 양은 많아지며, 낮은 지하에서 생성되는 B워터일수록 염도가 높고 양은 적어진다는 점이다. 그러므로 울진에서 700m 또는 그 이상의 깊은 지하 구간까지 케이싱과 그라우팅 공법을 사용하여 폐쇄하고, 제2공구보다 더 깊은 1,500m 또는 2,000m 이상의 깊은 지하의 파쇄대까지 굴착한다면 더 염도가 낮고 더 많은 양의 B워터를 얻을 수 있을 것으로 추정된다.

또한 B워터의 염도 또한 자유자재로 조절할 수 있다는 것도 알 수 있다. 염도가 매우 낮은 B워터를 채취하려면, 염도를 면밀히 분석하면서 굴착공을 뚫고 들어가다가 염도가 높은 B워터가 나오는 깊이까지는 그라우팅과 케이싱 공법으로 굴착공을 폐쇄시키고, 그보다 더 깊은 지하에서 생성되는 B워터만을 굴착공으로 받아들이면 된다. 그러므로 그라우팅과 케이싱 공법으로 굴착공을 폐쇄시키는 깊이를 조절하면 쉽게 B워터의 염도를 조절할 수 있고, 또한 염도가 서로 다른 굴착공에서 채취한 B워터를 서로 혼합하는 방식으로도 얼마든지 B워터의 염도를 조절하는 것도 가능하다.

물론 이런 이치가 모든 지역의 바닷가에서 똑같이 적용되지는 않는다. 왜냐하면 모든 지역이 동일한 암석으로 이루어져 있지는 않기 때문이다. 암석의 종류에 따른 B워터의 생성 가능성을 살펴보면 다음과 같다.

먼저, 퇴적암 계열의 암석으로 이루어진 지역의 경우 자연적인 역삼투압 현상이 발생하기 어려울 것으로 추정된다. 왜냐하면 퇴적암은 기본적으로 암석의 밀도가 낮아 조직이 단단하지 못하므로 파쇄대의 구멍이 자연적인 역삼투압 현상이 원활하게 발생할 정도로 미세하기가 어렵고, 퇴적암에는 퇴적물이 퇴적될 당시 유기물 성분도 함께 포함되므로 바닷물이 퇴적암층에 형성된 파쇄대의 미세한 구멍을 통과하는 과정에서 퇴적암을 구성하고 있던 유기물 성분도 함께 바닷물에 녹아 빠져나오게 되므로 깨끗한 B워터를 얻기도 어렵기 때문이다.

하지만 화강암과 현무암 등의 화성암 계열의 암석으로 이루어진 곳에서는 대부분의 지역에서 B워터를 개발할 수 있을 것으로 보인다. 왜냐하면 화성암 계열의 암석은 밀도가 높고 단단하며, 이물질이 혼합되어져 있지 않기 때문이다. 그러므로 울진이나 제주도와 같은 화성암이 넓게 펼쳐진 지역의 바닷가에 파쇄대가 충분히 발달해 있는 곳이라면 그곳에 굴착공을 뚫고 쉽게 B워터를 채취할 수 있다.

부산 해운대로부터 그 북쪽으로 이어지는 한반도의 동해안은 대부분 울진과 비슷한 화강암으로 이루어져 있고, 단층과 파쇄대가 충분히 발달된 지형이므로 대부분의 지역에서는 쉽게 B워터를 찾을 수 있다. 동해안의 해안가에서 B워터를 쉽게 발견할 수 있다는 점은 그곳에 산재되어져 있는 수십 개의 온천들을 통해서도 확인된다. 동해안에는 해안선을 따라 수백 미터 이상 깊이의 온천공들이 수십 개 이상이 줄지어 있고, 이곳에서는 뜨거운 지열에 의해 데워진 온천수가 계속적으로 쏟아지고 있는데, 그 온천수가 바로 B워터다.

부산 해운대 지역을 예로 들면 해운대에는 지하 500m에서 1,500m 깊이의 온천공이 20여 개 이상이 있고, 이곳에서는 지난 수십 년 동안 하루 1만 톤 이상이란 엄청난 양의 온천수를 생산하고 있다. 만일 해운대 온천물이 육지의 담수가 지하로 스며들어 생성된 물이라면 해운대 지역의 지하수는 며칠을 버티지 못하고 고갈되었을 것이고, 그것은 지상의 담수에도 영향을 미쳤을 것이다. 그럼에도 해운대의 온천물이 지금까지도 고갈되지 않고 계속적으로 생성되고 있고 그로 인해 지상의 담수가 고갈된 경우가 단 한 번도 없었다는 사실은 해운대 온천물은 바닷물이 깊은 지하를 통해 계속적으로 밀고 들어오며 무한히 만들어지기 때문이라는 것을 알 수 있다. 또한 해운대 온천물은 바닷물 정도는 아니지만, 상당히 짠맛을 띠는데, 이 또한 해운대 온천물은 바닷물이 정화되면서 만들어지고 있음을 보여준다. 따라서 해운대 온천물은 B워터임에 분명하다. 바닷물이 높은 수압에 밀려 깊은 지하의 단단한 암반층에 형성된 파쇄대의 미세한 구멍을 통과하며 정화된 물이 B워터이기 때문이다. 그러므로 해운대와 그와 인접한 지역인 기장 등지의 해변은 물론 다른 동해안 지역의 해변에서는 쉽게 B워터를 찾을 수 있다.

그러므로 동해안의 바닷가에서 암반의 종류와 파쇄대의 발달 정도를 고려하여 B워터가 생성되는 지역을 찾아 그곳에 굴착공을 뚫고 수중 펌프를 설치하면, B워터를 필요한 만큼 무한하게 채취할 수 있다. 굴착공의 크기에 따라 차이가 있지만 굴착공의 지름이 250mm인 경우, 굴착공 한 개에서 하루 1,000톤의 B워터는 기본적으로 채취할 수 있으므로, 이런 굴착공을 100개만 뚫어도 하루 10만 톤의 B워터를 채취할 수 있고, 1,000개의 굴착공을 설치하면 하루 100만 톤의 B워터를 채취하는 것도 가능하다. 이렇게 동해안에 B워터 굴착공들을 뚫으면 부산, 울산, 포항 등의 동해안에 위치한 도시들의 물 부족 문제는 물론이고, 굴착공의 숫자를 늘리기만 하면 대한민국 전체의 물 부족 문제도 어렵지 않게 해결할 수 있을 것이다.

또한 지구촌의 어느 바닷가라도 화성암 계열의 암반으로 이루어지고 단층과 파쇄대가 충분히 발달된 곳이라면 깊은 굴착공을 뚫고 B워터를 개발할 수 있다. 특히, 서해황해와 접한 중국의 동해안은 한반도의 동해안과 유사한 화강암으로 이루어져 있고, 단층과 파쇄대가 충분히 발달한 지역이므로 B워터를 무한하게 생산할 수 있는 대표적인 지역이다. 그러므로 중국의 동해안에서 생산되는 B워터로 중국 대륙의 물 부족 문제를 근원적으로 해결하는 것도 가능하다. 그 외에도 중동의 사막 지역, 메마른 아프리카 해안, 인도 등 지구촌의 대부분의 지역의 바닷가에서도 얼마든지 B워터를 개발할 수 있다.

B워터는 인류가 사용할 수 있는 물의 양을 획기적으로 증가시킨다. B워터는 전체 바닷물을 인류의 수자원으로 변화시키고, 인류가 사용 가능한 물의 양을 전체 물의 0.01퍼센트에서 100퍼센트로 확장시키기 때문이다. 지구촌의 해안가에서 무한히 솟아나는 B워터는 지구촌을 충분히 적시고도 남을 것이며, 필요한 곳에서만 B워터를 개발할 수 있으므로 담수가 특정 지역에 편중되지도 않는다. 만일 지구촌이 힘을 합친다면 내륙의 깊숙한 곳까지 B워터 송수관을 설치하여 사막을 옥토로 바꿀 수도 있다. 그렇게 된다면 어느 누구도 목마름과 배고픔으로 고통받지 않게 될 것이다.

이렇게 파쇄대가 발달한 화성암 계열의 암석으로 이루어진 바닷가에 깊은 굴착공을 뚫고 수중 펌프를 설치하여 텅 빈 허공을 창조하는 방식으로 미네랄 밸런스를 유지하고 있는 깨끗한 B워터를 무한하게 얻을 수 있다는 새로운 물 순환 이론을 구성해 보았다. 하나의 관점에서 통합적이고도 분석적인 방식으로 깊은 지하의 물 순환을 추론하고, 바닷가에 굴착공을 뚫고 B워터를 채취한 결과 이런 결론에 이르게 되었다. 하지만 이 또한 한정된 지식과 경험을 물 순환이라는 하나의 화환으로 엮어놓은 것에 불과하다. 더 많은 지식과 경험을 보유한 전문가들이 하나의 관점에서 물 순환을 관찰하여 더 지구촌이 당면한 근원적인 문제들 가운데 하나인 물 부족 사태를 해결해주기를 바란다.

공기 순환과 불 순환

모든 것은 텅 빈 허공이다. 우주는 끝없이 무한한 텅 빈 허공이고, 초은하단·은하단·태양계·지구·'나'·분자·원소·소립자는 텅 빈 허공 속의 텅 빈 허공, 또 그 텅 빈 허공 속의 텅 빈 허공이다. 텅 빈 허공이 텅 빈 허공을 낳고, 그 텅 빈 허공이 또 다른 텅 빈 허공을 품고 있다.

텅 빈 허공은 생명이다. 나는 생명인 텅 빈 허공을 숨 쉰다. 나는 그 것을 내 숨이라고 부르지만 그 순간 이미 그것은 나에게서 빠져나가 누군가 다른 사람의 숨이 되어 있다. 그리고 그 사람의 숨은 어느새 내 안에 자리 잡는다. 내가 숨을 내쉬고 다른 사람이 그것을 들이마시고, 그 사람이 숨을 내쉬고 내가 그것을 들이마신다. 같은 텅 빈 허공을 너와 내가 함께 호흡하고, 같은 텅 빈 허공을 나무, 꽃, 새, 고양이, 강아지와 함께 나눈다.

생명은 불의 작용이다. 불이 변형되어 생명이 된다. 그러므로 불은 생명 에너지다. 생명 에너지는 원을 그리며 순환한다. 하나가 나에게 에너지를 주면 나는 다시 그것을 돌려주고, 하나는 더욱더 돌려주고 나는 더욱더 되돌려준다. 그것은 마치 바다가 구름이 되고 비가 되어 산에 내리고, 다시 강물이 되어 바다로 흘러가는 것과 같다. 순환은 계속된다. 생명 에너지의 흐름을 막는 장애물은 그 어디에도 존재하지 않는다. 그것은 모든 것이 하나의 생명 에너지이고, 우주는 하나의 생명 에너지로 촘촘히 엮인 거미줄이기 때문이다.

공기 순환과 불 순환은 하나이고, 나의 몸은 그 하나의 일부분이다. 따라서 공기·불 순환이 균형과 조화를 잃은 상태에서 나 또한 건강한 삶을 유지하는 것은 불가능한 일이다.

공기 순환과 불 순환이 균형과 조화를 잃고 왜곡됨으로써 지구의 기온이 계속적으로 상승하는 현상이 지구온난화다. 지구온난화가 계속 진행된다면 우리 또한 균형을 잃게 되고 건강한 삶이 불가능하게 된다. 그래서 지구온난화의 정체를 밝히고, 공기 순환과 불 순환의 균형을 유지함으로써 지구온난화에서 벗어나는 방법을 찾아보았다.

지구온난화는 공기를 구성하는 탄소 원소의 순환에 이상이 발생하면서 시작되었다. 그래서 지구에 존재하는 탄소 원소의 순환 형태를 '긴 탄소 순환'과 '짧은 탄소 순환'으로 나누어 살펴봤다.

긴 탄소 순환은 그림과 같이 지구 내부 깊은 지하에서 화석 에너지, 각종 암석 등과 같은 형태로 존재하는 탄소와 지구 표면 대기, 바다, 대지에서 각종 탄소화합물의 형태로 존재하는 탄소 사이의 순환이다. 지구에 존재하는 모든 탄소는 예외 없이 지구 표면과 지구 내부 사이를 순환한다. 화산 폭발 등으로 지구 내부의 탄소가 지구 표면으로 드러나거나, 지각변동 등으로 지구 표면에 있던 탄소화합물이 지하에 매몰되는 방식으로 긴 탄소 순환은 일어나는데, 긴 탄소 순환의 순환주기는 적어도 수천 년에서 수십억 년에 이를 정도로 매우 길다.

짧은 탄소 순환은 지구 표면에서 이루어지는 탄소 순환이다. 그림14

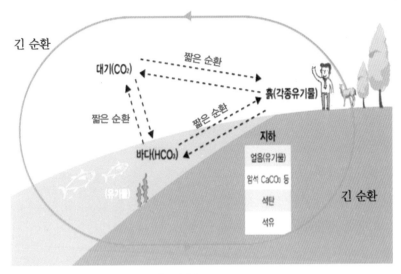

대기(CO₂)

짧은 순환

흙(각종유기물)

긴 순환

짧은 순환

짧은 순환

바다(HCO₃)

지하
얼음(유기물)
암석 CaCO₃ 등
석탄
석유

긴 순환

(유기물)

그림14 긴 탄소 순환과 짧은 탄소 순환.

와 같이 지구 표면의 탄소는 대기·물·흙에서 다양한 형태로 존재하며 순환한다. 짧은 탄소 순환의 원동력은 바람, 비, 물의 흐름, 생명의 성장과 죽음 등 지구상의 모든 크고 작은 에너지 순환이다. 대기 중의 탄소는 순식간에 유기물의 구성 요소로 되거나 빗물과 함께 지상으로 떨어지고, 바다의 탄소는 유기물의 구성 요소로 바뀌었다가 다시 바다로 회수되고, 흙 속의 탄소는 식물의 몸체를 구성하다가 공기의 일부분이 된다. 이렇게 짧은 탄소 순환은 짧은 주기로 이곳저곳을 빠르게 옮겨 다닌다.

지구 표면에서 존재하는 탄소가 지구 표면을 벗어나기 위해서는 다시 지구 내부로 돌아가거나 대기권을 벗어나 우주로 사라지는 것 외에는 다른 방법이 없다. 그러나 긴 탄소 순환의 경로를 따라 지구 내부로 돌아가는 것은 너무도 오랜 시간이 걸리고, 공기보다 무거운 이산화탄소는 대기권을 벗어날 수 없으므로 한 번 짧은 탄소 순환에 편입된 탄소는 적어도 수천 년 이상은 계속해서 지구 표면에 머물면서 짧은 탄소 순환을 거듭하게 된다.

대기, 바다, 흙에서의 탄소 농도는 짧은 탄소 순환을 통해 절묘하게 균형을 이룬다. 대기 중의 탄소 농도가 상대적으로 높으면 바다와 흙이 탄소를 흡수해 대기의 탄소 농도를 낮추고, 바다나 흙의 탄소 농도가 대기에 비해 상대적으로 높으면 대기 중으로 탄소 방출이 이루어진다.

지구에 존재하는 모든 탄소는 긴 탄소 순환을 하고, 그 가운데 지구 표면에 드러난 일부 탄소만이 짧은 탄소 순환에 참여한다. 짧은 탄소 순환에 참여하고 있는 탄소 가운데 대기 중에서 이산화탄소의 형태로 존재하는 탄소가 온실효과를 일으키면서 지구온난화에 영향을 미친다.

지구가 탄생하고 45억 년이라는 시간이 흐르는 동안 지구 표면의 탄소 농도는 변화에 변화를 거듭했다. 인류가 등장하기 직전의 지구 표면에는 다량의 탄소가 존재했었고, 그에 따라 지구의 기온은 높은 상태를 유지하고 있었다. 그런데 지구가 지구 표면에서 존재하던 상당 부분의 탄소를 깊은 지하에 가두거나 낮은 온도로 얼리는 방식으로 고정시켰다. 그만큼 지구 표면에서 존재하는 탄소의 양은 줄었고, 비로소 지구 기온은 인간의 생존에 적합하게 되었으며, 마침내 인간이 지구상에 등장하게 되었다.

그 이후 인간은 오랜 세월 동안 지구가 제공한 적절한 농도의 탄소 순환시스템에서 건강하게 살아갈 수 있었다. 이 시기의 인간은 짧은 탄소 순환만을 이용하며 살았다. 농사를 짓고, 아궁이에 불을 때는 것은 모두 짧은 탄소 순환을 이용하는 행위다. 이러한 인간의 행위는 지구 표면에 존재하는 탄소의 양에 전혀 영향을 미치지 않았으므로 지구 표면의 탄소 농도는 그대로 유지되었다.

문제는 인간이 화석 에너지를 억지로 꺼내 사용하면서부터 시작되었다. 근세로 접어들자 인간은 짧은 탄소 순환에서 생성되는 에너지만으로는 부족함을 느끼게 되었고, 때마침 산업혁명으로 화석 에너지를 이용할 수 있는 기술을 보유하게 되자, 에너지 집약도가 높은 화석 에너지를 끄집어내어 사용하기에 이른다. 지구에 의해 깊은 지하에 화석 에너지로 고정되었던 탄소들이 인간에 의해 지구 표면으로 돌아오기 시작한 것이다.

세계자원연구소 World Resource Institute, WRI 는 지난 200년간 전 세계에서 화석 에너지에서 배출된 탄소 누적량을 2조 3,000억 톤으로 추정한다. 그것은 지구 내부에 갇혀 있던 2조 3,000억 톤의 탄소가 인간에 의해 다시 지구 표면으로 돌아왔다는 것을 의미한다.

또한 세계자원연구소는 전 세계 화석 에너지 소비에 의해 연간 약 280억 톤의 탄소가 대기로 배출된다고 한다. 그것은 지구 내부에 갇혀 있던 탄소 가운데 매년 280억 톤의 탄소가 인간에 의해 다시 지구 표면의 대기·흙·바다로 돌아오고 있다는 뜻이다.

이렇게 화석 에너지 소비량과 지구 표면의 탄소량은 밀접하게 연관된다. 인류가 화석 에너지를 쓰면 쓸수록 지구 표면의 탄소량은 늘어나고, 화석 에너지를 더 이상 사용하지 않으면 지구 표면의 탄소량은 변화가 없는 관계이다.

그런데 진짜 큰 문제는 화석 에너지 사용으로 인해 기후가 따뜻해지면서, 영구동토지대에 유기물의 형태로 얼려져 있던 엄청난 양의 탄소가 지구 표면으로 돌아오고 있다는 점이다.

영구동토지대는 월평균 기온이 영하인 달이 6개월 이상 계속되어 땅속이 1년 내내 언 상태로 있는 타이가 taiga 지대 북부와 그 북쪽으로 이어지는 툰드라 tundra 지대를 일컫는데, 북반구 육지의 1/4에 이를 정도로 광대한 영역이다.

영구동토지대에는 매머드 mammoth 같은 고대 동물들의 유해와 배설물, 각종 식물의 잔해 등의 유기물이 언 상태로 지하에 묻혀 있다. 이렇게 유기물이 얼음의 형태로 고정된 탄소의 양은 대기 중 탄소량의 두 배 또는 현재 전체 지구 표면에서 순환하는 탄소량을 넘어서는 규모다. 따라서 얼어 있는 이 지역이 녹으면 화석 에너지와는 비교할 수 없을 정도로 엄청난 양의 탄소가 저절로 풀려나게 된다. 그런데 지구온난화가 진행됨에 따라 이미 영구동토지대가 녹아내리면서 그곳에 묻혀 있는 유기물에 고정되어 있던 탄소들이 대기 중으로 풀려나고 있다.

『과학저널』은 캐나다 제임스만 James Bay 의 영구동토지대의 남방한계선이 50년 전에 비해 130km 정도 북쪽으로 이동했다고 보도했다. 이같은 추세가 계속되면 조만간 이 지역 영구동토지대는 완전히 사라질 것이라고 한다.

플로리다대학의 테드 셔 교수는 『사이언스』지에서 "아직 연구가 미치지 못한 시베리아 북부와 동부의 호수 밑 지하층에는 더 많은 탄소가 매장되어 있다. 영구동토지대 깊숙이 위치한 '예도마 yedoma'로 불리는 호수에 저장되어 있는 탄소량은 지금까지 알려진 것보다 훨씬 많다. 이는 일종의 저속 시한폭탄과 같다"고 지적하고 있다.

과학자들은 영구동토지대에 갇혀 있던 메탄의 방출 속도는 지금까지 알려졌던 것보다 다섯 배 이상 빠르며, 메탄의 온실효과 발생 위력은 이산화탄소보다 23배나 강하다고 경고하고 있다.

지구온난화와 영구동토지대에서 방출되는 탄소량은 서로 상승작용을 일으킨다. 일단 진행된 지구온난화는 영구동토지대를 녹여 그곳의 탄소를 방출시키고, 방출된 탄소는 지구온난화를 가속화시켜 더욱더 많은 영구동토지대를 녹이게 된다.

그러므로 인류가 더 이상 화석 에너지를 사용하지 않고 현재의 기온을 유지하는 방식으로 지구온난화의 진행을 멈추려고 해도 지구온난화는 계속해서 진행될 수밖에 없다. 왜냐하면 이미 상승한 지구 기온은 계속해서 영구동토지대를 녹여 탄소를 방출시키고, 영구동토지대에서 풀려난 탄소는 지구의 기온을 더욱더 상승시키며 영구동토지대를 녹이기 때문이다.

또 다른 문제가 있다. 대기·해양·산림의 탄소 흡수 기능이 한계에 이르렀고, 그들 사이의 탄소 분담 비율이 변화하고 있다는 점이다.

과학자들은 화석 에너지에서 배출되는 연간 약 280억 톤의 탄소 가운데 170억 톤은 대기권에 축적되고, 나머지 110억 톤은 산림·해양에 흡수된다고 한다. 화석 에너지에서 배출되는 탄소에 대한 대기와 해양·산림의 탄소 분담 비율은 170:110인 것이다. 영구동토지대에서 배출되는 탄소도 같은 비율로 대기와 해양과 산림에 흡수된다.

그런데 해양의 탄소 흡수 기능이 떨어지고 있다. 해양이 산성화되는 동시에 해양 온도가 상승하고 있기 때문이다. 해양은 산성화되면 될수록, 온도가 오르면 오를수록, 탄소를 흡수하는 능력은 떨어진다. 이산화탄소는 해양을 산성화시키는 주범이다. 과학자들은 산업혁명 이후 해양의 pH_{수용액의 수소 이온 농도를 나타내는 지표}가 0.1 하락했으며, 금세기 말까지 0.14~0.35 이상 떨어질 것으로 예상하고 있다. 그만큼 해양이 산성화되었고, 지금도 산성화가 진행 중이다. 그리고 해양이 산성화되는 만큼 해양의 탄소 흡수 기능은 떨어지게 된다. 또한 이산화탄소는 해양 온도를 상승시킨다. 한반도 주변의 바다에 아열대성 어류가 주종을 이룰 정도로 이미 전 세계 해양 온도는 상승하고 있다. 이렇게 해양 온도가 상승하는 만큼 해양의 탄소 흡수 기능은 떨어지게 된다. 이렇게 이산화탄소에 의해 해양의 산성화가 진행되고, 해양 온도가 상승함에 따라 지금까지 끊임없이 탄소를 받아주기만 하던 해양의 탄소 흡수 기능이 급격히 저하되고 있다.

여기에 산림의 탄소 흡수 기능은 이미 한계선을 넘어섰다. 산림이 탄소를 흡수한다는 것은 나무가 자라면서 공기 중의 탄소를 식물의 몸체를 구성하는 유기물로 고정시킨다는 말이다. 그런데 안타깝게도 현재 지구에서는 대기 중의 탄소가 큰 나무의 몸체로 고정되는 탄소량보다 큰 나무가 분해되면서 대기 중으로 방출되는 탄소량이 더 많아지는 역현상이 진행되고 있다. 초지의 사막화와 거대한 열대우림의 개발, 도시화 등이 그 원인이다.

지금까지 대기 중으로 배출된 탄소 가운데 일부가 사라진 것처럼 보였던 것은 해양과 산림이 탄소를 흡수했기 때문이다. 그런데 이제는 대기 중으로 풀려나는 탄소를 흡수해 완충 역할을 해줄 요소들이 사라지고 있다. 따라서 앞으로는 대기의 탄소 분담 비율이 더 높아지게 된다. 그러면 온실효과는 더 커지고, 그만큼 지구온난화는 빠르게 진행된다.

지금까지 화석 에너지 사용량과 지구온난화는 어느 정도 비례관계를 유지해왔다. 화석 에너지를 사용하는 양에 비례하여 지구가 천천히 온난화되는 과정이다. 그러나 이제는 영구동토지대의 해빙과 대기·해양·산림 사이의 탄소 분담 비율의 변화라는 변수가 생겼다. 따라서 지금부터는 화석 에너지 사용량과 대기 중 이산화탄소 농도는 단순히 비례하지 않게 되었다.

화석 에너지에서 100의 탄소가 발생하면 대기 중에는 150 또는 200의 탄소가 늘어나면서 더 빠른 속도로 지구온난화는 진행된다. 엄청난 악순환이 시작된 것이다. 악순환의 조짐은 이미 나타나고 있다. 벌써 화석 에너지 사용량에 비해 대기 중 이산화탄소 농도의 증가 속도가 빨라지고 있으며, 그에 비례하여 지구온난화의 진행 속도도 빨라지고 있다.

악순환이 본격화하는 시점이 이산화탄소 농도의 마지노선이다. 이산화탄소 농도의 마지노선이란 이 선을 넘게 되면 인류가 더 이상 이산화탄소 농도를 조절할 능력을 상실하고, 모든 생명은 치명적인 타격을 받으며, 생태계의 순환은 회복 불능이 되는 기준선을 의미한다.

그렇다면 대기 중 이산화탄소 농도의 마지노선은 어느 지점인가? 이런 물음에 대한 과학자들의 의견은 분분하지만 대체로 대기 중 이산화탄소 농도가 500ppm을 넘어서면 생물 다양성이 훼손되면서 지구 시스템 전체가 한꺼번에 붕괴될 가능성이 크다고 경고한다. 과학자들은 대기 중 이산화탄소 농도의 마지노선을 500ppm으로 예측하고 있는 것이다.

그렇다면 이산화탄소 농도의 마지노선을 넘게 되는 시점은 언제인가? 과거 대기 중 이산화탄소 농도의 변화 추이를 살펴보면, 18세기 중

엽부터 20세기 중엽까지 200년 동안은 매년 평균 0.15ppm씩 증가했지만, 그 후 50년 동안은 매년 평균 1.6ppm씩 늘어났고, 최근에는 매년 평균 2~3ppm에 이를 정도로 대기 중 이산화탄소 농도의 증가 속도는 점점 더 빨라지고 있다.

2014년 현재 대기 중 이산화탄소 농도는 400ppm을 이미 넘어섰다. 그러므로 이 상태에서 지금과 같이 매년 2~3ppm씩 이산화탄소 농도가 증가한다면 늦어도 40년이 경과하면 500ppm을 초과하게 된다. 그러나 이런 예측은 지금과 같은 비율로 이산화탄소 농도가 증가할 것이라는 가정에서 진행된 가장 낙관적인 미래 예측이다.

왜냐하면 B워터는 바닷물이 파쇄대의 미세한 구멍을 적어도 수 킬로미터 이상을 통과하는 과정에서 화학물질과 유기물은 물론이고 인체에 해로운 중금속 등 모든 불순물은 완전히 걸러진 물이기 때문이다.

마침내 지구온난화가 절정에 이르고 있다. 지구온난화가 마지노선을 넘어서 지구 시스템이 전체적으로 한꺼번에 붕괴하는 시점이 불과 얼마 남지 않았다. 지금의 의식과 과학기술 수준에서 지구 시스템 전체가 한꺼번에 붕괴한다면 인류 문명은 그야말로 바람 앞의 촛불 신세가 될 것이다.

지구온난화를 막기 위해서는 전 지구촌에서 더 이상 화석 에너지를 사용하지 않고 더 많은 숲을 가꾸는 동시에 인위적으로 공기 중의 이산화탄소를 포집하여 깊은 지하로 돌려보내는 방법을 동원해야만 하는데, 현재 지구촌이 처한 상황에서 그것은 거의 불가능에 가까워 보인다. 왜냐하면 지금의 인류 문명은 화석 에너지에 너무나 전적으로 의존하고 있기 때문이다.

그렇다고 화석 에너지가 무한정 있는 것도 아니다. 이미 화석 에너지는 거의 바닥을 드러내고 있다. 석유가 고갈되는 시점은 불과 얼마 남지 않았고, 석탄은 조금 더 오래 쓸 수 있다. 지금의 의식과 과학기술 수준에서 석유가 바닥난다면 인류 문명은 하루아침에 약육강식의 원시시대로 되돌아갈 수밖에 없다.

석탄과 석유가 무한히 있다고 해도 더 이상 사용할 수도 없다. 지구라는 좁은 우주선 안에 지금과 같은 방식으로 이산화탄소가 계속적으로 살포된다면, 우주선에 타고 있는 그 누구도 무사하지 못하기 때문이다.

우리는 진퇴양난의 상황에 처했다. 지구온난화라는 공기 순환의 문제와 화석 에너지 고갈이라는 에너지 순환의 문제 사이에 놓인 것이다. 두 가지 문제를 동시에 해결해야만 한다. 두 가지 문제를 동시에 해결해야만 지구에서 인류가 계속적으로 생존하며 번영할 수 있다.

진퇴양난의 상황을 타개하기 위해서는 '생산과 소비 과정에서 환경적인 부담이 전혀 없으면서 경제적인 비용으로 무한하게 생산이 가능한 에너지'를 개발해야만 한다. 그런 에너지를 'B에너지'라고 하자. B에너지를 개발해 그것을 모든 사람이 자유롭게 사용할 수 있을 때 인류는 비로소 진퇴양난의 상황에서 벗어나게 된다.

에너지 차원에서 두 가지 문제를 동시에 해결하려는 시도는 이미 시작되었다. 이산화탄소가 발생하지 않는 태양광, 풍력, 조력, 파력 등의 대체에너지 개발이 그것이다. 그러나 모두 특정 국가나 기업이 자신들의 이익이라는 관점에서 임시방편적으로 시도하고 있을 뿐 전 지구적이고 근원적인 차원에서 진행되는 것은 아무것도 없다. 따라서 기존의 대체에너지 개발 방식으로는 진퇴양난의 상황을 타개할 수 없다.

그래서 전 지구적이고 근원적인 차원에서 B에너지를 생산하는 방안을 제안하게 되었다. 바로 '프로메테우스 계획Prometheus Project'이다. 프로메테우스는 선지자라는 뜻으로, 태양에서 불을 가져와 인류에게 전해 준 그리스신화에 등장하는 신의 이름이다.

프로메테우스 계획은 전 지구촌이 힘을 합쳐 지구궤도상의 우주에 거대한 태양광 패널을 설치하고, 여기서 포집한 B에너지를 지구 전역으로 전송하여 모든 사람들이 골고루 나누어 쓰는 방식으로 진퇴양난의 상황을 타개하자는 필자의 제안이다. 프로메테우스 계획을 구체적으로 살펴보자.

태양은 지구상 모든 에너지의 원천이다. 태양 에너지는 강력하고 깨끗하며 무한하다. 과학자들은 매 순간 발산하는 태양 에너지의 20억분의 1이 지구에 도달하고, 지구에 도달하는 태양 에너지의 1/20,000이면 지구촌에 거주하는 모든 사람들의 에너지 수요를 충족시킬 수 있다고 한다.

태양광을 100퍼센트 전기 에너지로 변환시킨다고 가정했을 때, 지구 원의 1/20,000에 해당하는 넓이의 태양광 패널을 지구궤도에 설치하여 그곳에 내리쬐는 태양 에너지를 B에너지로 전환하면 인류의 모든 에너지 수요를 충족할 수 있다는 의미다.

그런데 지구에는 수력, 풍력, 태양광, 조력, 원자력, 지열 등의 비탄소형 에너지 생산 설비가 상당히 확산되어 있다. 이런 에너지 자원도 고려한다면 프로메테우스 계획에 따라 설치해야 할 태양광 패널의 면적은 그만큼 더 줄어든다. 물론 B에너지를 채취하고 전송하는 과정에서의 에너지 손실분을 고려한다면 그만큼 더 넓은 태양광 패널이 필요하다.

지상에서 생산한 비탄소형 에너지의 생산량과 우주에서 생산한 B에너지의 생산 및 전송 과정에서의 손실분이 동일하다고 가정하고, 지구에 내리쬐는 태양 에너지의 1/20,000을 채취할 수 있는 태양광 패널의 면적을 계산하면 다음과 같다.

지구의 반지름은 약 6,360km이므로,
6,360 × 6,360 × 3.14 = 127,011,744㎢(지구 원의 넓이)
127,011,744㎢ ÷ 20,000 = 6,350㎢(경상북도 면적의 약 1/3)[3]

6,350㎢, 그다지 넓은 면적은 아니다. 전 세계가 힘을 합쳐 경상북도 면적의 약 1/3에 해당하는 크기의 태양광 패널을 우주에 설치한다면, 모든 사람들이 넉넉하게 B에너지를 사용할 수 있다는 의미다.

만일 첫 단계로 화력발전소에서 화석 에너지를 사용하여 생산되는 전기 에너지를 B에너지로 대체하는 계획을 세운다면 한결 수월하게 목표를 달성할 수 있다. 지구촌 에너지 사용량의 40퍼센트는 전력 생산 용도로 사용되고 있고, 전력 생산량의 66퍼센트가 화석 에너지로 충당되고 있으므로 필요한 우주 태양광 패널의 면적을 계산하면 다음과 같다.

6,350㎢ × 0.4 × 0.66 = 1,676㎢

---

3   대한민국 경상북도의 면적은 19,028㎢다.

1,676㎢, 경상북도 면적의 약 1/11에 해당하는 면적이다. 이 정도 면적의 태양광 패널을 장착한 우주태양광발전소를 지구궤도에 건설한다면 석탄, 석유, 가스 등을 사용하는 지구촌의 5만여 개의 화력발전소를 모두 사라지게 만들고, 지구온난화의 진행 속도에 결정적으로 영향을 미칠 수 있다.

프로메테우스 계획은 가장 효율적으로 태양 에너지를 채취할 수 있는 시스템이다. 지상에서는 24시간 중 절반은 밤이고, 낮이라도 구름이 끼거나 비가 내리는 날은 밤과 다를 바 없으며, 태양이 떠 있어도 아침저녁으로 태양의 고도가 낮으면 충분한 발전을 할 수 없다. 그러나 공기가 없는 우주의 태양 에너지의 강도는 지상의 약 두 배나 되고, 우주에는 밤이 없으므로 24시간 태양 에너지를 채취할 수 있다. 그러므로 우주에서는 지상에 비해 적어도 10배 이상 더 효율적으로 태양 에너지를 채취할 수 있다.

우주태양광발전소의 수명은 무한대에 가깝다. 공기가 없는 우주에 우주태양광발전소를 설치하면 우리의 후손들까지도 계속해서 그 혜택을 받게 된다. 하지만 지상의 원자력발전소의 수명은 30년을 넘기 어렵고, 화력발전소의 수명은 더 짧다.

프로메테우스 계획은 모든 측면에서 충분히 실현 가능한 현실적인 계획이다. 이미 무선 전력 전송 기술이 개발돼 있다. 말 그대로 무선으로 전력을 지상에 송전하는 기술로서 우주태양광발전소에서 생산된 B 에너지를 마이크로파로 변환시켜 지상으로 쏘아주는 기술이다.

우주태양광발전소의 건설과 관리는 거의 대부분 로봇이 맡을 수밖에 없는데, 이미 인류의 로봇 기술과 원격제어 기술은 우주태양광발전소를 건설할 정도로 발전했다. 기타 전자·전기·기계 등 우주태양광발전소의 건설에 필요한 기술들도 충분한 수준이다.

그러나 건설자재를 우주로 운반하기 위해서는 발사 비용이 저렴하면서도 재사용이 가능한 새로운 우주선과 우주여행 방식이 있어야 하는데 이런 우주 기술은 아직도 많이 부족하다. 하지만 우주에 대규모 태양광발전소를 건설하는 과정에서 새로운 발상에 의한 우주 기술의 눈부신 발전이 이루어지게 될 것이므로 이 또한 가능하게 될 것이다.

이미 미국항공우주국 NASA은 넓이 105㎢의 태양전지 패널로 생산한 전기를, 2.45GHz의 마이크로파를 사용하여 지상으로 5GW 원자력발전소 5기 상당의 전력을 무선으로 송전하는 우주 태양광 발전안을 공식적으로 채택한 바 있고, 후쿠시마 원자력발전소 폭발 사고에서 큰 교훈을 얻은 일본은 2030년에 패널 넓이만 2.5㎢에 달하는 크기의 우주태양광발전소 건설을 추진하고 있다.

이런 추세로 볼 때 2030년경이면 미국과 일본은 독자적인 방식으로 우주태양광발전소를 건설할 것으로 예상된다. 하지만 그때는 이미 지구온난화가 이미 마지노선을 넘었거나 그 수준에 근접하면서 지구 순환 시스템이 한꺼번에 붕괴될 가능성이 높다. 엄청난 재난이 발생할 것이고 여기에 미국이나 일본이 예외일 수는 없을 것이다. 그러므로 한 국가의 차원에서 우주태양광발전소 건설을 추진하기보다는 지금부터 전 인류가 힘을 합쳐 프로메테우스 계획을 추진해야만 한다.

현재 미국과 일본이 계획하고 있는 우주태양광발전소의 태양전지 패널의 면적 107.5㎢ 만으로도 전 인류가 사용할 태양전지 패널의 면적 6,350㎢ 의 1/59에 달한다. 여기에 전 세계의 모든 국가와 기업, 개인이 조금씩만 더 힘을 모아 프로메테우스 계획을 추진한다면 나머지 58/59의 태양전지 패널을 우주에 설치하는 것은 그리 어려운 문제는 아닐 것이다.

모두가 힘을 합쳐 프로메테우스 계획을 추진하면 인류는 서서히 진퇴양난의 상황에서 벗어나게 된다. B에너지가 화석 에너지를 대체하는 속도가 처음에는 느리겠지만 갈수록 빨라져 20년 이내에 인류의 모든 필요한 에너지는 B에너지로 완전히 대체되고, 지구온난화에서도 벗어나게 될 것이다.

프로메테우스 계획을 추진하는 동안 지구촌은 하나가 될 것이다. 국경은 무너지고, 전쟁은 사라지며, 인종, 종교, 성별, 피부 색깔, 나이, 국적, 이념 등의 모든 장벽은 저절로 녹아내릴 것이다. 모든 것이 넉넉해지고, 우리 모두가 하나임을 체험하게 될 것이다.

이렇게 탄소 순환을 긴 탄소 순환과 짧은 탄소 순환으로 나누고, 이를 기준으로 지구온난화가 마지노선에 도달하기까지 불과 25년밖에 남지 않았다고 추론했으며, 화석 에너지의 과다한 소비로 인해 비롯되고 있는 지구온난화와 에너지 문제를 동시에 해결하기 위해서는 지구촌이 힘을 합쳐 프로메테우스 계획을 추진하여 B에너지를 대량으로 생산하는 것이 효과적이라는 제안을 하게 되었다. 하나의 관점에서 통합적이고도 분석적인 방식으로 공기 순환과 에너지 순환을 추론하고, 점점 뜨거워지는 지구를 몸으로 체험하면서 관찰한 결과 이런 결론에 이르게 되었다. 오류가 있을 수도 있다. 왜냐하면 이 또한 한정된 지식과 경험의 산물이기 때문이다. 하지만 과학적인 이론 구성에 오류가 있다고 해도 지구촌의 위기가 코앞에 다다르고 있다는 사실에는 변화가 없음은 분명하다. 이 분야와 관련하여 더 많은 지식과 경험을 보유한 전문가들이 더 근원적이고 실행 가능한 B에너지 개발 방안을 하루빨리 찾아주기를 바란다.

　우리는 하나다. 우리는 같은 생명인 지구의 살을 먹고, 지구의 피를 마시며, 지구의 영혼을 호흡하고, 지구의 에너지로 존재한다. 그러므로 나의 생명이라고 일컫는 것은 나의 것이 아니다. 그것은 누구의 것도 아니다. 그것은 우리 모두의 것이고, 하나의 대★생명이다. 오로지 하나의 대생명만이 존재할 뿐이다.

　하나의 대생명은 시작하지도 않고 끝나지도 않는다. 하나의 대생명은 움직일 수 없으면서 움직이고, 찰나적이면서도 지속적이다. 하나의 대생명은 한껏 모든 형태를 취했다가 그 형태가 무너지면 다시 자신의 근원으로 돌아간다. 그렇게 원처럼 둥글게 돌고 돌며 순환하는 하나의 대생명, 그것이 바로 나다.

제 **5**장

실현의 길

"나는 삶이다. 나의 삶은 지금 이 순간의 나는 누구인가를 정확히 표현하고. 우리의 삶은 지금 이 순간 우리가 누구인가를 정확하게 드러낸다. 삶은 나는 누구인가를 알게 하고, 나는 누구인가를 증명하는 수단인 것이다.

나는 몸이자, 마음이고, 영혼이다. 그러므로 삶에도 몸 차원, 마음 차원, 영혼 차원이 존재한다. 동물들은 몸 차원의 삶으로만 살아가고, 대부분의 사람들은 마음과 몸 차원의 삶을 살아가며, 극히 일부 사람들은 영혼과 마음과 몸의 세 가지 차원의 삶을 동시에 살아간다.

영혼·마음·몸의 세 가지 차원을 동시에 살아가는 것은 하나 차원의 삶이고, 이 우주에서 가장 고귀한 삶이다. 인간 존재(人間存在)의 목적은 각자 자기 자신만의 가장 고귀한 삶을 실현하는 것이다.

앞으로는 누구나 자기 자신만의 가장 고귀한 삶을 실현하는 세상이 펼쳐지게 된다. 단, 그런 세상은 나로부터 시작된다. 내가 먼저 하나 차원의 삶을 실현할 때 그런 세상은 비로소 펼쳐지기 시작한다."

지금은 마지막 인간의 시대다

하나는 생명이다. 하나는 무엇 하나 분리되지 않는 거대한 유기적 합일체다. 하나가 생명이므로 하나의 닮은꼴인 나도 생명이고, 모든 것들 또한 생명으로 존재한다. 가장 미세한 텅 빈 허공으로부터 가장 장대한 전체 우주에 이르기까지 하나를 닮은 우주의 모든 것들은 살아 있는 생명이다.

따라서 광대한 우주에서 바이러스나 미생물과 같은 생명의 씨앗을 찾아 헤맬 필요는 없다. 이미 모든 것은 생명이고, 모든 곳에는 생명의 씨앗들이 가득하기 때문이다. 원소 한 알도, 소립자 한 개도, 쿼크 하나도 생명이고 생명의 씨앗이며, 그 모든 생명들은 텅 빈 허공이라는 하나의 생명에서 비롯되고 있다. 그러므로 모든 것들을 생명으로 보고, 생명이 싹트는 원리를 이해하면 된다.

모든 생명의 씨앗은 싹을 틔우고 성장한다. 왜냐하면 모든 생명은 자기 자신을 초월하려는 의지를 지녔고, 모든 삶은 자기 자신을 넘어서는 과정이기 때문이다.

모든 생명은 하나의 법칙에 따라 돌고 도는 방식으로 결합하여 자신을 초월하는 어떤 것을 창조하는데, 그것을 진화라고 한다. 그러므로 창조와 진화는 같은 말이고, 창조와 진화는 하나의 법칙에 따라 진행되는 동일한 과정이다.

생명의 씨앗인 텅 빈 허공들은 서로 뭉치며 결합하여 암흑 에너지를 창조하고, 암흑 에너지들도 서로 뭉치며 결합하여 암흑물질로 진화하며, 암흑물질들도 서로 뭉치며 결합하여 쿼크를 창조하는 방식으로 자신을 넘어선다. 또한 쿼크들은 서로 모여 소립자를 창조하고, 소립자들은 서로 결합하여 원소로 진화하며, 원소들은 서로 결합하여 유기물 분자를 창조하는 방식으로 자신을 초월하여 진화하고, 유기물 분자들은 자신들에게 내장되어 있는 생명의 설계도 DNA에 따라 돌고 도는 방식으로 서로 결합하여 자신을 넘어 더 고차원적인 생명을 창조한다.

이렇게 모든 생명들은 자신보다 더 고차원적인 생명으로 올라서려는 의지를 지니고 있고, 그 의지에 따라 모든 생명은 다중 차원에서 창조하며 진화하고 있는 중이다. 원소의 차원에서, 분자의 차원에서, 나무의 차원에서, 산의 차원에서, 별의 차원에서, 은하계의 차원에서, 우주의 차원에서 모든 생명은 진화한다.

그러므로 어떤 별에서 생명이 싹트고 진화하는 것은 우연히 운 좋게 발생하는 특별한 사건이 아니다. 그것은 하나의 법칙에 따라 처음부터 일어나게끔 설계되어진 설계도에 따라 언제나 모든 곳에서 필연적으로 펼쳐지고 있는 과정이다.

인간은 그런 창조와 진화의 산물이다. 인간은 수십억 년에 걸쳐 미세하고도 미세한 생명의 씨앗으로부터 수많은 형태의 다양한 생명을 거쳐 인간으로 진화했고, 지금 이 순간에도 자기 자신을 창조하며 더 고차원적인 생명으로 진화하고 있는 중이다. 이것을 『성경』의 「창세기」는 시간을 초월한 영원의 관점에서 하나님께서 6일이라는 한순간 동안 천지 만물과 인간을 창조하신 것으로 기술하고 있다. 하지만 시간의 관점에서 보면 그 모든 것은 영구한 시간 동안 끊임없이 진행되어진 창조와 진화의 결과이고, 그러한 창조와 진화는 지금 이 순간에도 계속되고 있는 현재진행형이다.

그러므로 인간은 하나의 과정이고 성장이며, 가능성이고 잠재성이다. 인간이 자기 자신을 창조하며 진화하는 과정은 아직 끝나지 않았다. 인간은 아직 구체적으로 실현되지 않은 것이다. 인간은 계속해서 인간의 단계에서만 머물러 있을 수는 없고 어딘가로 나아가야만 한다. 그 과정에서 인간은 원숭이 이하로 전락할 수도 있고, 신의 경지로 오를 수도 있다. 이런 진리를 꿰뚫은 니체는 인간을 초극하여 초인으로 진화하라고 이렇게 외쳤다.

> "나는 그대들에게 초인(超人)을 가르친다. 인간이란 초극(超克)되어야 할 무엇이다. 그대들은 인간을 초극하기 위해 무엇을 해왔는가?
> 이제까지 모든 만물은 자기 이상의 무엇을 창조해왔다. 그대들은 이 위대한 만조(滿潮)가 썰물이 되는 것을 바라며, 또한 인간을 초극하는 것보다 오히려 짐승으로 되돌아가기를 바라는가?
> 인간에게 있어서 원숭이는 무엇인가? 웃음거리이든가 아니면 비통한 치욕이다. 마찬가지로 초인에게 있어서도 인간은 웃음거리이거나 비통한 치욕이다.
> 인간은 동물과 초인 사이에 놓인 하나의 밧줄이다. 인간은 심연 위에 걸쳐 놓은 밧줄이다."
>
> ─『자라투스트라는 이렇게 말했다』 중에서

그렇다. 인간은 밧줄이다. 인간은 알려진 세계와 미지의 세계를 연결하는 밧줄이고, 자연과 신을 이어주는 밧줄이며, 육체와 영혼을 통합하는 밧줄이다. 자연은 무의식을 통한 진화 과정이고, 신은 의식을 통한 진화 과정이며, 인간은 자연에서 신으로 진화하는 과정이다. 자연은 인간을 통해 거룩해지며 신성으로 연결되는 것이다.

인간은 인간이라는 밧줄을 건너 지나가야만 한다. 인간은 무의식에서 의식으로, 육체에서 영혼으로, 자연에서 신으로 진화해야만 한다. 이미 인간의 진화 과정은 시작되었다. 그것은 의식적이고 개인적이며 선택이 가능한 진화 과정이다. 그것은 인간 개개인이 진화할 것인지, 진화하지 않을 것인지를 결정할 자유와 그에 대한 책임도 동시에 가지는 과정이다. 그것은 인간존재로 태어나는 순간부터 시작된 피할 수 없는 여정이다.

그것을 『성경』은 낙원, 선악과, 인간의 원죄라는 신화의 형식으로 표현했다. 하지만 그것은 원죄original sin가 아닌 원축복original blessing이다. 그것은 선악을 구분하게 됨으로써 영혼을 잃고 마음의 차원으로 떨어진 인간이 다시 영혼을 되찾고 하나를 실현할 수 있는 기회를 획득했다는 점에서 원축복인 것이다.

이제 인간 진화는 마지막 단계에 이르고 있다. 지금은 마지막 인간의 시대인 것이다. 다음 시대는 인간 이상 또는 인간 이하의 시대가 될 것이다.

인간이 인간 이상의 존재로 진화하려면 스스로를 창조하고 실현해야만 한다. 그러므로 지금부터의 진화 과정은 나 자신에게 달렸다. 인간이라는 밧줄을 건너 스스로를 실현할 것인지 그렇지 않을 것인지는 오로지 나의 자유다. 단, 건너가는 도중에 되돌아갈 수는 없다. 건너가거나 밑으로 떨어지거나 둘 중의 하나만 남았다.

밑으로 떨어진다면 뒤로 돌아가 그 과정을 처음부터 다시 거쳐야만 한다. 온갖 야단법석을 다시 떨어야만 하는 것이다. 그 과정은 기쁨일 수도 있고, 고통일 수도 있다. 하지만 다시 거쳐야만 하고 반드시 통과해야만 그 과정은 끝나게 되어 있다. 그렇다면 다른 방법은 없다. 건널 수밖에 없다.

  인간이라는 밧줄을 건너기 위해서는 끊임없이 묻고 탐구하면 된다. 호기심을 가지고 '무엇이 진리인가?' '삶이란 무엇인가?' '삶의 의미는 무엇인가?' '나는 어디에 있는 것일까?' '나는 어디에서 왔다가 어디로 가는 것일까?' '나에게 정해진 목적지는 어디일까?' '우주는 어떤 모양일까?' '우주는 어떤 방식으로 작동하는가?' 등에 대해 스스로에게 묻고 탐구해야만 한다. 그렇게 하기를 계속하면 그 모든 질문들은 단 하나의 근원적인 질문으로 귀결되는데, 그것이 바로 '나는 누구인가'라는 질문이다.

  '나는 누구인가'라는 질문은 다른 모든 질문들을 포괄하고, 그에 대한 대답은 내 안에 존재한다. 왜냐하면 나는 하나와 하나로 존재하는 하나이기 때문이다. 그러므로 모든 질문과 대답은 나를 벗어나 존재할 수 없고, 나는 나를 벗어나 있거나 나보다 더 광대한 어떤 것을 보거나 상상할 수 없다. 내가 끝없이 무한하고 광대한 우주를 상상하고 탐구할 수 있는 것도 내가 우주보다 더 무한하고 광대하기에 가능한 일이다. 그러므로 '나는 누구인가'라는 질문에 대한 대답으로 나를 알게 되는 순간 그 모든 것을 알게 되고, 모든 질문과 대답은 저절로 사라지게 된다. 그러므로 나 자신의 내면을 깊이깊이 탐구함으로써 '나는 누구인가'를 알게 되면, 인간이라는 밧줄을 건너게 된다.

  니체 Friedrich Wilhelm Nietzsche, 1844~1900 는 인간이라는 밧줄을 건너서 지나간 자를 '초인'이라고 했다. '나는 누구인가'에 대한 질문을 통해 개별적인 인간으로서의 나를 초월하여 하나 차원의 나로 거듭난 존재가 초인인 것이다.

　그러므로 초인은 두 번 태어난 사람이다. 첫 번째 생명은 부모를 통
해 받았지만, 두 번째 생명은 욕망과 마음, 시간과 지식을 극복하고 에
고를 초월함으로써 나 스스로가 나 자신에게 준 선물이다.

　초인은 지금까지의 인간과는 차원이 다른 새로운 유형의 인간이다.
초인은 '나는 누구인가'라는 물음에 대한 답을 스스로 찾은 존재이고,
나 자신을 삶에서 실현하는 존재이다. 초인은 깨어 있는 사람이고, 자
연과 조화롭게 존재하는 사람이며, 창조성으로 무장한 사람이다.

　초인은 대자유인大自由人이다. 초인은 물질적인 속박으로부터 자유로
운 것은 물론이고, 나 자신으로부터 완전한 자유를 획득한 존재이다.
초인은 나의 과거, 나의 종교, 나의 국가, 나의 낡은 이데올로기로부터
자유로운 존재이고, 나의 신념·지식·가치관·습관으로부터 나의 개인성
이 완전히 해방된 존재이며, 인간에 대한 모든 고정관념을 초월하여 진
정한 나 자신의 권리와 힘을 행사하는 존재이다.

　초인의 가장 큰 특징은 깨어 있음과 사랑자비이다. 초인은 언제나 주
의 깊게 깨어 있는 존재다. 초인은 모든 순간마다 진정한 나를 각성
한다. 초인의 영혼은 높이 비상하여 비틀거리고 넘어지고 싸우고, 야
망·탐욕·분노·폭력으로 가득 찬 사람들, 좋은 기회를 헛되이 낭비하
고 있는 사람들을 내려다보며 초인의 존재에 커다란 사랑이 솟기 시
작한다. 그리하여 그의 모든 열정passion은 평온dispassion을 거쳐 자비
compassion가 되어 다가오는 모든 사람들에게 자신이 지복과 통찰력을
나누어 주는 사랑의 비를 뿌리기 시작한다.

초인들의 혁명

초인은 누구에게나 열려 있는 가능성이다. 누구라도 초인이 될 수 있고, 지금 이 순간에도 수많은 사람들이 초인으로 태어나고 있다. 잠에서 깨어나 진정한 나로 존재하는 동시에 사랑이 넘쳐흐르는 초인들이 기하급수적으로 증가하고 있는 것이다.

하지만 아직도 대부분의 사람들은 깊은 잠에서 깨어나지 못하고 꿈속에서 헤매고 있다. 이제 먼저 깨어난 초인들은 아직도 잠들어 있는 사람들을 흔들어 깨워 그들이 쉽게 깨어나도록 돕고 있고, 잠자던 사람들도 서서히 깨어나고 있다. 깨어 있음이 전염되고 있는 것이다. 앞으로 깨어 있음은 점점 더 빠르게 전염되어 나중에는 도저히 걷잡을 수 없이 번져나가 모든 사람들을 깨우게 될 것이다. 그리고 그것은 모든 것을 불살라 재로 만들고, 그 자리에 모든 것이 새롭게 태어나게 할 것이다.

그러므로 그것은 혁명이다. 그것은 삶의 혁명이자 죽음의 혁명이고, 과학기술의 혁명이자 의식의 혁명이며, 우리에게 강요되는 모든 것에 대한 혁명이자 컴퓨터처럼 획일적인 존재가 되는 것에 대한 혁명이고, 깨어남의 혁명이다. 그것은 초인들의 혁명이다. 그러므로 먼저 깨어나 잠자는 사람들을 흔들어 깨우는 초인들은 혁명가들이다.

오쇼 라즈니쉬 Osho Rajneesh, 1931~1990 는 20세기의 붓다이자 그리스도다. 그는 초인을 '조르바 붓다', 초인들의 혁명을 '조르바 붓다의 혁명'이라고 부르며 그 비전을 제시했다. 그리고 그의 제자 손민규는 스승의 혁명을 찬양하는 노래를 불렀다. 그 노래와 그 비전을 들어보자. 그리고 우리 모두 잠에서 깨어나 초인들의 혁명에 동참해 새로운 세상을 창조하자.

> "구호도 없고, 깃발도 없고, 성난 군중도 없고, 타도할 대상도 없는 조용한 혁명이 일어나고 있다.
> 이제 로봇이기를 그만두고 인간으로 우뚝 선 사람들, 그런 사람들이 모여 혁명의 대열을 이루었다.
> 나와 너 안에 빛나는 새벽별.
> 빛으로 하나된 우리.
> 이것은 꿈이 아니다.
> 아침이 되어 별은 사라지는 것이 아니다.
> 빛과 하나가 되어 있을 뿐이다.
> 오쇼, 그를 사랑하는 수많은 사람들, 우리는 결코 사라지지 않는다.
> 우리는 투명한 이해의 빛과 한몸이 되어 혁명을 준비하고 있다.
> 우리의 혁명은 즐겁다.
> 이 삶을 노래하고 즐기는 우리는 무적의 혁명가들이다.
> 세상의 어떠한 지배자도, 아무리 굳은 어리석음도 우리를 막지 못한다.
> 우리는 누구도 지배하지 않으며, 누구에게도 지배당하지 않는다.
> 우리는 인간이고 자유인이다.
> 우리는 조르바 붓다이다.
> 이것은 가장 위대한 도전이며 우리의 운명이다.
> 겁에 질려 이 운명을 막아서는 자들이 있을 때마다 우리는 흥겹게 소리 지를 것이다.
> 이리 와, 우리와 함께 어울려!
> 이제 세상은 역사상 모든 혁명을 합친 것보다 더 큰 혁명을 보게 될 것이다."
>
> — 손민규, 『조르바 붓다의 혁명(The Rebel: The Very Salt of The Earth)』 중에서

지금은 엄청난 전환의 시기다. 예민한 사람들은 이미 자신의 삶에서 그것을 느끼고 있을 것이다. 매우 드물고 특별한 어떤 일이 일어나고 있다. 이것은 전에 없던 일이고, 앞으로도 이렇게 중대한 전환의 시기는 두 번 다시 오지 않을 것이다.

세상은 지금 불길에 휩싸여 있다. 모든 사람의 삶이 위험에 빠져 있다. 이제 인류는 죽느냐 사느냐 하는 최후의 결단이 요구되는 시점에 와 있다. 구시대의 인간은 인류를 죽음의 상황으로 몰아왔다. 낡은 마음, 낡은 이데올로기, 낡은 종교, 낡은 정치, 낡은 시스템, 이들 모두가 범지구적인 자살 상황과 관련되어 있다.

낡은 인류의 위대한 위인이라는 사람들이 이런 절체절명의 상황을 불러들였다. 그들은 인류를 끊임없는 위기 상황으로 몰아왔다. 낡은 정치가들은 인간을 위한다는 명목으로 인간을 희생시키는 온갖 이데올로기를 만들어내고, 끊임없이 인간들을 분열시켰다. 낡은 과학자들이 개발한 온갖 무기들은 지구를 수십 번 파괴할 수 있고, 언제라도 이 지구상의 모든 생명체를 끝내 버릴 만반의 준비를 갖추고 있다. 낡은 기업가들은 지구를 더 이상 생명이 살 수 없는 행성으로 변모시키고 있고, 낡은 철학자들은 이 혼란에서 벗어나는 유일한 출구는 자살밖에 없다고 주장하기도 한다.

낡은 시대는 너무 오랫동안 유지되어 왔다. 이미 오래전에 끝났어야 했다. 인류를 시체처럼 질질 끌며 유지되어 온 낡은 시대를 마감할 때가 되었다. 낡은 시대는 이미 죽은 것이나 다름없다. 낡은 시대는 제 스스로 무덤을 파왔고, 그 무덤 옆에 서 있다. 약간만 밀면 된다. 약간만 밀면 낡은 시대는 무덤 속으로 굴러떨어질 것이다.

우리는 삶과 죽음 가운데 하나를 선택해야 하는 긴박한 상황에 놓여있다. 만일 삶을 택한다면, 이제 사람들은 단순한 생존이 아니라 가치 있게 살아갈 수 있는 삶을 택할 것이다.

혁명만이 삶의 길이다. 종교적이고 영적인 동시에 고도의 과학기술에 기반을 둔 혁명, 분노가 아니라 사랑과 연민으로부터 비롯된 혁명, 명상과 기도를 기반으로 하는 혁명, 깨어 있는 의식에 바탕을 둔 혁명, 이런 초인들의 혁명만이 지구를 낙원으로 바꿀 수 있는 유일한 길이다.

초인들의 혁명은 수 세기 전부터 필요했던 일이지만 여태껏 일어난 적이 없다. 그러나 이제는 때가 되었고, 지금이 바로 초인들의 혁명이 시작되는 시점이다. 초인들의 혁명이 일어나지 않는다면 인류의 미래는 희망이 없다.

이미 초인들의 혁명은 시작되었다. 초인들의 혁명은 전염성이 강하다. 그것은 거센 산불과 같다. 하지만 먼저 내가 불꽃을 지니고 있어야 한다. 그러면 내가 어디를 가든 다른 사람들에게 불이 옮겨 붙어 그들도 불꽃으로 타오를 것이다. 그리하여 모두가 새로운 빛과 새로운 사상, 인간과 미래에 대한 새로운 비전을 갖게 된다.

초인들의 혁명의 목적은 모두에게 균등한 기회와 자유가 주어지는 인간적 사회를 실현하는 것이다. 그러므로 초인들의 혁명은 인류에 대한 사랑에서 비롯된다. 초인들의 혁명은 주의 깊게 깨어 있는 의식과 넘치는 자비심에서 시작된다.

초인들의 혁명은 개선이나 개혁과는 전혀 다르다. 개선이나 개혁은 낡은 것을 변화시키려고 노력하지만, 초인들의 혁명은 모든 낡은 것과 완전히 관계를 끊는다. 낡은 종교, 낡은 정치 이념, 낡은 시스템, 낡은 인간, 이 모든 것들과의 연결고리를 완전히 끊어버리는 것이 초인들의 혁명의 출발선이다.

초인들의 혁명은 리엑션reaction이 아니라 액션action이다. 초인들의 혁명은 단순히 낡은 것에 대한 반사적 행동이 아니라 새로운 것을 위한 창조적 행위이다. 초인들의 혁명은 과거에 대한 분노가 아니라 미래를 위한 창조적인 연민으로 시작된다. 그러므로 초인들의 혁명은 낡은 것을 파괴하는 데 그치지 않고 새로운 것을 창조하려는 비전과 목적을 지닌다.

물질 차원주변 차원의 혁명은 외적인 혁명이고 정치 세계에 속한다. 물질 차원의 혁명은 정치적인 접근 방식이다. 물질 차원의 혁명가는 사회 구조의 변화가 인간을 변화시킨다고 믿는다. 마르크스, 레닌, 모택동, 간디가 물질 차원의 혁명가들이다.

물질 차원의 혁명가는 깨닫지 못한 혁명가들이다. 그들은 눈먼 혁명가들이다. 그들은 무엇이 옳고, 그른지 모른다. 하지만 적어도 그들은 불행과 고통을 절감하고, 인간으로서 그들의 자존감은 짓밟히고 존엄성이 박탈당했다는 것을 안다. 그래서 그들은 항거하여 싸운다. 그러나 그들의 싸움은 탄압에 대한 반작용이며 부정적이다. 그것은 어떤 것에 '대항하는' 싸움이지 어떤 것을 '위한' 싸움이 아니다. 역사적으로 그런 싸움은 인류에게 오히려 해가 되는 경우가 많았다.

영혼 차원의 혁명은 내적인 혁명이고 정신적인 현상이다. 영혼 차원의 혁명은 세상에 의식의 변화를 가져온다. 붓다, 자라투스트라, 소크라테스, 사라하, 그리스도, 마호메트, 카비르가 영혼 차원의 혁명가들이다. 영혼 차원의 혁명은 절대적으로 개인적인 접근 방식이다. 개인

하나하나의 의식이 변화하면 사회구조는 자연히 그 변화를 따라온다는 것이다.

영혼 차원의 혁명가는 혁명적이지 못한 깨달은 자들이다. 따라서 이들 또한 반쪽에 불과하다. 그들은 인간의 잠재성과 인류가 달성할 수 있는 영광스러운 그 무엇인가를 안다. 하지만 그들은 낡은 사회와 노예화, 미래와 현재 사이에 놓인 장애물들, 새로운 인간의 탄생을 방해하는 것들에 맞서 싸울 준비가 되어 있지 않다. 그들은 더 나은 미래, 더 나은 인간에 대한 비전을 갖고 있지만, 그것을 위해 싸울 배짱이 없는 것이다. 그러므로 이들 또한 세상을 근본적으로 변화시킬 수 없었다.

초인들의 혁명은 모든 차원에서 동시에 진행된다. 그러므로 초인들의 혁명은 깨달음과 혁명정신은 물론 과학기술과 정치·사회제도에 대한 이해까지 겸비한 초인에 의해 시작되고, 모든 인간들이 초인으로 거듭날 때까지 계속된다.

초인은 직접 행동하는 깨달은 혁명가이다. 초인은 평화와 침묵, 빛이라는 내면의 특성과 더불어 세상의 모든 불의와 비인간적인 현상에 항거하는 혁명정신을 지닌다. 초인은 붓다의 깨달음과 레닌의 혁명정신이 통합된 존재이다.

초인은 '조르바 붓다'다. 조르바 붓다는 니코스 카잔차키스 Nikos Kazantzakis, 1883~1957 의 소설 『그리스인 조르바』에 등장하는 조르바처럼 삶의 기쁨을 누릴 줄 아는 동시에, 붓다처럼 깨어난 존재다. 초인은 드러나지 않는 것을 꿰뚫어보는 붓다의 눈과 자신의 비전에 온몸으로 헌신할 수 있는 조르바의 열정을 지닌 전혀 새로운 부류의 인간이다.

초인은 조르바처럼 최대한 자신의 본성에 충실한 삶을 살아간다. 초인은 이 땅 위의 삶을 찬양하고, 이 대지를 노래하며, 인생을 즐기는 법을 안다. 동시에 초인은 붓다처럼 텅 빈 허공을 명확하게 인식할 수 있는 순수한 눈을 가졌다. 초인은 이 대지가 주는 기쁨을 당당하게 누리는 동시에 하늘에 떠 있는 별들에 대해서도 자신의 권리를 주장한다. 초인은 이 세상 전체를 자신의 집으로 선언한다.

초인은 영혼과 육체의 공존을 선언한다. 초인은 모든 존재가 영성으로 가득 차서 산이나 바위조차도 살아 있으며 나무도 예민한 감수성을 가지고 있다고 말한다. 초인은 모든 존재가 물질과 의식 둘 다에 속하거나, 또는 물질과 의식이라는 두 가지 방식으로 표현되는 하나의 에너지일 뿐이라고 말한다. 초인은 정화된 에너지는 의식으로 나타나고 정련되지 않은 에너지는 물질로 나타난다고 말한다.

초인은 영혼과 물질을 통합한다. 초인은 영혼과 물질 사이에는 아무런 갈등도 존재하지 않으며 양쪽 모두의 풍요를 누릴 수 있다고 선언한다. 초인은 과학기술에 의해 생산되는 모든 것을 누리는 동시에 붓다, 노자, 장자 같은 사람들이 존재의 내면에서 발견한 황홀경의 꽃과 신성의 향기를 맛보는 삶을 살아간다.

초인은 본질적으로 기존의 어떤 범주에도 속하지 않는다. 초인은 전혀 새로운 부류의 인간들이다. 초인은 너무나 새로워 세상의 어떤 분류에도 속하지 않는다. 초인은 새로운 새벽, 새로운 출발을 알리는 선구자다. 그러므로 초인이 된다는 것은 완전히 새로운 삶의 시작을 뜻한다. 초인은 새로운 인류, 새로운 인간의 출발점이다.

초인은 빛이다. 초인은 먼저 빛이 되고 그 빛으로 자기 자신을 비추고 타인도 비춘다. 초인은 먼저 자기 자신부터 혁명하고, 이어서 세상을 혁명한다. 초인은 하나의 빛을 온 세상에 비춤으로써 새로운 세상을, 새로운 삶을, 새로운 인간을 창조한다.

초인은 미래에 대한 비전을 지닌다. 초인은 새로운 유형의 인간, 새로운 인류에 대한 꿈을 갖고 있다. 초인의 원대한 꿈은 낡은 체제와 부패한 사회가 인식할 수 있는 범주를 넘어선다. 기존의 낡은 체제는 초인의 영혼에 깃든 그 꿈의 일부조차도 엿보지 못한다.

초인은 사자의 심장을 가진 사람, 불굴의 용기를 가진 사람, 한 인간으로서 자존감을 가진 사람들이다. 초인은 아무리 위험한 일이라도 과감하게 도전한다. 초인은 인간의 존엄성을 위하여, 자유로운 영혼을 위하여 꺾이지 않는 용기로 도전한다. 이는 매우 위험한 일이지만 그것이 초인이 갈망하고 도전하는 이유다.

초인은 자신의 꿈을 실현하기 위해 노력한다. 초인의 모든 행동은 그 꿈에서 비롯된다. 초인이 기울이는 관심의 초점은 기존 체제에 있지 않다. 초인의 초점은 알려지지 않은 미래, 그 잠재적인 가능성을 향하고 있다. 초인의 행동은 자유로운 의지와 비전, 미래를 향한 꿈을 통해서 나온다.

초인은 매우 실제적인 사람이며 결코 오지 않는 유토피아를 꿈꾸지 않는다. 초인은 몽상가가 아니다. 초인은 인간의 잠재성을 실현시킨다. 초인은 인간들이 바라는 희망과 꿈을 실천에 옮기는 사람이다.

초인은 인간이다. 그들은 자신이 긍지와 위엄을 지닌 인간임을 선언한다. 초인은 자신을 보통 사람보다 더 귀하고 신성한 존재로 가장하는 신과 예언자, 구세주의 죽음을 선언한다. 초인은 자신이 꾸밈없고 진실한 보통 사람임을 선언한다.

초인에게 있어서 인간이 된다는 것은 본능과 지성과 직관을 억누르지 않고 자연스럽게 발휘하는 것이다. 초인은 인간을 무거운 짐에서 해방시키고, 의식의 최고 정점까지 끌어올리기 위해 모든 노력을 아끼지 않는다.

초인은 모든 삶을 깊은 존경심으로 대한다. 초인은 자신은 기꺼이 죽을 각오가 되어 있되, 다른 누구도 죽이지 않는다. 초인은 큰 뜻을 위해 자신의 죽음도 불사하지만, 아무리 원대한 뜻이 있어도 누군가를 죽이는 것은 짐승 같은 짓이라고 여긴다.

초인은 낡고 굳어버린 모든 것과 단절한다. 초인은 자신의 과거, 자신의 종교, 자신의 국가에서 자신의 개인성을 해방시킨다. 초인의 유일한 관심사는 자신의 존재와 의식, 자신의 개체성을 성장시키는 것이다. 설령 그것이 작은 불빛일지라도 초인은 자기만의 등불을 지니고 자신만의 길을 간다.

초인에게 안내자가 필요 없다. 초인은 스스로를 등불로 삼고 자기만의 길을 간다. 초인에게는 자기만의 미래가 있다. 초인은 마치 지구에 태어난 최초의 인간인 것처럼 두려움 없이 미지의 세계로 나아간다. 매 순간 초인은 새로운 곳으로 들어서고, 자기만의 경험을 얻는다.

초인은 한 명의 개인으로 온 세상에 맞선다. 초인은 사랑을 신뢰하고, 명상을 신뢰하고 자신이 불사의 존재임을 자각한다. 자신의 불멸성을 자각한 초인은 죽음을 두려워하지 않는다. 그래서 초인은 낡고 부패한 과거의 총부리 앞에 당당히 가슴을 내밀고 대응한다.

초인은 자신의 길, 자신의 존엄성, 자신의 자유를 발견하기 위하여 군중에서 뛰쳐나와 사자처럼 홀로 걷는다. 초인은 홀로 있음을 즐기고, 사회에서 주어지는 보상이나 명예 또는 특권을 위해 자신의 영혼을 팔지 않는다.

초인은 종교적인 군중, 정치적인 군중, 인종적인 군중, 민족적인 군중에서 개인을 이끌어낸다. 초인은 군중에 반대하며 전적으로 개인에 찬성한다. 초인은 오로지 깨어 있는 개인들만이 세상을 구할 수 있다고 믿는다.

초인은 대중의 의견을 겁내지 않는다. 초인은 혁명을 반대하는 군중을 두려워하지 않고, 가면을 쓰고 활동하는 위선자들을 무서워하지 않는다. 초인은 군중 속에서 살아가지만, 군중에 복종하지 않는다. 초인은 군중에 휩쓸리지 않고 홀로 서 있지만 모든 현상에 대해 뚜렷한 인식을 갖고 있는 사람이다.

초인은 온 세상이 반대한다 해도 흔들리지 않고, 그것은 오히려 그들을 더 강하게 만든다. 그것은 초인에게 자신이 혁명적인 행동을 하고 있다는 확신을 강화시켜 준다. 초인의 행동이 혁명적이 아니라면 세상 전체가 그에게 반대할 이유가 없기 때문이다.

초인은 겁쟁이가 아니다. 초인은 세상과 사회를 등지고 도망치지 않는다. 초인은 사회 속에 머물지만, 사회에 종속된 존재가 아니다. 초인은 사회 속에 남아 매 순간 투쟁한다. 이런 방식으로 초인은 자신의 성장을 이룬다.

초인은 새로운 세계를 창조한다. 초인은 이 불행과 고통이 사라지고 인간이 더 자연스럽게 살 수 있는 세상을 창조한다. 초인은 더 많은 사랑과 평화, 더 많은 아름다움으로 넘치는 세상, 이 우주가 선사하는 풍요로움, 이 삶이 선물로 건네는 모든 것들을 즐기면서 살아갈 수 있는 새로운 세상을 만든다.

초인은 자유, 사랑, 고요함, 진실, 깨달음이 만개하는 것을 가로막는 모든 장애물들을 제거한다. 초인은 잘못되고 비인간적인 모든 것들, 어리석고 비과학적인 모든 것들에 대항하여 싸운다. 초인이 이렇게 투쟁하는 이유는 새로운 인간이 어떠한 구속도 받지 않고 살아갈 수 있는 터전을 만들기 위한 것이다.

초인은 불꽃같은 삶을 산다. 초인은 안전한 삶을 버리고 미지의 세계로 뛰어든다. 초인은 어떠한 안전도 존재하지 않는다는 것을 이해한다. 초인은 여유 있는 자세로 삶을 대하고 동요하지 않는다. 초인은 즐거운 마음으로 춤추며 기꺼이 미지의 어둠을 향해 나아간다. 그리하여 초인은 아무것도 잃지 않고, 오히려 모든 것을 얻는다.

초인은 기존 체제와 야합하지 않는다. 초인은 명성을 얻고 존경받는 것에 전혀 관심이 없다. 초인은 그런 것들을 필요로 하지 않는다. 초인은 사회에 의해 강요된 온갖 관념, 도덕, 종교, 철학, 형식, 지식, 미신 따위를 포기하지만, 사회 그 차제를 포기하지는 않는다.

초인은 어떤 방식으로든 노예화되는 것을 거부한다. 초인은 다른 인간의 노예가 되는 것을 거부하는 것은 물론이고, 신의 노예가 되는 것도 단호히 거부한다.

초인은 완전한 자유를 사랑한다. 초인에게는 신의 대리인이나 메시아가 필요 없다. 초인은 자신의 본성에 따라 움직인다. 초인은 위험하고 스스로 책임져야 하는 길을 선택하고, 그 길은 초인에게 더할 나위 없는 기쁨과 자유를 안겨준다.

초인은 평화를 사랑한다. 초인은 인간을 사랑하고 사람들의 행복한 삶을 사랑한다. 초인은 인간의 자연스러운 성장을 위해서는 무엇이든지 한다. 하지만 초인은 어떠한 이데올로기도 강요하지 않는다. 초인은 다만 모든 사람이 자기 자신이 될 수 있도록 도울 뿐이다.

초인은 정의롭다. 초인은 정의라는 이름 아래 사회질서와 기존 체제, 기득권층에 불복하는 사람들을 처단하지 않는다. 초인은 그것을 집단적으로 자행된 복수극이라고 부른다. 초인은 삶의 모든 문제를 뿌리부터 자세히 관찰하고, 겉으로 나타나는 현상만 억제하는 것이 아니라 근본적인 원인 자체를 제거한다. 초인은 불의의 근본 원인을 제거하는 것을 정의라고 부르고, 모든 처벌은 또 하나의 범죄로 취급한다.

초인은 폭력으로 점철된 인류의 과거 역사와의 단절을 꿈꾼다. 초인은 폭력을 이 삶과 의식에 대한 최대의 모독으로 간주한다. 초인은 폭력의 씨앗을 뿌리고 나서 폭력에 물들지 않은 꽃이 피어나기를 기대하지 않는다. 초인은 올바른 목적은 오로지 올바른 수단을 통해서만 달성됨을 확신한다.

초인은 아직도 우리가 군대와 핵무기를 필요로 하는 것을 수치스러워하고, 경찰과 재판, 감옥을 필요로 하는 것을 부끄러워한다. 초인은 우리를 둘러싸고 있는 이런 어처구니없는 것들을 모두 제거한다.

초인은 유쾌하고 활력에 넘친다. 그 유쾌함에서 초인의 창조성이 나온다. 초인은 뛰어난 유머 감각을 갖고 있다. 초인은 죽음의 코앞에서도 웃고, 무엇을 하든 간에 결코 심각하지 않다. 초인은 항상 즐거움에 넘친다. 초인은 웃음의 혁명을 일으키고, 웃음으로 가득 찬 세상을 창조한다.

초인은 모든 사람들에게 똑같은 성장의 기회를 주는 사회를 창조하지만, 평등이라는 개념을 강요하지 않는다. 초인은 모든 사람에게 자신의 잠재력과 재능, 소질을 발휘할 수 있는 평등한 기회를 부여한다. 초인은 어떤 사람은 싸이가 되고, 어떤 사람은 펠레가 되며, 어떤 사람은 피카소가 될 수 있는 기회를 부여한다.

초인은 모든 사람에게 자기 자신이 될 수 있는 기회가 균등하게 주어지고, 모든 사람을 있는 그대로 받아들이는 공동체를 창조한다. 초인은 모든 사람이 있는 그대로 존경받게 하고, 모든 직업이 존중받게 함으로써 불의와 범죄의 원인 자체가 사라지게 만든다.

초인은 새로운 도덕성을 수립한다. 초인은 율법이 아니라 자신의 깨어 있는 의식에 따라 행동한다. 초인은 옳은 것에는 자율적으로 복종하지만, 옳지 않다고 느끼는 것에는 어떤 희생을 치르더라도 복종하지 않는다.

초인은 권력을 순수하게 사용한다. 초인은 사랑과 창조성에 기반을 두고, 명상에 바탕을 두기 때문이다. 초인은 깨어 있다. 그래서 초인의 손에서는 권력도 타락하지 않는다.

초인은 이 삶이 순식간에 지나가는 것이며 결국엔 누구나 죽는다는 것을 안다. 따라서 아무것도 초인을 두려움에 떨게 만들 수 없고, 아무것도 초인을 타협하게 만들 수 없다. 초인은 찰나적인 삶을 비굴하게 살지 않는다. 초인은 어차피 죽음이 확실한 삶에서 타협할 필요성을 느끼지 않는다.

초인은 모든 기회를 활용한다. 초인은 이 삶은 너무나 짧다는 사실을 잘 안다. 그래서 초인은 자신이 할 수 있는 일이면 무엇이든지 전력을 다한다. 초인은 창조하면서 즐길 수 있는 일이면 무엇이든지 하고, 창조적인 일을 위해 없애야 할 것이 있다면 조금도 망설이지 않는다.

초인은 결코 혁명을 멈추지 않는다. 혁명은 초인의 유일한 즐거움이다. 가능한 한 많은 사람들을 구속에서 해방시키는 것, 어두운 방에 갇힌 사람들을 빛의 세계로 끌어내는 것이 초인의 기쁨이다.

지구라는 이 아름다운 행성을 구할 자는 혁명정신을 지닌 초인밖에 없다. 혁명정신은 인간의 본질이고, 순도 100퍼센트의 영성이다. 초인들이 앞장서 혁명정신을 드러내야 한다. 족쇄를 벗어 던지고 혁명을 선포해야 한다.

세상 도처에 퍼져 있는 초인들은 인류의 구세주가 될 것이다. 이 세상의 아름다운 청년들, 나이와 상관없이 이 삶을 사랑하는 사람은 누구나 청년이다. 설령 육체적인 죽음이 임박한 노인이라 할지라도 그가 이 삶을 사랑하기만 한다면 그는 아직 청년이다. 이 삶을 사랑하는 청년들은 초인을 기꺼이 받아들이고 그들 또한 초인으로 거듭날 것이다. 그리고 초인들은 이 지구에 혁명적인 분위기를 만들어 나갈 것이다.

초인들의 존재는 모든 기존 체제에 큰 위협이 될 것이다. 인간을 노예로 만들고 몸과 영혼을 파괴하는 모든 것들에게 초인의 존재는 큰 도전으로 여겨질 것이다. 초인들의 존재 자체가 권력을 움켜쥔 자들에게 커다란 두려움을 안겨줄 것이다. 인간을 착취하고 진보를 가로막는 권력층들, 인간의 지성을 파괴하고 인간 고유의 개체성을 허용하지 않는 권력층들은 초인들의 등장으로 기존 체제가 더 이상 지속될 수 없음을 예견하게 될 것이다.

초인은 인간 진화의 정점이자 꽃이다. 나무가 성장하여 꽃을 피우도록 나무의 DNA에 새겨져 있듯이, 모든 생명은 진화하여 초인이라는 꽃을 피우게끔 생명의 설계도에 내장되어져 있다. 모든 진화는 초인이라는 꽃을 피우는 방향으로 나아가고 있는 것이다.

지금까지 지구라고 불리는 정원에 수많은 사람들이 거쳐 갔지만 초인의 꽃을 피운 경우는 드물었고, 초인의 꽃들이 동시에 개화한 경우는 손가락에 꼽을 정도로 지극히 희귀했다. 약 2,500년 전에 붓다, 마하비라, 소크라테스, 피타고라스, 자라투스트라, 노자, 장자, 공자 등이 한꺼번에 초인의 꽃들을 피운 적은 있었지만, 그 이후 20세기에 이르기까지 그만한 숫자의 초인의 꽃들이 동시에 개화한 적은 없었다. 이제 진화의 수레바퀴는 크게 한 번 돌았다. 다시 초인의 꽃들이 한꺼번에 피어나는 시기가 돌아온 것이다.

지구에 많은 수의 초인의 꽃들이 한꺼번에 만발한다면 21세기는 호모사피엔스 Homo sapiens의 시대가 끝나고 새로운 인류가 등장한 시기로 기록될 것이다. 그것은 '신인류'이고, 활짝 핀 초인의 꽃들이 이루고 있는 군락이다. 지금은 초인의 꽃들이 하나둘씩 피어나고 있는 시점이다. 모든 종교와 정부, 기존 체제와 기득권층에 반기를 든 초인들이 등장하고 있다. 초인들은 인류를 죽음으로 몰고 가는 모든 것을 제거하고 신인류를 탄생시킬 것이다.

신인류는 어떤 사람들인가

기쁘다! 어둠이 물러가고 아침이 밝아오고 있다. 씨앗이 싹트기에 알맞은 땅이 준비되고 있다. 초인들이 뿌린 씨앗이 사람들의 가슴속에서 싹트고, 사람들이 초인으로 재탄생하고 있다.

초인들의 혁명이 성공적으로 이루어진 사회에서 살아가는 사람들을 통칭하여 '신인류'라고 부르자. 신인류는 자기 자신으로 존재하고 자기 스스로 우뚝 선 대자유인들의 집합이고, 깨어 있는 사람들의 집단이며, 사랑과 자비가 흘러넘치는 초인들이 모여 사는 사회다.

신인류의 시대가 열리고 있다. 신인류의 시대는 지금까지와는 완전히 다른 새로운 시대가 될 것이다. 신인류의 위대한 행적은 앞으로의 지구별을 완전히 다른 곳으로 바꾸어놓을 것이다.

지금까지 일어난 것은 아무것도 아니다. 모든 것은 미완성인 채로 남아 있다. 낡은 인류가 문명이라고 부른 것은 실은 문명이 아니었다. 그것은 문명의 모조품이고, 광란의 현장에 불과했다. 마침내 진정한 문명이 시작되고 있다. 진정한 문명은 깨어 있는 신인류에 의해서만 가능한 일이다. 신인류의 문명을 살펴보자. 신인류는 이런 문명사회를 건설하게 된다.

신인류는 지고의 통합이다. 그들은 극단에서 생각하지 않고, 방관자처럼 생각하지도 않는다. 그들은 지식을 탐구할 때에도 영혼의 뿌리를 잃지 않으며, 영혼을 탐구한다 하더라도 과학의 뿌리를 잃지 않는다. 그들은 둘 다 이룬다.

신인류의 내적인 삶과 외적인 삶은 조화로운 리듬을 이룬다. 그들은 어떤 물질주의자 못지않은 물질주의자이고, 어떤 정신주의자 못지않은 정신주의자다. 그들은 종교적이면서 과학적이고, 이성적이지만 감성적이며, 합리적이면서 비합리적이고, 활동적이면서 비활동적이다.

신인류는 동양과 서양을 통합하고, 과학과 종교를 통합하며, 마음과 무심을 동시에 사용한다. 그들은 물질이 필요하거나 밖으로 향할 때에는 마음을 사용하고, 내면으로 들어가 무심이 필요할 때는 마음을 내려놓고 무심을 사용한다. 그들은 이 둘을 자유로이 사용하면서 이 둘을 초월한다. 그 초월은 대자유다. 그들은 대자유인이다.

신인류는 내면세계와 외부세계의 모든 것이 하나라는 진리를 이해하므로, 외적으로나 내적으로나 풍요로운 삶을 살아간다. 그들은 지식, 과학, 기술이라는 날개와 지혜, 사랑, 자유, 영혼이라는 날개를 가졌다. 양 날개를 가진 것이다. 그들의 양 날개는 깊은 일체감 속에서 동시에 조화롭게 기능하여 그들을 하늘 높이 비상시킨다.

신인류는 모든 것이 하나라는 앎을 바탕으로 고도의 의식 수준으로 올라선다. 그들은 더 이상 나와 남을 다른 존재로 보지 않고, 모든 존재의 존엄성을 이해한다. 그들은 모든 것을 받아들이고, 언제나 기뻐하며, 있는 그대로의 진리를 드러내고, 사랑이 넘쳐흐르며, 모든 것에 감사하는 삶을 살아간다.

신인류는 모든 것이 하나라는 앎을 바탕으로 고도의 과학기술을 갖춘다. 그들은 고도의 과학기술을 자유자재로 구사하여 지구환경을 마음대로 조절하고, 모든 것을 넉넉하게 생산하여 풍요를 만끽하며, 끝없는 우주를 여행하게 된다.

신인류는 완전히 자유롭다. 그들은 깨어 있기 때문이다. 깨어 있는 그들은 특정한 인격을 갖지 않는다. 그들은 아무것에도 오염되지 않은 순수한 상태다. 그들을 지배하는 과거나 특정한 습관이나 패턴은 없다.

신인류는 개개인이 자기 자신이 될 수 있는, 자기 자신의 방식대로 존재할 수 있는 절대적인 자유를 행사한다. 그러므로 그들은 다른 사람의 개인적인 삶에 참견하지 않는다. 그들의 사회도, 그들의 신도 개인적인 사랑에 개입하지 않는다. 그들의 사회는 자유의 토양 위에 건설된다.

신인류는 삶의 주인이다. 그들은 다른 사람의 삶이 아니라 자기 자신의 내면의 빛에 따라 산다. 그들은 다른 사람의 흉내를 내는 것에는 관심이 없다. 그들의 삶은 '나에게' 일어나는 경험의 집합체가 아니라, '나에 의해' 일어나는 경험의 집합체다. 그들의 삶은 '밖에서 안으로' 흐르는 것이 아니고, '안에서 밖으로' 흐른다. 그들은 외부에서 문제의 해결책을 찾는 것이 아니고, 내면에서 문제의 해결책을 찾는다.

신인류는 군중의 마음에서, 집단적인 심리에서 자유롭다. 그들은 정해진 삶, 진부하고 틀에 박힌 삶, 점잖은 삶을 높이 평가하지 않는다. 그들은 무엇인가에 끌려다니는 삶, 틀에 박힌 삶을 거부하고, 삶의 정글을 뒤져 자기만의 길을 찾아간다.

신인류는 의식과 각성을 통해 살아간다. 그들은 매 순간 자기 자신에게 감응한다. 그러므로 낡은 의미의 도덕과 이념은 그들에게 어울리지 않는다. 그들은 이미 도덕과 이념을 초월한 존재들이다. 그들은 매 순간 즉흥적으로 감응하고, 있는 그대로 반영하며, 그 반영을 통해 행동한다. 그들은 고정된 틀을 만들지 않고, 언제나 자유로운 상태를 유지한다. 그들은 계속해서 과거를 초월해 간다. 마치 뱀이 낡은 껍질을 벗듯이 과거에서 계속 미끄러져 나온다.

신인류는 자연스럽다. 그들은 자연스럽게 살고, 자연스러운 죽음을 맞는다. 그들의 죽음은 자연스러움의 극치다. 그들은 결코 자연을 넘어서려 하지 않는다. 그들은 전적으로 자연스럽고, 넘치도록 자연스러우며, 모든 차원의 자연스러운 본성이 완전히 개발되어서 더 이상 하나도 개발될 것이 남아 있지 않은 존재들이다.

신인류는 하나에 자신을 굴복시키고, 하나를 자신에게 허락한다. 하나가 말하고 싶어 하면 말하게 하고, 침묵하고 싶어 하면 침묵하고, 노래하고 싶어 하면 목소리를 빌려주고, 춤을 추고 싶어 하면 몸을 빌려준다. 그리하여 모든 시간을 거룩하게 하고, 모든 곳을 거룩한 장소로 만든다.

신인류는 만성 낙천주의자들이다. 그들은 신뢰하고 사랑하며, 하늘의 뜻에 순종하고, 절대 희망을 잃지 않는다. 그들은 누구든지 무엇이든지 믿는다. 그들은 자신들을 탄생시켰고, 매 순간 호흡시키며, 먹이고 마시게 하는 하나를 무한히 신뢰한다. 그들은 자신들이 하나를 필요로 하는 만큼 하나도 자신들을 필요로 하고, 하나는 결코 필요 없는 것을 만들어 내지는 않는다는 것을 안다.

신인류는 햇빛 속에서 생명의 숨결을 느끼고, 바람 속에서 생명의 손길을 느끼며, 퍼붓는 빗줄기 속에서 생명의 적나라한 춤을 느끼고, 대지에 닿는 맨발의 감촉에서 생명의 고동 소리를 듣는다.

신인류는 생명의 근원에 대한 깊은 이해를 지닌다. 그들은 생명은 결코 죽지 않는다는 생명의 가장 깊은 비밀을 명확하게 이해한다. 그들은 삶이 이 별에서 저 별로, 이 생명체에서 저 생명체로 흘러다니는 순수한 생명의 흐름임을 안다. 그래서 그들은 서두르지 않는다.

신인류는 말할 수 없이 황홀하고 짜릿한 삶을 살아간다. 그들은 이런 삶을 맛보기 위해 최선을 다해 살아간다. 그들은 미적지근한 삶이 아니라 최대한 뜨겁고 열정적으로 살아간다. 그들에게는 삶이 지겨울 겨를이 없다.

신인류는 언제나 흐르고 움직이며 멈출 줄을 모른다. 그들은 언제나 젊고, 신선하며, 늘 신나고, 모험심에 가득 차 있다. 그들은 육체적인 나이는 먹지만 마지막 순간까지 내면의 젊음을 유지한다.

신인류는 젊어서도 즐기고, 늙어서도 즐기며, 죽는 순간에도 즐긴다. 그들은 마주치는 모든 것을 즐기고 그것들을 축제로 만드는 방법을 알고 있다. 그들은 모든 것을 축제로, 노래로, 춤으로 변형시킨다.

신인류는 그저 웃고 결코 심각하지 않다. 그들은 손으로 웃음을 가리지 않고 웃음이 나오도록 내버려둔다. 그들은 사물뿐만 아니라 자기 자신을 보고도 웃는다. 아니 자기 자신을 보고 가장 자주 웃는다. 그들은 배꼽이 빠질 정도로 폭소를 터뜨리며 웃기를 좋아한다.

신인류는 현재를 살아간다. 그들은 미래의 목표에 집착하거나 과거에 사로잡힌 삶이 아닌 지금 이 순간을 산다. 그들이 아는 유일한 시간은 '지금'이고 그들이 아는 유일한 공간은 '여기'다. 그들은 지금 이 순간의 모든 것을 하나가 주는 최고의 선물로 받아들인다.

신인류는 오늘의 삶을 최대한 충실히 살아간다. 그들은 과즙을 짜내듯 매 순간 전체적으로 살아간다. 그들은 이 순간이 전부이며 다른 기회는 없는 것처럼 살아간다. 그들은 허황된 숭배와 미신, 얼어붙은 관념의 노예가 되어 백 년을 사느니 강렬하게 타오르는 한순간의 삶이 더 가치 있다고 여긴다.

신인류는 실수를 두려워하지 않는다. 그들은 실수하지 않는 삶을 그다지 높이 평가하지 않는다. 그들은 실수가 있었다 해도 후회하지 않으며 실수를 통해 배우고 강해진다. 그러나 그들은 절대 같은 실수를 반복하지 않는다.

신인류는 책임자다. 그들은 불행과 고통의 원인을 아담과 이브, 신, 악마, 부모, 전생, 카르마, 운명, 역사, 경제, 계급 간의 갈등, 무의식적인 본능, 성욕, 술 따위로 돌리지 않는다. 그들은 핑계 대지 않고, 모든 불행과 고통의 원인이 그들 자신에게 있음을 인정한다. 동시에 모든 환희와 지복 또한 그들 자신에게서 비롯됨을 이해한다. 책임자인 그들은 언제나 자유를 만끽한다.

신인류는 민첩하다. 그들은 삶을 허비하지 않는다. 그들은 죽음이 그들의 문을 두드리기 전에 삶의 근원을 찾아낸다. 그들은 삶의 면전에서 춤추며 살아간다.

신인류는 주의 깊다. 그들은 자신과 자신의 삶에 주의를 기울이며, 다른 사람에 대해서도 주의 깊다. 그들은 모든 것에 대해서도 주의 깊다. 왜냐하면 그들은 삶이 소중하다는 것을 알기 때문이다. 그들은 삶은 하나가 부여한 성장의 기회이며, 그 기회를 어둠 속에서 잃어버려서는 안 된다는 것을 안다.

신인류는 아름다움이다. 그들은 아름다움의 길 위를 걸으며, 아름다움이 그들을 에워싸 지배하도록 허용한다. 그들의 삶은 아름다움으로 승화된다. 그들의 아름다움은 모든 것을 수용하며 사랑하고 기뻐하며 축복하고 감사하는 그들의 삶을 통해 자연스럽게 드러난다.

신인류는 창조자다. 그들의 삶은 더 많은 아름다움, 더 많은 기쁨을 창조하기 위한 길고 끝없는 과정이다. 창조자인 그들은 언제나 행복하고, 꿈을 현실로 실현시킨다.

신인류는 고통에 굴복하지 않는다. 그들은 질투, 분노, 욕심이란 마음이 선택한 고통임을 이해한다. 그들은 자연적인 고통은 병든 자아를 치료하는 약으로 사용하고, 강요된 고통은 지복으로 변화시키고, 자신이 선택한 고통은 다른 것을 선택하는 방식으로 떨쳐 버린다.

신인류에게는 사랑과 삶의 단물만이 가득하다. 그래서 그들은 그것 밖에는 줄 것이 없다. 그들은 사랑과 존경하는 마음으로 그것들을 주고, 겸손한 마음으로 그것들을 받는다. 그들의 주고받음은 상대방의 인격을 다치게 하지 않는다.

신인류는 삶을 영적인 만남, 영혼의 여행으로 보고, 인간사와 인간 체험의 모든 것을 이 패러다임 안에서 파악한다. 그들의 삶은 하나를 체험하고, 자아를 실현하며, 진리를 표현하는 것과 관련이 있다.

신인류는 다른 사람의 영혼이 밟아가는 여정을 심판하지 않는다. 그들의 관심사는 다른 사람이 어떤 존재였고 어떤 존재가 되지 못했는가가 아니라, 자신이 누구이고 어떤 존재가 되고 싶은지를 판단하는 것이다.

신인류는 홀로 있는 방법을 알고, 홀로 있는 것을 즐기며, 홀로 있음 aloneness을 가장 위대한 선물로 받아들인다. 그들은 홀로 있음 안에서 자기 자신을 찾는다. 그들은 홀로 있는 가운데 유일무이한 개인이 되고 군중에서 자유로워진다.

신인류는 자기 자신을 사랑하기에 다른 사람도 사랑하고, 자기 자신을 미워하지 않기에 다른 사람도 미워하지 않는다. 또한 그들은 자기 자신에게 죄를 짓지 않기에 남에게 죄짓는 것도 불가능하다.

신인류는 비교하지 않는다. 그들은 비교라는 개념이 허구임을 안다. 그들은 모든 사람이 우월하거나 열등하지 않고, 모두가 독특한 존재임을 안다. 그들은 두 송이의 장미, 두 개의 조약돌을 비교하는 것도 불가능함을 안다. 그들은 모든 비교는 과거에서, 그리고 에고ego에서 비롯된 오류임을 이해한다. 그들은 있는 그대로의 자신으로 만족하고, 삶이 다채롭다는 것을 이해한다.

신인류는 사랑이다. 그들은 사랑 속에서 방관자처럼 서 있지 않는다. 그들의 사랑은 둘 사이의 관계가 아니다. 그들은 사랑 자체가 되어 영원 속으로 뛰어든다. 그들의 사랑은 마치 숨 쉬는 것처럼 그들에게서 모든 대상으로 퍼져 나간다. 그들이 어디에 있든 그들의 사랑의 향기는 퍼져 나간다.

신인류의 사랑은 우주적인 것이다. 그들의 사랑은 몇 사람만을 초대하는 게 아니다. 그들의 사랑은 별과 태양, 꽃과 새, 그리고 모든 존재를 불러모아 향연을 베푼다. 그들의 사랑은 다른 어떤 것도 필요치 않다.

신인류는 서로 훨씬 더 많이 사랑한다. 그러나 그들은 고정된 관계 속에 빠져드는 것이 아니라 계속적인 관계를 맺어나간다. 그렇다고 그들의 사랑이 순간적으로 지나가는 것은 아니다. 그들의 사랑은 지금의 사랑보다 더 깊고, 친밀감의 수준이 더 높으며, 더 시적이며 신성하고, 고정된 관계보다도 더 오래 지속된다.

신인류도 남성은 여성을 이해하지 못하고, 여성은 남성을 이해하지 못한다. 그리고 그 신비스러움 때문에 그들은 서로 사랑에 빠진다. 그래서 그들은 서로의 비밀과 신비가 감추어질 수 있도록 서로에게 충분한 공간을 허용한다. 그들의 하나됨은 서로의 개인성을 더욱 강화시켜 더 자유롭게 되도록 돕는다.

신인류는 섹스를 비난하거나 왜곡하지 않는다. 그들은 섹스 에너지를 그들 속에서 꽃피는 순수한 생명력으로 다룬다. 그들은 섹스 에너지를 사랑으로 꽃피운다.

　신인류의 사랑은 서로가 서로를 소유하는 관계가 아니다. 그들은 소유는 곧 파괴임을 안다. 그들은 사랑을 주고받지만 상대방을 소유하지 않는다. 그들은 소유란 상대방의 영혼을 파괴하는 짓이고, 그를 상품으로 전락시키는 짓이며, 실상은 사랑의 가면을 쓴 증오일 때에만 가능한 짓이라는 점을 이해한다.

　신인류는 사랑은 흐름이라는 것을 이해한다. 그들은 흘러가는 사랑을 법과 제도로 옭아매 고정시킬 수 없음을 안다. 그들은 사랑을 억지로 고정시키려고 하면 할수록 더 많은 불행이 생겨나고 사회에는 더 많은 부담으로 돌아오게 된다는 점을 이해한다.

　신인류는 진실하다. 활짝 열린 가슴을 지닌 것이다. 그들은 제일 먼저 자신에게 진실하고, 그다음 상대방에게 진실하며, 그다음 모든 사람들에게 진실하다. 진실한 그들은 자신을 숨김없이 드러내 보인다. 그들은 사회적인 체면과 주위의 시선과 관습 등의 이유로 가장하면서 살아가지 않는다. 그들은 결코 위선자가 되지 않고, 이를 위해서라면 무슨 대가라도 치른다.

　신인류는 진리다. 왜냐하면 그들은 투명하기 때문이다. 투명성은 '있는 그대로를 보여주는 것'이고, 진리는 '있는 그대로를 드러내는 것'이므로 그들은 진리와 투명성이 같은 말임을 안다. 그들은 모든 것은 투명한 만큼 공평하고 올바르다는 점을 이해한다.

　신인류는 투명성을 바탕으로 공평하고 올바른 사회를 세운다. 공정사회를 가진 것이다. 그들의 사회에 공적인 비밀은 없다. 그들은 모든 개인들이 모든 공적인 자료를 갖도록 보장해주고, 정치·경제·문화·교육 등의 모든 주제에 관해서 알아야 할 모든 것을 알도록 보장해준다. 그들은 투명성을 바탕으로 단순하고, 직접적이고, 직선적이고, 공개적이고, 솔직하고, 완벽하게 교류한다.

신인류는 '모든 것은 하나'라는 앎을 바탕으로 점점 더 단순한 사회를 창조해 나간다. 그들의 진화 정도는 얼마나 투명하고 단순한 사회를 창조하고 그 속에서 조화롭게 살아가는 가로 드러난다. 그러므로 그들의 법과 제도는 단순함의 극치다. 그들의 법과 제도는 하나 속에서 하나가 살아가는 방식으로 존재하고 작동한다.

신인류는 지구촌 모든 사람들의 기본 욕구가 충족되고 더 높이 나아갈 기회가 모든 사람에게 보장되는 세상을 창조한다. 하지만 그들은 결코 모든 사람이 똑같이 자기 몫을 자동적으로 분배받는 세상을 주장하지는 않는다.

신인류의 정치는 투명하고, 투명한 만큼 공정하다. 그들은 정치의 모든 것을 모두에게 공개한다. 그들의 정치 진행 과정과 정책 형성 과정에서 비밀에 부칠 것은 존재하지 않는다. 그러므로 그들의 정치는 완전히 공정하다.

신인류는 그들이 그들의 의사에 따라 그들 자신을 다스리는 과정을 정치라고 한다. 그들의 정치는 단순하고 우아하며 세련된 방식으로 진행된다. 그들의 정치는 다양한 모든 것들이 다양성을 유지한 상태에서 하나로 통합되어지는 과정이다.

신인류의 정치는 눈먼 소경들이 앞장서 다투면서 다른 사람들을 인도하는 형국을 용납하지 않는다. 그들은 깨어 있는 사람들이 그들을 이끌게 한다. 그들은 자신이 어느 정도 깨어 있는지, 누가 가장 깨어 있는지, 누가 아직도 이념·신념·지식·종교·군중에 빠져 잠들어 있는지를 쉽게 구별한다.

신인류의 정치는 권력 분립과 권력 통합이 유기적으로 기능하게 한다. 그들의 정치는 사회의 다양성을 분립된 권력 기구들을 통해 최대한 수용하고, 분립된 권력들을 하나의 최고의사결정 기구에서 하나로 통합함으로써 전체 사회를 하나로 이끌어가는 시스템이다. 그러므로 그들의 정치는 효율적이고 경제적이다. 그들의 정치에는 불필요하게 비용만 낭비하는 요소는 모두 제거된다.

신인류는 눈먼 정치인들에게 속지 않는다. 그들은 첫 번째 정당이 내건 약속에 희망을 가지고 5년 동안 권력을 부여했다가 결국 실망하고, 그동안 권력을 잡지 못한 두 번째 정당의 달콤한 약속을 믿고 그 정당에 권력을 부여했다가 다시 실망하고, 다시 첫 번째 정당에게, 다시 두 번째 정당에게 속으며 실망하기를 반복하지 않는다.

신인류의 선거는 가장 깨어 있는 사람을 그들의 대표자로 선출하는 과정이다. 그들은 깨어 있는 사람들로 국가기관을 형성하고, 그들 가운데 가장 깨어 있는 사람들로 최고 의사 결정 기구를 구성하며, 그들에게 국가의 모든 부문에 대한 최종 의사를 결정할 수 있는 최고의 권한을 부여하고, 그들이 내린 결정을 존중한다.

신인류는 정당이나 권력자가 그들의 힘을 탈취하는 제도와 관행을 단호히 거부한다. 그들은 서로 다른 이념·신념·이익으로 그들을 분열시키는 정당에 국가의 자금을 지원하지 않고, 국가 위에서 군림하는 정당에 선거나 정치 과정에서 우월적인 특권을 부여하지 않으며, 책임지지 않는 정당에 그들의 대표자들을 추천할 권한을 주지 않는다. 그들은 흑과 백으로 나뉘고 다시 파벌로 분열하는 정당을 손톱 밑에 박힌 가시처럼 다룬다. 그들은 손톱 밑의 가시를 다른 가시로 파내고 모든 가시들을 던져 버린다.

신인류의 정치인들은 정당이나 군중으로부터 완전히 독립해 자기 자신만의 양심에 따라 독자적이고 독립적이며 독창적으로 공적인 활동을 수행한다.

신인류는 외적인 모든 것을 가져다주는 돈을 이해하고 여기에 잘못된 것은 아무것도 없음을 안다. 그들은 돈에 사로잡히지 않고, 돈을 소유하려고 애쓰지도 않는다. 그들에게 돈은 있으면 쓸 수 있어서 좋고, 없으면 그것으로도 좋은 물질일 따름이다. 그들은 풍요의 맛을 아는 동시에 부의 허탈함도 이해한다.

신인류는 돈이 빠르게 움직이는 경제를 지지한다. 그들은 아무도 돈에 매달리지 않고 모두가 돈을 사용하는 사회를 창조한다. 그들은 돈을 필요 이상으로 쌓아두지 않고, 돈을 피와 같이 순환시켜 사회를 윤택하게 만든다. 그들은 사용하기 위해 돈을 가지고, 가지기 위해 돈을 사용한다.

신인류의 돈 순환은 투명하고, 투명한 만큼 공정하다. 그들은 누구나 돈 순환의 전 과정을 들여다볼 수 있게 한다. 그들은 재화의 생산과 소비, 금융거래의 모든 자료를 모두에게 공개한다. 그들의 돈 순환은 완전히 투명한 것이다. 그러므로 그들의 경제는 완전히 공정하다. 모든 돈 순환이 투명한 만큼 공평하고 올바른 것이 그들의 경제 시스템이다.

신인류는 부를 탐내고 확보하고 지키고 늘리려는 욕구 때문에 위대해지려고 하지 않는다. 그들은 어떤 사람의 위대성을 그 사람이 얼마나 많이 쌓아두는 가로 평가하지 않는다. 그들은 지구의 모든 자원은 모든 사람들의 소유임을 당연하게 여긴다. 그들은 삶에는 많은 것이 필요 없다는 것을 안다. 그들의 삶은 매우 단순해서 적은 양의 재물만으로도 아주 만족한 삶을 산다.

신인류는 평생 다 쓰지도 못할 정도로 많은 돈을 쌓아두는 것을 부끄럽게 여긴다. 그들은 자식과 후손을 위해 돈을 모으지 않는다. 그들은 자신이 모은 돈을 모두에게 베풀 기회를 놓치지 않고, 자손들에게서 스스로 돈을 벌 기회를 빼앗지도 않는다. 그들은 자신이 살고 있는 행성에서 돈이 없어서 굶거나 교육을 받지 못하거나 치료를 받지 못하는 일이 일어나는 것을 결코 용납하지 않는다.

신인류는 돈이 인간의 생활과는 무관한 영역에서 낭비되는 것을 두고 보지 않는다. 그들은 과도한 관료제에 들어가는 비용은 단순한 사회를 건설함으로써, 전쟁준비에 들어가는 막대한 비용은 지구촌을 하나의 국가로 통합함으로써 불필요하게 만든다.

신인류는 '나의 것'이라는 관념으로부터 자유롭다. 그들은 빈손으로 왔다가 빈손으로 돌아간다는 것을 이해한다. 그래서 그들은 어느 것에 대해서도 '나의 것'을 주장하지 않는다. 그들은 세상의 모든 물건을 다 사용하지만, 소유하지는 않는다. 그들은 소유자가 되는 순간 그것을 사용할 수 없고 오히려 그것이 나를 소유하게 된다는 것을 안다. 그래서 그들은 나의 국가, 나의 종교, 나의 인종, 나의 가족, 나의 재산, 나의 아이들, 나의 부모를 소유하지 않는다. 그들은 자기 자신도 소유할 수 없음을 잘 안다.

신인류는 아이들을 육신에 거한 영혼으로 다룬다. 그들은 아이들을 소유하지 않으며, 순진무구한 아이들에게 종교, 정치 이념 따위의 생각을 강요하지 않고, 겸허한 마음으로 아이들을 존경한다.

신인류의 교육은 밖에서 주입하는 것이 아니라 내면에서 우러나오게 하는 것이다. 그들의 교육은 아이 속에 내재되어 있는 영혼을 밖으로 유도해낸다. 그들은 아이들에게 부자연스러운 것을 주입하는 대신 그들에게서 발견되는 자연스러운 것을 끄집어낸다.

신인류의 교육은 아이의 자유가 온전하게 남겨지고 아이의 의식이 성장하도록 도와준다. 그들의 교육은 보다 더 깨어 있고, 보다 더 사랑함에 있다. 마침내 그들의 교육은 진정한 문명을 창조한다.

신인류는 아이들에게 복종과 노예근성이 아니라 긍지를 갖도록 가르치고, 노예가 되느니 차라리 죽음을 선택하는 것이 더 낫다는 것을 아이들이 이해하도록 한다. 그들은 아이들이 자유롭도록 도와주고, 삶에서 자유보다 더 소중한 가치가 없다는 것을 가르친다. 그들은 아이들에게 더 즐겁게 사는 방법을 가르치고, 삶에 대한 긍정을 가르치며, 삶에 대한 존중을 가르치고, 자연과 깊은 사랑을 나누는 법을 가르친다.

신인류는 아이들이 가치 없는 것들을 가려낼 수 있도록 훈련시킨다. 그들은 무엇이 진실로 중요한 것이고, 무엇이 겉모습만 그럴듯하고 가치 없는 것인지 즉각 구별할 수 있도록 아이들을 가르친다. 그들은 아무리 오랫동안 숭배해온 것이라 할지라도 무가치한 것은 즉각 버리도록 아이들을 가르친다.

신인류는 아이들에게 진실을 알지 못한 채 맹목적으로 어떤 것을 믿는 것을 미신이라고 가르친다. 그들은 아이들에게 진실을 알지 못한 채 어떤 것이 있다고 믿는 것도 미신이고, 없다고 믿는 것도 미신이라고 가르친다. 그들은 아이들에게 그 어떤 미신도 가르치지 않고, 진실한 것만을 가르친다.

신인류는 아이들에게 미래에 아무 쓸모 없는 낡은 정보만을 전달해 아이들을 부담스럽게 하지 않는다. 그들은 낡은 정보가 아이들이 급변하는 미래를 살아가는 데 도움이 되기는커녕 오히려 아이들의 성장을 방해한다는 것을 잘 안다.

신인류는 아이들에게 그들이 창조한 세상을 친절하고 조심스럽게 소개한다. 그들은 아이들에게 세상을 이해하는 기본적인 지식을 효과적으로 정리하여 아이들에게 전달한다. 그들은 아이들에게 지식의 바닷속에서 자신이 필요로 하는 지식을 효과적으로 찾는 지식을 아이들에게 가르친다. 그들은 아이들에게 지식을 전달할 때 아이들이 결코 지식에 빠지지 않도록 주의를 다한다.

신인류는 아이들에게 생각할 것 대신 생각하는 방법을 가르친다. 그들은 아이들에게 사실과 허구들을 암기하도록 강요하는 대신 그들 나름의 진리를 발견하고 창조할 능력을 길러준다.

신인류는 아이들에게 마음에 대해 가르친다. 그들은 아이들에게 마음 안에서 살지 말고 그것과 더불어 사는 법과 그 이유를 가르친다. 그들은 아이들에게 마음을 하인처럼 부리고, 기계처럼 능숙하게 다루는 방법을 가르친다. 그들은 마음을 통해 더 좋은 집과 도로, 기계 등을 창조하는 방법을 아이들에게 가르친다.

신인류는 아이들에게 가슴으로 사는 방법을 가르치고, 사랑이 넘치며 시적이고 우아하게 사는 방법을 가르친다. 그들은 아이들에게 기쁨과 즐거움, 춤과 노래로 가득한 삶을 가르치고, 웃음도 기쁨이고, 눈물도 기쁨임을 가르친다. 그들은 아이들에게 사랑이 논리보다 앞서고,

감수성이 생각보다 중요하다고 가르친다.

신인류는 아이들에게 폭력 대신 사랑을, 죄의식 대신 자긍심을, 부끄러움 대신 자연스러움을 가르치고, 운동과 음악과 예술의 기쁨과 옛날이야기의 신비와 삶의 경이로움에 대해서 가르친다.

신인류는 아이들에게 마음을 초월하여 무심에 이르는 방법을 가르친다. 그들은 아이들에게 모든 것을 신뢰하고 받아들일 수 있도록 무심을 가르친다. 그들은 아이들에게 명상과 기도를 통해 무심에 이르는 방법을 가르친다. 그들은 아이들이 무심을 통해 더 지성적이 되도록 도와줌으로써 다가올 미래의 새로운 현실에 즉흥적으로 대비할 수 있도록 준비시킨다.

신인류는 아이들이 기존의 낡은 규칙과 제도와 관행 대신 내면 깊은 곳의 앎이라는 도구를 사용하여 논리와 비판적 사고와 문제 해결력을 배우도록 도와준다.

신인류는 아이들에게 자각, 정직, 책임을 가르친다. 그들은 아이들이 아주 어릴 때부터 마지막 날까지 이 개념들을 가르치고, 모든 가르침은 이 개념들 위에 자리 잡게 한다.

신인류는 아이들에게 자각은 자신이 누구이고 지금은 어떤 사람으로 되어 있는지를 깨어 있으면서 예리하게 관찰하는 것으로서 어떤 것이든 모르는 체하지 않는 것임을 가르친다.

신인류는 아이들에게 정직은 자신이 깨닫고 있는 게 무엇인지 먼저 자신에게 이야기하고, 그다음에는 남들에게 드러내는 것임을 가르치고, 정직한 사람이야말로 진실로 떳떳한 사람임을 가르친다.

신인류는 아이들에게 책임은 자신이 한 일을 깨닫고 그것에 정직해짐으로써 그 결과를 받아들이는 것임을 가르친다. 그들은 아이들에게 책임이 처벌을 의미하지 않고, 책임감과 죄의식은 다른 것이며, 책임이란 자신이 의도하는 결과를 낳기 위해 가능한 최선을 다하는 것임을 가르친다.

신인류는 아이들에게 자유와 책임은 동전의 양면임을 가르친다. 그들은 아이들에게 자유를 원한다면 자신의 행위에 책임져야 하고, 그것을 거부하면 책임은 모면하겠지만, 자유 또한 사라짐을 가르친다.

신인류의 대학은 무사 안일한 편리주의자, 현실에 영합하는 무리를 양산하지 않는다. 그들의 대학은 현실에 안주하지 않는 혁명가, 진리를 위해서라면 목숨마저 아끼지 않는 혁명가를 창조한다. 그들의 대학은 혁명의 불길을 일으키는 혁명의 터전이다.

신인류의 신은 아버지나 어머니의 형상이 아니다. 그들의 신은 인격체가 아니다. 그들의 신은 인간을 지배하는 독재자가 아니다. 그들의 신은 우주 전체에 넘쳐흐르는 사랑의 현존이다.

신인류는 지금 외에 다른 시간이 없고, 여기 외에 다른 공간이 없기에, 다른 시간 다른 공간에 천국과 지옥이 존재할 수 없음을 안다. 신인류는 천국과 지옥이란 일종의 심리 상태임을 안다. 그들은 천국과 지옥은 마음이라는 동전의 양면에 불과한 것으로, 병들고 비정상적인 심리 상태에 있다면 바로 여기가 지옥이고, 건강하고 올바른 심리 상태에 있다면 여기가 바로 천국임을 안다. 그들의 종교는 지옥으로 사람들을 두려움에 떨게 하지 않고, 천국으로 사람들을 유혹하지도 않는다.

신인류는 신을 두려워하지 않고 사랑한다. 그들의 기도는 두려움에서 나오는 게 아니라 지극한 사랑과 감사에서 나온다. 그들은 신에게 안전과 보호를 요구하지 않는다. 그들은 자신들이 우주라는 집에서 안전하게 보호받고 있음을 안다. 그러므로 그들은 언제나 감사의 기도를 드린다.

신인류에게는 기성복처럼 이미 만들어진 신 대신에 무한한 창조성이 있다. 그들은 세상에 새로운 과제를 제시한다. 모든 사람은 각자 자기 자신 안에 자신만의 신을 창조해야 하고, 그 신이 되어야 한다는 것이다. 그들은 인간이 자신에게 내재한 의식의 빛이 최고 정점에 올랐을 때 드러나는 작품을 신이라고 부른다.

신인류의 종교는 아름다움과 우아함, 신뢰와 깨어 있는 의식, 사랑과 나눔과 친밀함으로 충만한 길, 모든 경계를 허물고 하나의 세계를 이루는 길이다.

신인류의 종교는 기쁨과 웃음을 허락하고, 삶의 작은 일들을 비난하지 않으며 오히려 즐기도록 장려한다. 그들의 종교는 더 조화롭고 예술적인 삶, 더 민감하고 중심 잡힌 삶, 지상에 뿌리내린 삶을 살도록 돕고, 삶을 더 흥겨운 축제로 만드는 방법을 가르친다.

신인류의 종교는 동떨어진 바람이나 먼 곳에 대한 호기심이 아니다. 그들의 종교는 자기 존재에 대한 탐구이다. 그들의 유일한 종교는 '나는 누구인가'에 대한 탐구이다. 그래서 그들의 종교는 조금도 신을 염두에 두지 않는다.

신인류는 어떠한 종교 조직에도 속하지 않는다. 그들은 진리나 사랑을 체계화하지 않는다. 그들은 기독교인이나 불교인, 힌두교도나 이슬람교도가 되지 않는다. 그들은 단순히 종교적인 사람이 된다.

신인류의 유일한 종교는 진리다. 그들은 진리를 위해서라면 모든 것을 희생할 준비가 되어 있다. 그들은 진리를 위해서라면 어떠한 비난도 두려워하지 않는다. 그들은 진리를 위해서라면 기꺼이 십자가에 매달릴 각오가 되어 있다.

신인류는 세상을 존중한다. 그들은 이 우주에 경의를 표한다. 동물, 식물, 산, 강, 별, 어떤 형태를 지녔든 간에 그들은 그 모든 것을 존중하고, 모든 살아있는 생명체에 깊은 경외심을 지니고, 모든 것에 감사한다. 이 감사함이 그들의 기도다.

신인류의 삶은 깊은 만족과 충만감으로 넘쳐흐른다. 그들은 건강하고 전체적인 그들의 삶을 전파한다. 이 삶이 그들의 유일한 사원이다.

신인류는 지구인이다. 그들은 동양인도 아니고 서양인도 아니다. 그들은 미국인, 독일인, 중국인, 한국인, 영국인, 아일랜드인, 인도인, 파키스탄인, 이란인, 이라크인, 전라도 사람, 경상도 사람도 아니다. 그들은 자본가도 공산주의자도 아니다. 그들은 이슬람교도, 기독교도, 불교도, 힌두교도로 구분되지 않는다. 그들은 인종, 종교, 성별, 피부 색깔, 나이, 국적, 이념 등의 모든 장벽을 넘어선다. 그들의 국적은 지구이고, 지구 전체가 그들의 집이다. 그들은 자신이 살고 싶은 곳에서 살고, 자신이 가고 싶은 곳으로 간다.

신인류는 '하나'라는 자각과 '사랑'이라는 의식을 바탕으로 하나의 지구공화국을 창조한다. 지구공화국에 속한 모든 국가들은 자국민의 의사에 따라 언제든지 지구공화국에 가입하거나 탈퇴할 권한을 갖는다. 그들의 지구공화국은 하나의 세계정부, 하나의 세계의회, 하나의 세계재판소, 하나의 세계평화유지군, 하나의 통화를 보유한다.

신인류의 세상에는 더 이상 권력이 개별 국가들의 재량에 의해 좌우되지 않고, 지구상에 존재하는 국가 집단 전체에 의해 구성되고 운영되는 지구공화국의 수중으로 들어간다. 그래서 그들의 세상에는 힘으로 자신의 우월성을 유지하는 독재자들이나 강대국들은 존재할 수 없다.

신인류가 창조한 지구공화국은 전쟁과 살상에 의한 국가 간의 전쟁, 참혹한 빈곤과 기아로 인한 죽음, 권력자들에 의한 착취, 지구에 대한 조직적인 환경 파괴를 끝장낸다. 그들의 지구공화국은 모든 사람에게 가장 고귀한 자기 표현에 이를 정도로 성장할 기회, 진실로 동등한 기회를 모든 사람에게 제공하고, 모든 곳에서 사람들을 옭아매는 모든 한계와 차별을 몰아낸다.

신인류는 변화 그 자체다. 그러므로 그들은 변화를 두려워하지 않는다. 오히려 그들은 변화를 존중하고 환영하며, 변화를 즐긴다. 그들은 변화의 방향과 속도를 조절하고, 변화의 결과도 미리 예측한다. 그들은 변화의 강물에서 자유자재로 헤엄쳐 다니는 물고기이자 변화의 강물 그 자체이다. 하나의 법칙을 깊이 이해한 그들은 변화를 두려워하지 않게 되었고, 고도의 의식과 과학기술을 겸비하게 된 것이다.

신인류는 자신의 내면세계를 깊이 이해한다. 그들의 모험심과 도전정신이 그들을 내면 깊숙이 이끌었기 때문이다. 내면으로 깊숙이 들어간 그들은 생각이 돌고 돌며 마음의 환상을 창조하는 원리와 그 가운데에서 고요히 침묵하고 있는 '진짜 나'를 발견한다. '진짜 나'는 영원한 생명임을 확인한 것이다.

신인류는 외부세계도 완벽하게 이해한다. 그들의 모험심과 도전정신은 그들을 드넓은 우주로 초대하고, 그들의 우주에 대한 깊은 이해는 빛 또는 그 이상의 속도로 움직이는 비행체를 비롯한 수많은 과학기술의 결정체들을 탄생시킨다. 그리하여 그들은 무한한 우주를 여행하며 영원하고 무한하며 자유이고 생명이며 사랑인 장대한 '진짜 나'를 확인한다.

마침내 신인류는 모든 것은 사랑이자 기쁨이고 진리이며, 그 모든 것은 하나이고 하나로 작동하고 있음을 삶에서 체험하고 실현하게 된다. 그리하여 그들은 사랑의 삶, 기쁨의 삶, 진리의 삶, 자유의 삶을 살아간다. 그들은 그저 살고, 사랑하며, 춤추면서 존재하는 것이다.

외계 행성의 신인류

그런데 우주에는 이미 신인류로 진화한 존재들이 수없이 많다. 왜냐하면 우주는 끝없이 광막하고, 우주의 모든 곳은 생명으로 가득하기 때문이다.

우리의 눈으로 관측할 수 있는 별과 은하계는 우주의 극히 일부분에 불과하다. 태양과 같이 빛나는 별^{항성}들이 적어도 일천억 개에서 일조 개 이상이 모여 하나의 은하계를 형성한다. 우리가 살고 있는 은하계는 적어도 수조 개 이상의 태양들을 지니고 있고, 그 지름이 십만 광년에 이를 정도로 엄청나게 광대하다. 그런데 우주에는 이런 은하계들이 수백만 개 이상이 모여 하나의 은하단을 형성하고, 그런 은하단들이 수없이 많이 모여 초은하단을 형성하며, 그렇게 광대한 초은하단들도 수없이 많이 존재한다.

그러므로 우주에는 말 그대로 거의 무한대에 이를 정도로 수많은 태양들이 존재한다. 그리고 그 하나하나의 태양들은 지구와 같은 행성을 10여 개 이상 거느리고 있는 것이 일반적이고, 각각의 행성들은 태양과의 거리, 공전과 자전주기, 원소의 구성 비율, 중력의 크기 등에 따라 다양한 환경을 지니는데, 그 가운데에서 지구와 거의 유사한 환경을 지닌 행성들의 숫자는 확률적으로 계산해도 수억 개 아니 수조 개 이상은 족히 된다.

지구와 유사한 환경을 지닌 행성들에는 필연적으로 수많은 생명들이 존재할 수밖에 없다. 왜냐하면 우주는 하나의 생명이고, 우주의 모든 것들은 생명이고 생명의 씨앗이기 때문이다.

그러므로 지구와 유사한 환경을 지닌 수많은 행성들에는 신인류로 성장하여 진화의 꽃을 피우는 방향으로 성장하고 있는 수많은 생명들이 존재한다. 그중에는 발전한 문명을 지닌 생명체들이 수없이 많을 수밖에 없고, 우리보다 훨씬 더 발전하여 신인류의 문명을 보유한 생명체들도 적지 않을 것이다. 아니 생명이 진화하고 있는 대부분의 행성에는 우리 지구보다 문명이 발달한 생명체들이 존재할 것이고, 그들 대부분은 이미 신인류로 진화한 생명체들임에 틀림없다.

그 이유는 지구 상에서 인류의 조상인 원인猿人이 탄생한 것이 200만 년 전이고, 문명이라고 할 만한 것이 나타난 시기가 7,000년 전이며, 과학기술이 본격적으로 발달한 것은 겨우 200년 전에 불과한데, 그 정도의 시간은 우주적인 관점에서 보았을 때 눈 한번 깜짝할 시간에도 미치지 못할 정도로 짧은 순간이기 때문이다. 그러므로 우주에는 이미 오래전에 신인류 수준으로 진화한 종족들이 셀 수 없을 정도로 많이 존재할 수밖에 없다.

최근 들어 외계 행성에서 진화한 존재들이 UFO를 타고 지구를 방문하는 횟수가 급격히 늘고 있다. UFO를 타고 지구를 방문하는 외계 행성에서 진화한 존재들의 과학기술 수준은 우리의 상상을 초월할 정도라고 짐작된다.

우선 그들은 적어도 빛 또는 그 이상의 속도로 우주를 여행하는 능력을 지녔음에 틀림없다. 그렇지 않다면 이렇게 광대한 우주에서 한 점에 불과한 우리 은하계의 한쪽 귀퉁이에 위치한 태양계에 속한 지구라는 행성을 찾아오는 것은 불가능하기 때문이다.

인류가 개발한 가장 빠른 우주선인 보이저호 Voyager가 총알의 10배 이상의 속도 초속 17km 로 비행하면서도 우리의 태양계를 벗어나는데 40년 이상의 시간이 걸렸다. 이런 속도로 우주를 여행한다면 우리 태양계에서 가장 가까운 다른 태양계에 도달하기까지도 7만 년 이상의 시간이 소요된다. 그 이유는 우리 태양계에서 가장 가까운 태양계인 켄타우루스 자리의 알파 α별 Alpha Centauri 태양계도 지구에서 40조km 4.4 광년나 떨어져 있기 때문이다. 그러므로 그들이 빛 또는 그 이상의 속도로 우주를 여행하는 능력을 보유하지 못했다면 자신들이 속한 은하계를 넘어 다른 은하계로 여행하는 것은 고사하고, 자신들의 태양계를 넘어 바로 이웃한 다른 태양계에 속한 행성을 탐구하는 것조차도 불가능한 일이다. 당연히 그들의 우주선의 추진 방식은 뉴턴 Newton 의 작용−반작용의 원리를 뛰어넘었음에 틀림이 없다. 작용−반작용의 원리로는 빛의 속도 이상으로 여행하는 것은 고사하고 그들의 행성을 자유롭게 벗어나기도 쉽지 않을 것이기 때문이다.

빛의 속도로 여행할 수 있는 과학기술 수준이라면 그 외의 과학기술 수준은 미루어 짐작할 수 있다. 그들의 삶은 물질적인 생존의 차원을 이미 뛰어넘었음에 틀림없다. 그들이 그 정도 수준에 이르지 못했다면 적어도 몇 광년 또는 수백·수만·수억 광년이라는 거리를 뛰어넘어 지구에 도착하는 일은 결코 일어날 수 없을 것이다.

그들에게 의·식·주 따위는 전혀 문제 되지 않을 것이다. 그들은 음식이 필요하면 모든 영양소를 골고루 함유한 맛있는 음식을 얼마든지 만들어내고, 착용감을 느낄 수 없을 정도로 얇고 간편한 옷이지만 체온과 습도는 물론 건강까지 완벽하게 체크하고 관리하는 최첨단의 옷을 입고 생활하며, 따뜻하고 쾌적한 주거 공간에서 휴식을 취할 것이다.

그들은 자신들이 사는 행성의 환경을 자유자재로 조절하고 관리할 수 있을 것이다. 그들의 행성은 맑고 쾌적한 공기로 둘러싸인 채 깨끗한 바다와 생동감 넘치는 강들이 흐르고, 각종 원소들과 영양 성분을 충분히 함유한 건강한 흙을 보유할 것이며, 다양한 생명체들이 조화롭게 공존하며 살아갈 것이다.

그들은 행성 전체의 기온을 적절하게 관리하는 것은 물론 특정 지역에 비 또는 눈이 내리게 하거나, 필요하면 적당한 크기의 태풍을 일으켜 행성을 정화하며, 천둥 번개를 사용해 행성에 생명력을 불어넣는 것도 가능하리라고 짐작된다. 그들은 말 그대로 비·구름·바람을 거느린 존재들임에 틀림없다.

그들은 화석 에너지를 사용하여 동력을 생산하는 수준은 이미 오래전에 넘어섰을 것이다. 그들은 환경에는 전혀 영향을 주지 않는 방식으로 무한의 청정에너지를 자유자재로 활용할 것이다. 그렇지 않다면 엄청난 에너지가 소요되는 우주여행을 감당하며 다른 별로 여행한다는 것은 꿈도 꾸지 못할 일이다.

그들의 교통수단과 통신수단은 우리의 상상을 초월하는 방식으로 이루어질 것이다. 시간과 공간의 개념을 명확하게 이해한 그들은 쉽고 간편한 방식으로 자유롭게 옮겨 다니고, 단순하고도 효과적으로 서로의 의사를 소통할 것이다.

그들의 사회를 유지하는 모든 제도는 단순할 것이다. 정치, 경제, 법률, 종교, 교육 등 모든 생활 방식이 단순하면서도 우아하고 품위 있게 작동할 것이다. 만약 그들이 이 모든 것을 복잡하게 만드는 방식으로 진화했다면 그들은 고도의 문명을 형성하고 유지할 수 없었을 것이고, 신인류로 진화하는 것도 불가능했을 것이다.

모든 것이 풍요로울 것이다. 물질적인 모든 것들은 그들 모두가 쓰고도 남을 만큼 풍족하고 필요하다면 얼마든지 더 만들어낼 수 있는 모든 수단을 가지고 있을 것이다. 당연히 그들은 이런 물질들을 쌓아두지 않을 것이다. 그것은 우리가 공기를 저장해두지 않는 것과 같은 이치다.

그들은 삶과 죽음에 대해서도 깊이 이해할 것이다. 그들은 삶이란 결코 끝나지 않는 과정이고, 죽음이란 삶의 또 다른 측면이라는 점도 깊이 이해할 것이다. 그러므로 당연히 그들은 죽음의 두려움에서도 이미 자유로운 존재임에 틀림없다.

그들은 모든 것이 하나에서 비롯된 하나임을 잘 알고 있을 것이다. 만일 그들에게 이런 의식이 없다면 광속 이상의 속도로 우주를 여행할 정도로 발전할 수 없었을 것이다. 발전하는 도중에 서로 다투어 종 자체가 완전히 멸종하거나 거의 파괴됨으로써 처음부터 다시 모든 과정을 밟아 성장해야 하기 때문이다.

그러므로 그들의 삶은 생존을 위한 투쟁은 아닐 것이다. 이미 물질적인 생존은 보장되어 있으므로 이를 얻기 위해 전쟁과 같은 방식으로 삶을 살아가야 할 이유가 없기 때문이다. 그들의 삶은 생존 이상의 그 무엇인가를 추구하는 뜻깊은 과정일 것이다.

이렇게 대략적으로 UFO를 타고 출현하는 외계 행성의 존재들의 삶에 대해 추측해 보았다. 아마 분명히 그들은 이런 방식으로 살아갈 것이다. 그렇지 않다면 그들이 지구에 출현하는 것은 처음부터 불가능한 일임에 분명하다.

그들은 빛 또는 그 이상의 속도로 우주를 여행할 정도의 과학기술과 모든 것이 하나임을 알고 삶에서 그것을 실현할 정도의 의식 수준을 겸비한 종족이다. 그렇다면 그들은 신인류임에 분명하다. 왜냐하면 '우리는 하나'라는 고도의 의식 수준과 고도의 과학기술을 겸비한 종족이 신인류이기 때문이다. 그러므로 그들은 우리보다 먼저 신인류로 진화한 종족임에 틀림없다.

신인류와의 만남

그런데 왜 신인류로 진화한 외계 행성의 존재들은 엄청난 위험을 무릅쓰고 우리 은하계의 한쪽 구석에 위치한 지구에 출몰하는가? 혹시 그들은 지구를 침공하여 파괴하거나 지배하려는 속셈을 지닌 것은 아닌가?

그렇지 않다. 그들은 다른 행성을 침략하거나 그곳을 지배하지 않을 것이다. 왜냐하면 그들에게는 먹을 것을 얻기 위해, 물을 얻기 위해,

에너지를 얻기 위해 또 다른 어떤 것을 얻기 위해 다른 행성을 지배할 이유가 없기 때문이다. 그런 물질들은 넘칠 만큼 넉넉하고, 필요하면 얼마든지 손쉽게 만들어낼 수 있는 그들에게 있어서 물질이란 삶을 위해 자유자재로 활용하는 수단 이상의 가치를 지니지 않기 때문이다.

만일 그들이 어떤 행성을 파괴하겠다고 마음먹는다면 그것은 아주 손쉬운 일일 것이다. 원자핵에너지보다 훨씬 더 강력한 파동 에너지를 조작하여 먼 거리에서 한순간에 행성을 증발시키는 것도 가능할 것이다. 하지만 그들은 그런 행동을 결코 하지 않을 것이다. 그것은 그들에게 그렇게 해야 할 이유가 없기 때문임에 분명하다.

그러나 우리는 그들도 우리와 마찬가지로 여러 가지를 필요로 할 것이라고 생각하고 그들의 필요를 충족시키기 위해 지구를 침공할 것이라고 오해하곤 한다. 그러나 이런 생각은 말 그대로 오해다. 적어도 빛 또는 그 이상의 속도로 우주를 가로지르는 비행체를 타고 지구까지 올 수 있는 수준의 외계 행성의 존재들이 물질적인 필요성 때문에 지구를 침공하는 일은 결코 일어나지 않을 것이다.

그렇다면 그들이 수시로 지구를 찾는 이유는 무엇이고, 또 지구를 떠나지 않고 우리 주변을 맴돌고 있는 까닭은 무엇인가? 우리가 우주를 마음대로 여행할 수 있는 신인류라면 조그마한 지구에 관심을 기울이기보다는 드넓은 우주를 마음껏 여행하며 재미있는 모험을 즐길 것 같은데……

그것은 우리를 자세히 관찰하기 위해서일 것이다. 그들은 우리가 신인류로 진화하는지 여부를 면밀하게 관찰하고 있는 중임에 분명하다. 그 과정에서 그들은 수시로 우리 눈에 띄게 되었을 것이다.

왜 그들은 우리가 신인류로 진화하는지, 여부에 대해 관심을 가지는가?

그것은 그들이 우리를 돕고 싶어 하기 때문일 것이다.

돕고 싶다면 지금 당장 나타나서 도우면 되는데 왜 그렇게 하지 않는가?

이미 그들은 오래전부터 우리를 돕고 있었다. 그리고 지금도 그들은 우리를 돕고 있다. 단지 우리가 도움을 받아들일 준비가 될 때까지 우리의 눈에 띄지 않는 방법으로 돕고 있는 것뿐이다.

최근 러시아에 대형 운석_{약 1만 톤}이 떨어져 지구가 위기에 직면했을 때에도 그들은 대형 운석을 공중에서 폭발시켜 지구를 위기에서 구한 바 있다. 그때 그들이 지구를 구하는 장면이 우연히 자동차 블랙박스 사진기에 포착되었는데, 그 사진들을 보면 그들이 우리를 돕고자 하는 의도를 이해할 수 있을 것이다.

첫 번째 사진15에는 하늘에서 대형 운석이 떨어지는 순간, 운석의 뒤쪽에서 UFO로 추정되는 매우 작은 물체가 운석보다 훨씬 더 빠른 속도로 갑자기 나타나 운석을 뒤쫓는 장면이 나온다. 두 번째 사진16에는 이 작은 물체가 마치 운석을 뒤에서 앞으로 통과해 지나간 것처럼 운석을 가로질러 운석 앞에서 나타나는 장면이 나오고, 세 번째 사진17에는 대형 운석이 작은 조각들로 나누어지면서 붕괴되기 시작하는 것과 이 작은 물체가 운석의 앞쪽에서 빠른 속도로 사라지는 장면이 나온다.

그 이후 대형 운석은 그대로 폭발하면서 그 여파로 지상에는 운석우

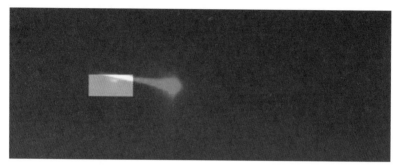

그림15 운석의 뒤쪽에서 접근하는 UFO의 모습.

그림16 운석의 한가운데를 통과하여 지나가는 UFO의 모습.

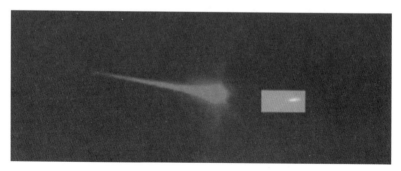

그림17 운석에서 멀어지는 UFO의 모습.

그림18 운석운 아래에서 붕괴되고 있는 대형 운석을 지켜보는 UFO의 모습.

가 쏟아지는 장관을 연출하게 되는데, 그 광경을 이 작은 물체는 운석운_{운석으로 인해 생긴 구름} 아래에서 조용히 지켜보고 있는 장면_{사진18}이 또 다른 카메라에 찍혔다.

과거 지구를 지배하던 최강의 포식자인 공룡이 일시에 전멸하여 자취를 감춘 이유도 지구에 대형 운석이 충돌한 결과 발생한 핵겨울 때문이라는 것이 과학자들의 정설이다. 따라서 만일 러시아에 떨어진 대형 운석이 작은 조각들로 부서지지 않고 그대로 지상에 충돌했다면 인류는 엄청난 재난에 직면했을 것이다. 전 인류가 멸종되는 정도는 아니어도 인류 문명의 상당 부분이 파괴됨으로써 인류의 진화는 상당 기간 뒤로 미루어질 수밖에 없었을 것이다.

그래서 그들은 그들의 우주선_{UFO}으로 대형 운석을 꿰뚫고 지나감으로써 대형 운석을 작은 조각들로 폭파하여 지구를 위기에서 구하고 인류가 계속적으로 진화할 수 있도록 도운 것으로 짐작된다.

여기서 "어떻게 우주선으로 보이는 이 작은 물체가 대형 운석을 꿰뚫고 지나갈 수 있는가?"라는 의문이 제기될 수도 있다. 하지만 그들의 우주선은 빛 또는 그 이상의 속도로 우주를 여행할 수 있다는 점을 떠올리면 그런 의문은 저절로 사라지게 된다. 그렇게 빠른 속도로 우주를 가로지르는 그들의 우주선에는 조그마한 소행성들과 충돌하는 경우 우주선을 보호하는 동시에, 진로를 가로막는 소행성을 돌파하고 앞으로 나아가게 하는 보호막은 필수적으로 장착되어 있을 것이기 때문이다. 그러므로 그런 보호막을 장착한 그들의 우주선으로 대기권으로 진입한 운석을 쪼개면서 지나가는 것은 그다지 어려운 일은 아니었을 것이다.

이렇게 그들은 지구가 위기에 처할 때마다 우리를 돕고 있었다. 이번에는 운 좋게 우리의 눈에 띄었지만 이런 방식으로 그들이 우리를 도왔던 예는 수없이 많을 것이다.

그런데 왜 그들은 우리 모르게 우리를 돕는 것일까? 그냥 우리 앞에 나타나서 우리를 도우면 더 좋지 않겠는가?

그들은 우리가 우리 스스로의 힘으로 신인류로 올라서기를 바라고 있을 것이고, 그것이 우리에게 더 도움이 된다는 점을 그들은 잘 이해하고 있을 것이다. 또한 그들은 우리가 신인류로 진화하기 전에 그들과의 만남이 이루어진다면 그것이 오히려 우리에게 해가 될 수 있다는 점도 이해할 것이다. 그들이 전해줄 우리의 의식 수준을 넘어서는 과도한 과학기술은 우리를 한순간에 파멸로 이끌 수도 있고, 우리는 그들을 또 하나의 신으로 만들어 숭배할 수도 있기 때문이다. 그래서 그들은 지금 당장 우리에게 자신들의 모습을 드러내지 않고 조심스럽게 우리를 관찰하고 있을 것이다.

그렇다면 그들이 우리를 돕는 이유는 무엇인가? 무언가 우리에서 얻을 것이 있기 때문이 아닌가?

그들이 우리에게서 얻을 것은 아무것도 없다. 우리는 그들이 원하는 것을 가지고 있지 않다. 그들은 이미 우리가 가지고 있는 모든 것을 가지고 있고, 그것들을 더 가지기를 원한다면 얼마든지 더 가질 수 있는 수단과 능력이 그들에게는 있다.

그들이 우리를 돕는 이유는 그것이 그들의 기쁨이기 때문일 것이다. 우리가 신인류로 진화할 때 그들은 무한한 기쁨을 느끼기 때문에 그들은 우리를 돕고 있음에 분명하다.

그들은 왜 우리를 도울 때 기쁨을 느끼는가?

그들과 우리는 하나이고, 모든 것이 하나이며, 모든 것은 하나로 작동하는 진리를 그들은 잘 알기 때문일 것이다. 하나의 일부가 다른 일부를 돕는 것은 하나인 자기 자신을 돕는 것이라는 점을 그들은 잘 이해하기 때문에 그들은 기쁠 것이다. 우리를 돕는 것은 우리와 하나인 그들 자신을 돕는 것이므로 그들은 행복할 수밖에 없을 것이다. 또한 그들이 우리를 돕는다고 해서 그들에게는 전혀 손해가 없고 오히려 그들이 우리에게 주는 만큼 그들이 가진 것은 더욱더 늘어난다는 점을 그들은 잘 알기 때문에 그들은 기쁠 것이다.

그들은 우리가 하나됨과 하나의 넉넉함을 체험하지 못할 때 그들도 하나됨과 하나의 풍요로움을 만끽하지 못하는 의식을 지닌 존재들임에 틀림없다. 그래서 그들은 우리가 하나됨과 모든 것의 풍요로움을 체험할 수 있는 신인류의 경지로 올라설 수 있도록 돕고 싶어 지구를 방문하고 있는 것임에 분명하다.

이제 우리 지구인들도 신인류로 도약하기 위한 준비를 시작하고 있다. 먼저 우리의 의식 수준이 '우리는 하나'라는 핵심적인 진리를 깨닫는 수준으로 올라서고 있다. 붓다, 자라투스트라, 소크라테스, 그리스도, 노자, 공자, 사라하, 마호메트, 카비르, 나나크, 달마, 오쇼 라즈니쉬 등등의 수많은 선각자들이 뿌린 씨앗이 나무로 자라 꽃을 피우기 일보 직전의 순간에 이르고 있는 것이다. 그 좋은 예가 넬슨 만델라 대통령의 '우분트 Ubuntu'[4] 정신이다. 그는 "우분트! 너를 내버려두고 어찌 나만 살 수 있나요? 우분트! 네가 불행한데 어떻게 내가 행복할 수 있나요? 우분트! 당신이 있기에 내가 있지요"라고 외쳤고, 그가 떠난 지금도 그 메아리는 점점 더 확산되고 있는 중이다.

또한 우리의 과학기술의 발전 속도도 눈부실 정도다. 지난 10년 동안의 과학기술의 진보가 그 이전까지 인류가 이룩한 모든 과학기술의 진보를 모두 합친 것보다 클 정도로 과학기술은 빠르게 발전하고 있다.

그러나 그에 비례해서 지구촌의 위기도 급증하고 있다. 인류역사가 시작된 이래 수천 년 동안 지속되어 온 종교, 민족, 인종, 국가, 빈부, 이념 간의 갈등에 더해 전 지구적인 차원에서 직면하고 있는 에너지 문제·환경 문제·핵 문제는 한순간에 인류를 끝장낼 수도 있을 정도다.

새로운 혁명의 잠재력이 커지는 동시에 지구촌의 위기도 극에 달하고 있는 것이다. 마침내 우리 지구인들은 진화의 분기점에 서게 되었다. 우리는 신인류로 진화하여 꽃을 피울 것인지 아니면 한꺼번에 멸망

---

4 사람들 간의 관계와 헌신에 중점을 둔 윤리 사상. '우분투'라는 말은 남아프리카의 반투어 (Bantu)에서 유래된 말로, 아프리카의 전통적 사상이며 평화운동의 사상적 뿌리이다.

할 것인지를 선택할 시점에 이른 것이다. 우리는 진화와 멸망 가운데 하나를 선택해야만 한다.

　우리의 선택은 우주적인 대사건이다. 우리가 진화를 선택하여 신인류로 진화하게 된다면 그것은 우리는 물론 전 우주의 기쁨이 되고, 외계 행성의 신인류들을 비롯한 전 우주는 우리의 실현을 축하하고 함께 축제를 벌이게 될 것이다. 그러나 우리가 다른 길을 선택하여 멸망의 길로 향한다면 그것은 우리뿐만 아니라 전 우주의 슬픔이 되고 그들 또한 실망을 금치 못할 것이다. 왜냐하면 그들은 지금까지 보아왔던 그 모든 과정을, 지금까지 인류가 그려낸 그 모든 드라마를 처음부터 다시 지루하게 지켜봐야 하기 때문이다.

　최근 UFO의 출몰 횟수가 잦아지고 있는 것은 그들도 우리 지구인들의 마지막 선택을 흥미롭게 지켜보고 있기 때문이다. 그들의 바람은 우리가 신인류로의 진화를 선택하여, 신인류로 진화하는 것임에 분명하다. 그들은 우리가 신인류로 진화하는 영광스러운 순간을 목격하고 싶은 것이다. 그들은 우리가 신인류로 탄생하는 순간 전 우주와 더불어 우리를 축복하고 싶은 것이다. 그래서 그들은 우리의 주변을 맴돌고 있음에 분명하다.

　마침내 신인류들이 서로 만나는 시점이 다가오고 있다. 우리 지구인들이 한꺼번에 진화하여 신인류로 재탄생하는 순간, 외계 행성의 신인류들은 그들의 모습을 우리에게 드러내게 되고, 마침내 위대한 신인류들의 만남은 이루어지게 된다. 그리고 우리가 그들이고, 그들이 우리이며, 모든 것이 하나임을 확인한 그들과 우리 그리고 전 우주는 기뻐하고 축하하며 크게 웃을 것이다.

그리고 신인류로 진화한 우리 지구인들은 더 다양하고, 더 흥미로운 새로운 모험의 길을 떠나게 된다. 그중 하나가 광대한 우주로 나아가 다른 행성에서 신인류로 진화하는 종족들을 관찰하고 그들을 돕는 것이다. 외계 행성의 신인류들이 우리를 도왔던 것처럼 우리도 신인류로 진화하는 과정에 있는 그들을 돕게 된다. 그리고 그들이 신인류로 진화하는 순간 우리도 그들과 함께 모두가 하나임을 기뻐하고 축하하며 크게 웃을 것이다.

그렇다. 우리는 하나다!

감사의 글

감사드립니다.

가장 먼저 이 모든 것을 허락하신 '하나'에게 감사드립니다. 하나는 모든 순간마다 모든 것으로 드러나며 저에게 직접 진리를 보여주셨습니다. 봄날의 꽃잎으로, 나뭇잎에서 미끄러지는 이슬방울로, 가을날 흩날리는 낙엽으로, 강아지의 초롱초롱한 눈망울로, 무더운 여름날의 산들바람으로, 솟아올랐다가 포말로 부서지며 사라지는 파도로, 우연히 마주친 TV 화면으로 드러나며 하나는 저에게 가르침을 주셨습니다. 그러므로 하나는 저의 진정한 스승님이십니다. 감사합니다.

지구별을 다녀가신 모든 선각자들에게 감사드립니다. 붓다, 그리스도, 크리슈나, 자라투스트라, 노자, 오쇼 라즈니쉬, 소크라테스, 피타고라스, 장자, 마하비라, 사라하, 마호메트, 카비르, 틸로파 988~1069, 나로파 Naropa, 1016~1100, 파드마 삼바바 Padma Sambhava, 달마, 공자, 승찬, 혜능, 곽암, 이규一休, 니체, 라마나 마하라쉬, 칼릴 지브란, 타고르, 원효, 서산, 사명, 성철, 청화, 넬슨 만델라 등등 그 외에도 일일이 열거할 수 없을 만큼 수많은 선각자들은 삶 그 자체로 모든 것이 하나라는 가르침을 저에게 주셨습니다. 그러므로 모든 선각자들은 저의 진정한 스승님들이십니다. 감사합니다.

지금까지 과학기술의 진보를 위해 헌신하신 모든 과학자들에게 감사드립니다. 불을 발견한 이름 모를 원시인, 수레바퀴를 발명한 어느 메소포타미아인, 채륜, 아르키메데스, 코페르니쿠스, 갈릴레이, 뉴턴, 패러데이 Faraday, 멘델레예프 Mendeleev, 맥스웰, 니콜라 테슬라, 에디슨, 아인슈타인, 라이너스 폴링 Linus Carl Pauling, 빅터 샤우버거 Viktor Schauberger, 양대윤 등등 그 외에도 일일이 열거할 수 없을 만큼 수많은 과학자들은 저에게 우주의 작동 원리를 가르쳐 주셨습니다. 그러므로 모든 과학자들은 저의 진정한 스승님들이십니다. 감사합니다.

　　하나의 신비로움을 정말 아름답게 표현한 모든 예술가들에게 감사드립니다. 알타미라 동굴벽화를 그린 어느 구석기시대인, 앙코르와트 캄보디아 서북부에 있는, 돌로 만든 사원의 이름 모를 석공, 고려청자를 빚어낸 어느 도공, 고대 인도의 시인이자 극작가인 칼리다사 Kālidāsa, 두보, 레오나르드 다빈치, 미켈란젤로, 김홍도, 빈센트 반 고흐, 피카소, 베토벤, 모차르트, 비발디 등등 그 외에도 일일이 열거할 수 없을 만큼 수많은 예술가들은 우주의 경이로움을 저에게 보여주셨습니다. 그러므로 모든 예술가들은 저의 진정한 스승님들이십니다. 감사합니다.

　　지금 이 순간 지구별을 타고 함께 우주를 여행하고 있는 선각자,

과학자, 예술가들에게도 감사드립니다. 달라이 라마, 틱낫한 Thich Nhat Hanh, 일지 이승헌, 지광스님, 닐 도널드 월시, 디팩 초프라 Deepak Chopra, 스티븐 호킹, 오광길, 스티비 원더 등 그들의 이름을 이곳에서 일일이 열거하지 않아도 우리가 조금만 주의 깊게 본다면 그들이 누구인지는 쉽게 알 수 있을 것입니다. 이분들은 인류의 더 높은 앎을 위한 삶을 살아가고 있습니다. 이분들 역시 저의 진정한 스승님들이십니다. 감사합니다.

저는 양대윤 선생과 빅터 샤우버거를 통해 우주의 모든 것이 서로 주고받으며 돌고 도는 순환에 눈뜨게 되었고, 그 이후부터 순환하는 모든 것을 주의 깊게 보게 되었습니다. 흙 순환에서 시작해서 물 순환, 공기 순환, 불 순환으로 시야를 넓혀간 저는 당시에는 순환의 시각만으로 우주를 해석하려고 시도해서 『B순환』이라는 졸작을 집필하기까지 했습니다. 양대윤 선생님과 빅터 샤우버거, 감사합니다.

그 후 닐 도널드 월시의 『신과 나눈 이야기』를 읽고 관점의 대전환이 있었습니다. '하나'를 인식하기 시작한 것입니다. 처음 신과 나눈 이야기를 읽었을 때는 도무지 그 말을 이해할 수 없었습니다. 하지만 무엇인가 어렴풋한 것을 느끼고 다시 읽었을 때 조금 더 뚜렷한 어떤 것을 얻을 수 있었고, 그 이후 수십 번에 걸쳐 읽고 또 읽음으로써 닐과 같이 하나의 관점으로 모든 것을 보게 되었습니다. 닐, 감사합니다.

다음으로 오쇼 라즈니쉬를 만났습니다. 오쇼 라즈니쉬는 언제나 하나와 하나로 존재하면서 아직 잠에서 깨어나지 못한 사람들을 깨우고자 노력했던 20세기의 붓다이자 그리스도입니다. 오쇼 라즈니쉬는 과거에서 계승되어온 시대를 초월한 지혜와 오늘날의 과학문명이 지닌, 가능성을 함께 아울러 통합함으로써 물질의 풍요를 누리는 동시에 내면의 평화를 겸비한 새로운 인간의 탄생을 위한 기반을 닦는 일에 평생을 헌신했습니다. 이를 위해 오쇼 라즈니쉬는 삶의 모든 차원에서 하나에 이르는 경로를 가장 최근의 언어로 간결하면서도 논리적으로 또한 너무도 아름답게 표현했습니다. 저는 깊은 감동을 받았습니다. 왜냐하면 그것들은 내가 그토록 목말라하며 찾아 헤매던 것이었기 때문입니다. 저는 그 정수를 마셨고, 흠뻑 취했으며, 변형되었고, 자유롭게 되었습니다. 오쇼, 감사합니다.

저는 의식과 물질을 통합함으로써 모든 측면에서 자신의 가능성을 최대한으로 펼치는 새로운 인간의 탄생에 힘을 보태기로 했습니다. 오쇼 라즈니쉬의 정신을 계승하기로 결정한 것입니다. 그래서 오쇼 라즈니쉬를 비롯한 선각자들의 말씀과 과학자들의 업적에 새벽녘마다 나에게 찾아든 새로운 발상들을 하나로 모아 이 책을 쓰게 되었습니다.

그러므로 이 책의 명확하면서도 간결하고 아름다운 표현들은 모두 닐 도널드 월시와 오쇼 라즈니쉬에게서 온 것입니다. 텅 빈 허공과 물질이 하나로 되어 돌고 도는 우주의 신비는 물론이고, 추론의 길, 순환의 길, 체험의 길, 창조의 길, 실현의 길에 이르기까지 모든 단원에서 두 분의 말씀은 이 책의 뼈대를 이루고 있습니다. 그중에서도 특히, 체험의 길과 새로운 혁명, 신인류에 대한 내용은 주로 오쇼 라즈니쉬의 경험을 바탕으로 한 말씀을 필자가 이해한 바에 따라 이 책의 구성 방식에 맞추어 편집한 것이고, 창조의 길은 주로 닐 도널드 월시와 오쇼 라즈니쉬의 말씀을 필자가 과학적인 관점에서 재정리한 것입니다. 저는 닐 도널드 월시와 오쇼 라즈니쉬를 비롯한 수많은 선각자들의 말씀을 이렇게 이해했습니다.

그리고 벽공 김종흥의 인도로 라마나 마하라쉬를 만났습니다. 라마나 마하라쉬 또한 20세기의 붓다입니다. 마하라쉬는 알맹이 중의 알맹이를 강조했는데, 그것은 '나는 누구인가'라는 본질적인 물음을 통해 나의 본래 모습인 하나가 무엇인지를 알고 그것을 확인하라는 것입니다. 마하라쉬는 정말 쉽고도 단순한 방법으로 모든 사람들이 참 나인 하나를 확인하도록 이끌어주는 삶을 살았고, 그 정신은 지금도 면면히 계승되고 있습니다. 저는 벽공과 마하라쉬의 도움으로 마침내 하나를 확인하고 체험하게 되었고, 이 책도 끝맺을 수 있었습니다. 마하라쉬와 벽공, 감사합니다.

존경하는 아버님과 어머님, 사랑하는 아내 홍채원과 아이들을 비롯한 가족들에게 감사드립니다. 그리고 이 책을 출간할 수 있도록 도와주신 출판사 관계자분들과 이 책이 완성되기까지 주변에서 음으로 양으로 도와주신 모든 분들에게도 감사드립니다. 이분들에게서 힘과 용기, 지혜를 얻지 못했다면 이 책은 나올 수 없었을 것입니다. 마지막으로 이 책을 세상에 널리 소개해주신 모든 분들에게 감사드립니다. 이분들이 계시기에 신인류의 시대는 열리게 될 것입니다.
감사합니다.

참고 문헌

청화, 『마음의 고향』, 도서출판 상상예찬, 2008

청화, 『보리(진리)를 깨닫는 방편문』, 광륜출판사, 2010

무비 스님, 『금강경 강의』, 불광출판사, 2008

라마나 마하라쉬, 이호준 역, 『나는 누구인가』, 청하출판사, 1987

벽공 김종흥, 『깨달음, 이것이다!』, 침묵의 향기, 2012

닐 도널드 월시, 조경숙 역, 『신과 나눈 이야기(Conversation with God) 1』, 아름드리
미디어, 1997

닐 도널드 월시, 조경숙 역, 『신과 나눈 이야기 2』, 아름드리미디어, 1997

닐 도널드 월시, 조경숙 역, 『신과 나눈 이야기 3』, 아름드리미디어, 1999

닐 도널드 월시, 조경숙 역, 『신과 나눈 교감(Communion with God)』, 한문화, 2001

닐 도널드 월시, 조경숙 역, 『신과 나누는 우정(Friendship with God)』, 아름드리미디
어, 1999

오쇼 라즈니쉬, 김현국 역, 『누구도 죽지 않는다(And Now And Here)』, 황금꽃, 1999

오쇼 라즈니쉬, 황학구 역, 『파탄잘리의 요가 수트라에 대한 강의』미 출판 번역본, 1999

오쇼 라즈니쉬, 정성하 역, 『도: 영원한 대하(Tao, Three Treasures)』, 명문당, 1993

오쇼 라즈니쉬, 이하정 역, 『비의의 심리학(The Psychology of The Esoteric)』, 황
금꽃, 1999

오쇼 라즈니쉬, 손민규 역, 『짜라투스트라(Zarathustra The Laughing Prophet)』,
시간과공간사, 2004

오쇼 라즈니쉬, 손민규 역, 『반야심경(The Heart Sutra)』, 태일출판사, 2011

오쇼 라즈니쉬, 손민규 역, 『금강경(The Diamond Sutra)』, 태일출판사, 2011

오쇼 라즈니쉬, 손민규 역, 『십우도(The Search-Talks on the Ten Bulls of Zen)』, 태일출판사, 2011

오쇼 라즈니쉬, 손민규·백운 역, 『소중한 비밀: 까비르 강론(The Great Secret)』, 태일출판사, 2012

오쇼 라즈니쉬, 손민규 역, 『법구경(The Dhammapada: The Way of the Buddha) 2』, 태일출판사, 2012

오쇼 라즈니쉬, 손민규 역, 『오직 안으로 들어가는 길이 있을 뿐: 조주(Joshu: The Lion's Roar)』, 태일출판사, 2012

오쇼 라즈니쉬, 손민규 역, 『마음을 버려라: 임제(Rinzai: Master of the Irrational)』, 태일출판사, 2012

오쇼 라즈니쉬, 손민규 역, 『선의 최고봉: 백장과 대주(Hyakujo: The Everest of Zen)』, 태일출판사, 2012

오쇼 라즈니쉬, 손민규 역, 『텅 빈 가슴을 넘어서: 남전(Nansen: The Point of Departure)』, 태일출판사, 2012

오쇼 라즈니쉬, 손민규 역, 『조르바 붓다의 혁명(The Rebel: The Very Salt of The Earth)』, 젠토피아, 2013

오쇼 라즈니쉬, 손민규 역, 『사랑이란 무엇인가(Love freedom aloneness)』, 젠토피아, 2013

오쇼 라즈니쉬, 김성식·이경옥·황광우 역, 『명상건강: 명상을 통한 완전건강의 지혜(From Medication to Meditation)』, 정신세계사, 1996

오쇼 라즈니쉬, 류시화 역, 『또 다른 여인이 나를 낳으리라(The Messiah)』, 정신세계사, 2000

오쇼 라즈니쉬, 이경옥 역, 『그대 가슴속의 꽃을 피워라(The Tantra Experience)』, 태일출판사, 2012

오쇼 라즈니쉬, 이경옥 역, 『법의 연꽃: 이뀨(Take it Easy)』, 태일출판사, 2012

오쇼 라즈니쉬, 이연화 역, 『탄트라 비전(The Book of The Secrets)』, 태일출판사, 1993

오쇼 라즈니쉬, 김현국 역, 『거위는 밖에 있다(The Goose is Out)』, 황금꽃, 1998

오쇼 라즈니쉬, 손민규 역, 『피타고라스 강론(Philosophia Perennis)』, 계몽사, 1997

오쇼 라즈니쉬, 길연 역, 『신심명(Hsin Hsin Ming – The Book of Nothing)』, 홍법원, 2005

파드마 삼바바, 류시화 역, 『티벳 사자의 서』, 정신세계사, 1995

네빌 고다드, 이상민 역, 『네빌 고다드 5일간의 강의』, 서른세개의 계단, 2008

콜럼 코츠, 유상구 역, 『살아있는 에너지』, 도서출판 양문, 1998

오광길, 『물리학의 혁명』, 씨와알, 2008

일지 이승헌, 『뇌파진동』, 브레인월드, 2008

에모토 마사루, 양억관 역, 『물은 답을 알고 있다』, 나무심는사람, 2002

이시카와 다쿠지, 이영미 역, 『기적의 사과』, 김영사, 2009

다릴 앙카, 류시화 역, 『가슴 뛰는 삶을 살아라』, 나무심는사람, 2007

론다 번, 『시크릿』, 살림Biz, 2007

조 바이탤리, 이주혜 역, 『키』, 명진출판, 2008

월러스 워틀스, 김우열 역, 『부의 비밀』, 흐름출판, 2007

테드 고어츨·벤 고어츨, 박경서 옮김, 『라이너스 폴링 평전』, 실천문학사, 2011

김해룡, 『인생을 지배하는 길』, 한국교문사, 1992

김인자, 『참』, 도서출판 다생소활, 2008

강대봉, 『氣』, 도서출판 언립, 1989

이지성, 『꿈꾸는 다락방』, 국일미디어, 2008

김현원, 『생명의 물 기적의 물』, 동아일보사, 2008

김현원, 『생명의 물 우리 몸을 살린다』, 고려원북스, 2005

강순남, 『밥상이 썩었다 당신의 몸이 썩고 있다』, 소금나무, 2005

강순남, 『의사도 못 고치는 병을 밥장사가 고친다』, 소금나무, 2005

강신익 외, 『의학 오디세이』, 역사비평사, 2007

삼성지구환경연구소, 『녹색경영이 만들어 가는 저탄소사회』, 삼성지구환경연구소, 2009

최진석, 『인간이 그리는 무늬』, 소나무, 2013

최인호, 『B순환』, 천지인, 2010